KB270235

다와서
찬양해

CcM²U

찬양집

찬양의 샘
B5 / 220곡

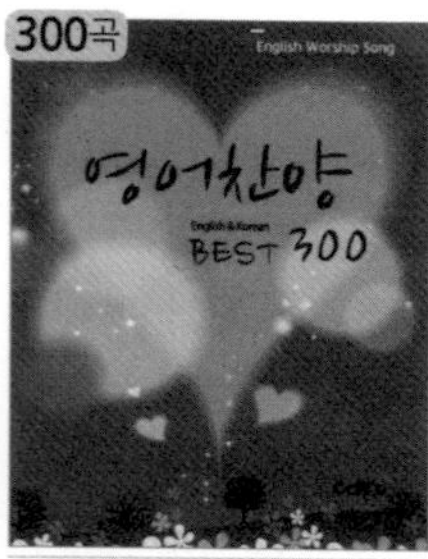

영어찬양
B5 / 300곡

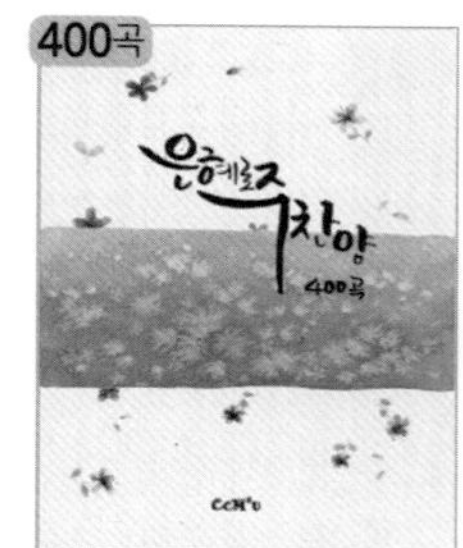

은혜로 주찬양
B5 / 400곡

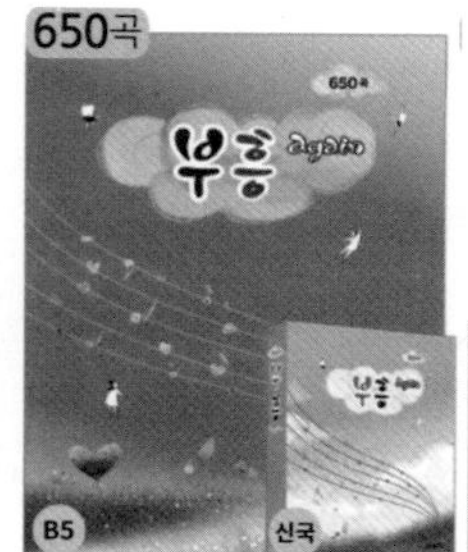

부흥어게인
신국, B5 / 650곡

Contents 가나다순 | 가사첫줄 · 원제목

가

A	가서 제자 삼으라	450
E♭	가시	237
G	가장 높은 곳에서	305
D	가장 좋은 것을 주시는 하나님	75
G	각이 뜨인 사랑	306
F	간절히 불러봐도	253
G	갈급한 내 맘	407
A	갈릴리 마을 그 숲속에서	450
F	갈보리 십자가의	243
D	감사	76
G	감사드리세	442
E	감사하세 하나님께	212
A	감사하신 하나님 에벤에셀 하나님	501
E	감사함으로	168
G	감사해	307
D	감사해요 깨닫지 못했었는데	103
G	거룩하신 전능의 주	308
F	거룩하신 하나님	244
G	거룩한 주님의 성전에	364
C	거센 풍랑을 넘어	65
A	거친 길 위를 걸어갈 때도	451
Gm	걷고 있네 높은 언덕	600
B♭	겸손	585
G	경배하리 내 온 맘 다해	309
D	계절은 흐르고	123
A	고개 들어	452
A	고난중에 주 음성	455
D	고단한 인생길	122
G	고달픈 삶에	331
D	고백	77
E	공감하시네	169
F	광야를 지나며	246
A	광야 한 가운데 서면	461
A	괴로울 때 주님의 얼굴 보라	453
D	교회	81
A	교회여 일어나라	454
Em	구름 같이 허다한 예수의 증인들	445
A	구름 타고 오실 분	494
A	귀하고 아름다운 나의 사랑아	477
E♭	그가 내게	238
G	그가 오신 이유	312
E	그 곳에서 기도 드리네	170
Em	그는 여호와 창조의 하나님	449
A	그댈 기다리오	530
A	그런 사랑	457
G	그럼에도 불구하고	313
D	그렇게 살아가리	79
A	그리스도의 계절	458
G	그리 아니하실지라도	314
G	그 사랑	310
G	그 사랑 얼마나	311
A	그 사랑이 내려와	455
F	그의 생각	245
A	그 이름	459
D	그 이름 아름답도다	78
A	그 이름 예수	456
C	기대	1
E	기도	171
C	기도를 멈추지마라	50
G	기도하자 우리 마음 합하여	315
G	기도할 수 있는데	316
E	기뻐하며 승리의 노래 부르리	173
G	기뻐하며 왕께 노래 부르리	317
F	기뻐해	247
A	기쁨의 날 주시네	460
E	길을 만드시는 분	172
G	길을 안다고 그렇게 생각	336
A	깊어져 가네	461
E	깊어진 삶을 주께	174

Contents

C	깊은 절망의 수렁 가운데	53
G	꽃들도	318
F	끝 없는 사랑	248
A	끝없이 울리는	470

나

A	나	462
G	나 기뻐하리	319
F	나는 노래하네	249
A	나는 믿네	464
C	나는 순례자	2
C	나는 아네 내가 살아가는 이유	25
D	나는 아무것도 아닙니다	85
G	나는야 주의 어린이	325
F	나는 예배자입니다	250
G	나는 오늘을 살리	321
C	나는 죄인입니다	52
G	나는 주님께 속한 자	322
G	나는 주님을 찬양하리라	323
B♭	나는 주를 섬기는 것에 후회가 없습니다	587
G	나는 주만 높이리	324
E	나는 주의 친구	176
C	나는 죽고 주가 살고	3
F	나는 하나님을 예배하는	250
A	나는 행복해요	465
C	나로부터 시작되리	4
D	나를 받으옵소서	86
F	나를 버리고 그의 길을 가는 것	254
C	나를 보내사 서게 하신 곳	49
A	나를 죄로부터	550
D	나를 지으신 이가	157
E	나를 지으신 주님	187
G	나를 통하여	326
E	나를 향한 주의 사랑	200

D	나 무엇과도 주님을	82
E	나보다 나를 잘 아시는 주님	204
C	나 비로소 이제 깊고	72
C	나 실패 거듭해 다시 넘어져도	11
G	나 약해 있을 때에도	413
D	나 오직 주를	84
G	나의 가는 길	327
A	나의 가장 낮은 마음	475
D	나의 갈망은	87
A	나의 기도하는 것보다	466
G	나의 끝 예수의 시작	328
A♭	나의 노래	571
E	나의 등 뒤에서	215
D	나의 맘 받으소서	88
F	나의 모습 나의 소유	251
A	나의 반석이신 하나님	467
A	나의 백성이	468
E	나의 부르심	177
G	나의 사랑 나의 생명	330
E	나의 사랑 나의 어여쁜자야	178
B♭	나의 사랑 너는 어여쁘고	586
E	나의 사랑하는 자의 목소리	178
D	나의 소망되신 주	110
G	나의 슬픔을 주가 기쁨으로	329
A	나의 안에 거하라	469
A	나의 영혼이 잠잠히	514
E	나의 예배를 받으소서	179
D	나의 예수	89
G	나의 예수님	330
D	나의 예수 온 맘 다해	89
D	나의 일생 사는 동안	79
E	나의 주 나의 하나님이여	180
G	나의 주님께 찬양 드리며	417
C	나의 찬미	6
A	나의 찬양 멈출 수 없네	470

$\mathcal{C}$ o n t e n t s

D	나의 참 친구	90
B♭	나의 평생에 가장 복된 일은	587
C	나의 피난처 예수	5
B♭	나의 하나님	586
C	나의 하나님 나의 맘 속에	7
C	나의 하나님 나의 하나님	8
G	나의 한숨을 바꾸셨네	331
A	나 자유 얻었네	463
G	나 주님의 기쁨되기 원하네	320
D	나 주님이 더욱 필요해	83
E	나 주 앞에 서서	175
A	나 지금껏 어린아이처럼	457
A	난 이렇게 많이 받았는데	471
A	난 주러왔을 뿐인데	471
F	난 죽어도	263
Bm	난 지극히 작은 자	163
A	날 구원하신 주 감사	472
F	날 기억하소서	253
A	날마다 내 짐을 지시는 주님	473
G	날 사랑하신	332
G	날 세우시네	333
E♭	날 위해 십자가에서	239
C	날이 저물어 갈때	55
A	날 자녀라 하시네	474
G	날 향한 계획	334
G	낮엔 해처럼 밤엔 달처럼	335
F	낮은 곳으로	252
A	낮은 자의 하나님	475
C	내가 걷는 이 길이	69
F	내가 고난 중에도	285
D	내가 그리스도와 함께	94
F	내가 너를 빚었단다	297
E	내가 너를 얼마나	191
C	내가 누려왔던 모든 것들이	47
D	내가 매일 해야하는 말	95
G	내가 먼저 손 내밀지 못하고	387
A	내가 발견한 참 소망	456
D♭	내가 사람의 방언과	167
D	내가 알 수 없는 길로	75
E	내가 어둠 속에서	189
G	내가 주인 삼은	338
D	내가 지금까지 지내온 것은	149
D	내가 진짜 그리스도인인가	96
C	내가 처음 주를 만났을 때	60
E	내 갈급함	181
G	내게 가장 귀한 보물을	399
G	내게 강 같은 평화	339
E	내게로부터 눈을 들어	206
G	내게로 와서 마셔라	340
E	내게 말씀하신 곳	197
A	내게 유익하던 것을	560
G	내게 주어진 하루를	388
A	내게 허락하신	464
C	내 기쁨 되신 주	9
G	내 길 더 잘 아시니	336
G	내 눈 주의 영광을 보네	352
F	내려놓음	254
A	내 마음 다해	476
A	내 마음에 주를 향한 사랑이	498
E	내 마음을 가득 채운	182
E	내 맘에 한 노래있어	183
E	내 맘의 눈을 여소서	184
A	내 모든 것 나의 생명까지	535
G	내 모든 삶의 행동 주 안에	337
A	내 모습 연약할 때	515
D	내 모습 이대로	91
A	내 백성이 나를 떠나	504
B	내 삶에 소망	578
E	내 삶은 주의 것	185
E♭	내 삶을 깨뜨립니다	239

$\mathcal{C}$ o n t e n t s

D	내 삶의 이유라	92
A	내 속에 슬픔이 나를 사로잡고	489
E	내 아버지 그 품 안에서	186
A♭	내 안에 계신 아버지	573
C	내 안에 사는 이	13
A	내 안에 주를 향한 이 노래	499
C	내 안의 중심이 주를 찬양	11
F	내 안의 한계를 넘어	256
G	내 앞에 주어진	334
C	내 영혼아 여호와를 송축하라	12
E	내 영혼은 안전합니다	186
E♭	내 영혼이 주를 찬양하며	238
E	내 이름 아시죠	187
C	내 입술의 말과	30
B	내 주 되신 주	577
F	내 주의 은혜 강가로	284
C	내 증인 되리라	10
D	내 평생 사는 동안	93
D	내 평생 살아온 길	148
F	내 하나님 서신 발 앞에	300
E	내 한 가지 소원	188
E	너 근심 걱정와도	218
D	너는 그리스도의 향기라	80
C	너는 내 아들이라	14
E	너는 너라서 좋고	233
C	너는 담장 너머로 뻗은 나무	38
F	너는 샘 곁의 풍성한 나뭇가지	298
E	너는 시냇가에	190
E	너는 아느냐	191
A	너를 선택한다	477
G	너무 늦은 건가요	341
G	너무 멀리 왔나요	341
Bm	너의 가는 길에	165
Bm	너의 푸른 가슴 속에	162
A	너의 하나님 여호와가	478
A	놀라우신 은혜	479
A	놀라운 이름 예수	480
D	놀라운 주의 사랑	97
E	높으신 주 찬양	192
D	높이세 여기 계신 주	100
G	누가 끊으리요	343
C	누구도 본 적이 없는	15
G	누구든지 목마르거든	340
G	누군가 널 위해 기도하네	342
G	눈물 흘리시는 하늘 아버지	373
E	눈부신 햇살	223
C	눈을 들어 주를 보라	17
C	눈을 들어 하늘을 쳐다보세요	16
D	능력의 주	98

다

E	다 나와서 주 송축해	224
E	다시 한번	193
G	다 와서 찬양해	344
G	다 표현 못해도	311
D	닫혀진 마음에	84
G	달리다굼	346
D	당신은 사랑받기 위해	99
G	당신은 시간을 뚫고	371
G	당신은 영광의 왕	345
A	당신은 지금 어디로 가나요	509
C	당신은 하나님의 사람	18
E	당신은 하나님의 언약안에	221
D	당신을 축복합니다	102
C	당신을 향한 노래	19
A	당신의 그 섬김이	570
G	당신이 지쳐서	342
G	더 원합니다	350
D	더 크게 주 찬양해	100
D	덮으소서	101

Contents

C	돌아서지 않으리	20
A	돌아온 탕자	481
E	두 손 들고 찬양합니다	194
F	둘러봐도 보이지 않고	296
F	따스한 성령님	262
G	때로는 너의 앞에	438
D	또 하나의 열매를 바라시며	103
A	똑바로 보고 싶어요	482

마

A	마라나타	483
G♭	마음 깨지고	444
G	마음속에 어려움이 있을 때	313
D	마음의 예배	104
F	마음이 상한 자를	257
E	마음이 어둡고	171
G	마지막 날에	347
A	만세 반석	484
F	만족함이 없었네	258
A	많은 사람들	513
D	말씀 앞에서	106
D	말씀하시면	105
E	매일 주와 함께	195
C	먼저 그 나라와 의를 구하라	21
A	멀고 험한 이 세상 길	481
G	멈출 수 없네	348
G	메마른 뼈들에 생기를	349
G	모두 나와 주 경배하네	400
D	모두 드리리	107
D♭	모든 걸음 되시네	166
A	모든 것 아시는 주님 (거친 길 위를)	451
G	모든 것 아시는 주님	351
A	모든 능력과 모든 권세	485
G	모든 민족과 방언들 가운데	353
F	모든 민족 열방 백성	268

B♭	모든 삶의 순간	589
A	모든 상황 속에서	486
G	모든 열방 주 볼 때까지	352
D	모든 이름 위에 뛰어난 이름	108
G	모든 전쟁은 주께 속했네	354
G	모든 지각에 뛰어나신	375
G	목마른 자들	355
G	목마른 자들 약한 자들	355
B♭	목적도 없이	599
B	무너진 내 맘에	582
F	무덤 이기신 예수	301
G	무명이어도 공허하지 않은 것은	439
C	무엇이 변치 않아	35
F	무지개를 찾아 다니시나요	291
A	무화과 나뭇잎이 마르고	487
G	문들아 머리 들어라	356
A	물 가운데 지날 때에도	488
C	물 위를 걷는 자	22
G	물이 바다 덮음 같이	357
B	물이 포도주 되고	584
A	민족의 가슴마다	458
B♭	믿어요 그 약속	590
D	믿음 없는 모습 그대로	109
D	믿음 없는 모습에	109
G	믿음으로 서리라	358
A	믿음의 기도	489
A♭	믿음이 없이는	572
F	밀알	259

바

G	바다 같은 주의 사랑	359
E	바라봅니다	196
Dm	반드시 내가 너를	302
F	반석위를 걸으리라	260
F	반석의 길	260

Contents

D	밤이나 낮이나	110
G	백년전 이 땅 위에	379
D	베드로의 고백	111
D	변함없는 사랑	113
G	보라 너희는 두려워 말고	360
G	보소서 주님 나의 마음을	414
G	보혈을 지나	361
F	복음밖에 없습니다	261
A	볼찌어다 내가 문 밖에	490
D	부귀와 영화도	113
F	부르신 곳에서	262
E	부르심	197
D	부어주시네 흘러넘치네	160
A	부흥	491
D	부흥 2000	114
C	불가능 가능케 돼	24
C	불을 내려주소서	25
B♭	불의 제단	588
G	비길 수 없네	403
A	비전	492
G	빈들에 마른 풀 같이	441
A	빛나는 왕의 왕	523
E	빛 되신 주	198
G	빛이 없는 바다에	321
E	빛이 없어도	219

사

F	사람을 보며 세상을 볼 땐	258
D	사람이 넘치기보다	81
E	사랑 그 좁은 길	199
G♭	사랑되어라	444
G	사랑이 나를 부르네	362
B♭	사랑 중에 사랑	591
C	사랑하는 나의 아버지	26
D	사랑하는 주님	111

C	사랑하셔서 오시었네	27
G	사랑합니다 나의 예수님	363
Dm	사막에 샘이 넘쳐 흐르리라	303
Am	사명	73
F	사명선	263
Am	사모곡	74
C	사방이 가로 막혀	16
A	사자와 어린양	494
B♭	삭개오의 노래	592
E	산과 바다를 넘어서	200
A	살아계신 주	493
F	삶의 작은 일에도	266
G	새 노래로	364
G	새롭게 하소서	365
G	새 아침에 희망되신	333
A	새 힘 얻으리	495
E	생명과 바꾼 주의 사랑을	201
F	생명의 주님	264
G	생명 주께 있네	366
D	선하신 목자	115
E	선한 능력으로	202
G	성령님 이 곳에 임하사	367
G	성령님 일 하시옵소서	367
F	성령의 불길	265
A	성령의 불로 (주의 도를 버리고)	496
E	성령의 불로 (예수님 목 마릅니다)	203
D	성령이여 내 영혼을	116
C	성령이여 임하소서	29
C	성령이 오셨네	28
B♭	세상 그 자리에서	593
D	세상 다 변하고	138
G	세상 모든 민족이	357
F	세상을 구원하기 위해	259
G	세상의 유혹 시험이	425
G	세상 향한 발걸음들	433

$\mathcal{C}$ o n t e n t s

F	세상 흔들리고	276
D	소망 없고 빛도 없는	151
A	소망이 보이지 않아도	539
F	소원 (삶의 작은 일에도)	266
F	소원 (주님 내가 주의 장막을)	269
G	송축해 내 영혼	368
F	수많은 괴롬과	295
G	수 많은 무리들 줄지어	383
D	숨을 쉴 때마다	130
G	숨이 찰 정도로	381
A	슬픈 마음 있는 자	512
B♭	슬픔 속에서도 울지 않는 것	585
G	승리는 내 것일세	369
G	승리하였네	370
G	시간을 뚫고	371
E	시선	206
A	시작됐네	526
D	시편 118편	118
E	시편 139편	204
C	시편 19편	30
C	시편 40편	31
C	시편 8편	32
E	신령과 진정으로	205
D	신 사도행전	119
D	신실하게 진실하게	112
A	신실하신 하나님	497
C	실로암	33
C	심령이 가난한 자는	34
Gm	십자가 (걷고 있네 높은 언덕)	600
C	십자가 (무엇이 변치않아)	35
G	십자가 그 사랑	372
G	십자가 그 사랑이	373
G	십자가로 나는 충분합니다	374
D	십자가 십자가 그 위에	117
C	십자가 앞에서	36
A	십자가의 길 순교자의 삶	498
Bm	십자가의 전달자	163

아

A	아름다우신	499
D	아름다웠던 지난 추억들	155
A	아름답고 놀라운 주 예수	500
C	아무 것도 두려워 말라	37
G	아무것도 염려치 말고	375
B♭	아무도 내게 손 내밀지 않았죠	592
A	아무도 예배하지 않는	505
G	아무런 염려 하잖아도	410
A♭	아무 생각 없이	571
E	아무 일 없는 평범한 삶에	183
E	아바 아버지	207
C	아버지 당신의 마음이	66
G	아버지 사랑 내가 노래해	310
F	아버지 사랑합니다	267
G	아버지 주 나의 기업 되시네	376
C	아주 먼 옛날	19
A	아침이 밝아 올때에	459
D	아픈 시절속에	145
A	안개가 날 가리워	543
C	야곱의 축복	38
G	야베스의 기도	377
Dm	약한 나그네	304
C	약한 나로 강하게	39
G	약할 때 강함 되시네	405
E♭	어느 날 내 삶 속에	237
D	어느날 다가온 주님의	77
A	어느날 문득	545
C	어두운 밤에 캄캄한 밤에	33
G	어두움 가운데서도	328
F	어둔 나의 삶에	294
D	어둔 날 다 지나고	121

Contents

G	어둠 속 헤매이던	394
C	어머니의 기도	41
C	어찌하여야	6
A	언제나 강물 같은 주의 은혜	556
C	언제나 내 모습	57
A	에벤에셀 하나님	501
A	엠마오 마을로 가는	502
A	엠마오의 두 제자	502
G	여기에 모인 우리	397
A	여호와께 돌아가자	504
F	여호와는 나의 목자니	270
D	여호와는 내 편이시라	118
C	여호와는 너에게 복을	67
E	여호와를 즐거이 불러	168
C	여호와 우리 주여	32
F	여호와의 유월절	271
B♭	여호와의 집으로 올라가	594
A	여호와 이스라엘의 구원자	503
G	여호와 주님	378
G	영광을 돌리세	420
A♭	영원 전에 나를 향한	576
G	예배	380
A	예배자	505
G	예배할 때 가장 행복합니다	381
F	예배합니다	255
A	예수가 좋다오	513
F	예수 나의 중심 되신 주	272
A	예수 나의 첫사랑 되시네	506
A	예수 나의 치료자	507
A	예수 놀라운 생명의 이름	480
D	예수는 내 힘이요	92
D	예수 늘 함께 하시네	122
E	예수님 그의 희생 기억할 때	193
D	예수님 만나고 싶어요	120
E	예수님 목 마릅니다	203
E	예수님이 좋은 걸	209
B	예수 닮기를	578
D	예수로 살리	123
Em	예수를 깊이 생각하자	445
A	예수 믿으세요	509
D	예수보다 더 좋은 친구	90
G	예수보다 더 큰 사랑	384
G	예수 사랑합니다	350
C	예수 사랑해요	43
G	예수 살아계신 주	382
A	예수 아름다우신	508
C	예수 안에 능력있네	45
A	예수 열방의 소망	510
A	예수 예수	512
F	예수 예수 예수	273
B	예수 우리들의 밝은 빛	579
A	예수 우리 왕이여	511
G	예수의 이름으로	385
G	예수 이름 높이세	383
C	예수 좋은 내 친구	40
E	예수 피를 힘입어	208
D	예수 하나님의 공의	124
Dm	오 나는 약한 나그네요	304
D	오 나의 자비로운 주여	125
G	오늘 나는	387
D	오늘 숨을 쉬는 것	76
C	오늘을 위한 기도	42
F	오늘 이 곳에 계신 성령님	275
G	오늘 이 하루도	388
D	오라 우리가	126
G	오라 우리가 (이 세상은 날이 갈수록)	386
D	오소서 진리의 성령님	114
C	오 신실하신 주	44
E	오 주님 당신은	179
F	오직 믿음으로	276

Contents

C	오직 예수 (예수 안에 능력 있네)	45
B	오직 예수 (주 발 앞에 나 엎드려)	580
D	오직 예수 다른 이름은 없네	127
D	오직 예수 뿐이네	128
A	오직 주	515
G	오직 주로 인해	390
D	오직 주를 향한	130
A	오직 주만이	514
D	오직 주의 사랑에 매여	129
D	오직 주의 은혜로	131
B♭	온 땅의 주인	595
A	온 땅이여	516
Em	온 땅이여 주를 찬양	446
F	온 맘 다해	277
A	온 세상 창조주	522
A	온전케 되리	517
F	완전하신 나의 주	255
D♭	완전한 사랑 (내가 사람의 방언과)	167
E	완전한 사랑 (바라봅니다)	196
C	완전한 사랑 보여주신	40
F	왕 되신 주 앞에 나 나아갑니다	278
F	왕이신 나의 하나님	279
F	왕이신 하나님 높임을 받으소서	280
F	왜 나를 깊은 어둠속에	246
C	왜 나만 겪는 고난이냐고	59
G	외로움도 견뎌나가겠소	391
F	요게벳의 노래	281
F	요한의 아들 시몬아	282
G	우리	391
A	우리가 간직해야 할	568
E	우리는 기대하고 기도하며	213
C	우리는 모두 다	10
F	우리는 주의 백성이오니	283
G	우리는 주의 움직이는 교회	392
G	우리들의 무기는	389
B♭	우리 때문에	596
D	우리를 위해서 싸우시는 주	139
F	우리 모두 예배하는 자 되어	274
A	우리 보좌 앞에 모였네	492
E	우리에게 밝은 빛을 비추는	225
B♭	우리에게 한 제단이 있으니	588
C	우리에겐 소원이 하나있네	46
A	우리 오늘 눈물로	519
F	우리의 섬김이	252
A	우리의 어두운 눈이	520
A	우리의 어두운 눈이 그를	520
A	우리 죄 위해 죽으신 주	518
Em	우리 주의 성령이	447
E	우리 함께 기도해	210
E	우리 함께 기뻐해	211
A	우리 함께 보리라	519
E	우린 이겼네	212
C	우릴 사용하소서	46
A	우물가의 여인처럼	521
G	원컨대 주께서 내게	377
E	원하고 바라고 기도합니다	214
A	위대하신 주	523
G	유다지파의 강한 용사들이	354
A	유월절 어린양의 피로	524
D	은혜 (은혜로다 주의 은혜)	132
C	은혜 (내가 누렸던 모든 것들이)	47
E	은혜로 날 보듬으시고	174
A	은혜로다	526
D	은혜로다 주의 은혜	132
C	은혜로만 들어가네	48
G	은혜 아니면 (헤아릴 수 없이)	395
G	은혜 아니면 (어둠 속 헤매이던)	394
D	은혜 아니면 살아갈 수가 없네	128
A	은혜 아래 있네	525
F	은혜의 강가로	284

Contents

F	은혜의 힘입니다	285	B♭	잊을 수 없네	596
G	은혜 찬양	393			
G	의지	396	**(자)**		
G	이 곳에 생명샘 솟아나	318	A	자격없는 날 왕께서	474
G	이곳에서	400	F	작은 갈대 상자	281
G	이 곳에 임하신 하나님 나라	358	C	작은 나의 맘에	61
F	이 땅에 오직	286	D	작은 불꽃 하나가	135
F	이 땅에 오직 주 밖에 없네	286	C	저 높은 하늘 위로 밝은 태양	4
D	이 땅 위에	119	G	저 죽어가는 내 형제에게	349
G	이 땅 위에 오신	398	A	저 해와 달과 별	555
G	이 땅의 내 삶이	322	A	전능하신 나의 주 하나님은	531
A	이 땅의 황무함을 보소서	491	A	전능하신 주	479
F	이런 교회 되게 하소서	287	G	전부이신 주님께	399
G	이 모든 것이 주님의 은혜	393	D	전심으로	136
G	이 믿음 더욱 굳세라	397	G	정결한 맘 주시옵소서	402
A	이 산지를 내게 주소서	527	E	존귀 오 존귀하신 주	216
B♭	이 생명 다하는 날	589	G	존귀한 어린양	404
G	이 세상 가장 아름다운	312	E	좋으신 하나님	217
F	이 세상에 참된 위로 없으니	261	A	죄악 가운데	525
G	이 세상은 날이 갈수록	386	A♭	죄와 허물을 뚫고	575
E	이 세상을 살아가는 동안에	214	A	주가 보이신 생명의 길	536
A♭	이 세상의 부요함보다	574	C	주가 일하시네	55
A	이 시간 너의 맘 속에	528	G	주 광대하시네	403
D	이제는 내가 없고	133	A	주께 가까이 날 이끄소서	537
C	이제 역전되리라	50	A	주께 가오니	538
C	이 험한 세상	63	C	주께 감사하세	51
G	인생이 힘겨워	374	G	주께 드려요	410
C	일상	49	G	주께서 다스리네	411
E	일어나 걸어라	215	F	주께서 주신 모든 시간	256
G	일어나라 주의 백성	401	G	주께서 지으신 모든 세계	378
C	잃어버린 것들에	42	A	주께 포기란 없네	539
A	임재	529	D	주께 힘을 얻고	154
D	임하소서	134	G	주 나의 모든 것	405
F	입례	274	F	주 나의 모습 보네	289
A	잇쉬가 잇샤에게	530	G	주 날 구원했으니	348

Contents

D	주 내 이름 부르실 때	107
E	주 너를 지키리	218
B♭	주 네게 복 주사	598
E	주는 거룩	220
C	주는 나의	56
B	주는 내 상급	581
F	주는 약한자 돌보시며	247
A	주는 완전합니다	540
D	주는 이 도시의 주	140
E	주는 평화	222
G	주님 가신 길 십자가의 길	412
A	주님 같은 반석은 없도다	484
A	주님 곁으로 날 이끄소서	541
G	주님과 같이	418
F	주님과 함께하는	277
G	주님께 감사해	404
F	주님께 드려요	291
A	주님께서 주신 은혜	569
C	주님 나를 부르시니	22
D	주님 내가 여기 있사오니	86
F	주님 내가 주의 장막을	269
D	주님 내게 선하신 분	141
C	주님 내게 힘 주시네	24
D♭	주님 내 길 아시네	166
E	주님 내 길을 잘 아시고	185
C	주님 내 안에	57
C	주님 다시 오실 때까지	58
C	주님 뜻대로 살기로 했네	20
G	주님 마음 내게 주소서	414
F	주님만 사랑하리	293
G	주님 만이	413
D	주님 말씀하시면	105
A	주님 보좌 앞에 나아가	497
D	주님 손에 맡겨 드리리	136
C	주님 손 잡고 일어서세요	59
E	주님 안에서 기뻐하라	224
E	주님 앞에 간구 했었던	188
E	주님 어찌 날 생각하시는지	176
G	주님여 이 손을	422
D	주님 예수 나의 동산	143
A	주님은 내 맘의 아픔 알아주시니	460
D	주님은 너를 사랑해	144
A	주님은 산 같아서	543
G	주님은 신실하고	416
A	주님은 아시네	544
G	주님을 보게 하소서	417
F	주님을 사랑하는 기쁨을	273
B♭	주님의 마음이 있는 곳	597
B♭	주님의 마음 있는 곳	597
E	주님의 사랑	223
D	주님의 성령 지금 이곳에	134
G	주님의 손으로	419
A	주님의 숲	545
F	주님의 시선	292
G	주님의 영광	420
G	주님의 영광 나타나셨네	421
G	주님의 은혜 넘치네	423
C	주님의 은혜로 살아가는	18
F	주님의 음성에 세상의 만물이	264
B	주님의 임재 안에	577
A	주님의 임재 앞에서	546
A	주님이 주신 땅으로	527
Am	주님이 홀로 가신	73
A♭	주님 제 마음이	572
A	주님 큰 영광 받으소서	542
G	주님 한 분 만으로	415
A	주님 한 분 밖에는	465
G	주를 높이기 원합니다	424
D	주를 더 알수록	145
C	주를 영원히 송축해	9

Contents

D	주를 위한 이곳에	146
Bm	주를 위해 살아 가는 것	164
G	주를 찬양	425
E	주를 찬양하라	192
E	주를 찬양해	205
C	주를 처음 만난 날	60
E	주를 향한 나의 사랑을	227
A♭	주를 향한 나의 예배	573
A	주만 바라 볼찌라	547
F	주 말씀 향하여	288
B	주 발 앞에 나 엎드려	580
A	주 발 앞에 무릎 꿇고	549
A	주 보혈 날 씻었네	532
G	주 보혈 날 정결케 하고	428
G	주 사랑 놀라와	406
D	주 사랑이 나를 숨쉬게 해	137
G	주 사랑해요	407
E	주 선한 능력으로	202
G	주 신실하심 놀라워	423
C	주 안에서 내 영혼	23
C	주 안에 우린 하나	1
A	주 앙망하는자	533
A	주 앞에 나와 제사를 드리네	517
C	주 없이 살 수 없네	52
D	주 없인 살 수 없네	138
E	주 여기 운행하시네	172
A	주여 우린 연약합니다	540
A	주 여호와는 광대하시도다	534
G	주 예수 기뻐 찬양해	408
E	주 예수 나의 당신이여	219
C	주 예수 내 산 소망	53
G	주 예수의 이름 높이세	409
Em	주 예수 이름 소리 높여	448
F	주 은혜임을	289
B	주의 나라가 임할 때	583
A	주의 나라를 구하는 세대로	562
B	주의 나라 오리라	582
C	주의 나라 이루시리라	61
A	주의 도를	548
A	주의 도를 버리고	496
C	주의 말씀 더 안으로	64
F	주의 밝은 빛으로	294
E	주의 보좌로 나아 갈때에	208
A	주의 보혈 능력있도다	550
F	주의 사랑을 입어	295
D	주의 사랑을 주의 선하심을	147
E♭	주의 선하심과 인자하심을	240
G	주의 손에 나의 손을 포개고	428
G	주의 십자가 보혈 아니면	426
A♭	주의 십자가 사랑하리	575
G	주의 십자가 지고	380
G	주의 영이 계신 곳에	430
G	주의 오른손 나는 의지하리라	396
A	주의 옷자락 만지며	549
D	주의 은혜라 (내가 지금까지 지내온 것은)	149
D	주의 은혜라 (내 평생 살아온 길)	148
G	주의 이름 높이며	429
G	주의 이름 송축하리	431
D	주의 이름 안에서	153
G	주의 인자하심이	432
D	주의 자비가 내려와	150
E♭	주의 장막에서	241
D	주의 집에 거하는 자	152
A	주의 집에 영광이 가득해	551
G	주의 횃불 들고	433
D	주 이름 온 세상에	101
D	주 이름으로	139
D	주 이름 큰 능력 있도다	142
A	주 임재 안에서	535
F	주 임재하시는 곳에	290

Contents

C   주 품에   54
A   주 하나님 독생자 예수   493
B   주 한 분만으로   581
Bm   죽으면 죽으리라   164
D   지극히 높으신 주   151
F   지극히 높은 주님의   271
G   지금 서 있는 이 곳에서   326
A   지금은 엘리야 때처럼   552
E   지금 이곳에 임하소서   226
F   지금 이 자리에서   296
G   지존하신 주님 이름 앞에   434
B♭   지쳐 포기하고 싶을 때   591
E   진리의 성령   225
F   진정한 예배가 숨쉬는 교회   287

차

D   찬양의 열기 모두 끝나면   104
D   찬양의 제사 드리며   153
A   찬양이 언제나 넘치면   553
G   찬양 중에 눈을 들어   443
G   찬양하라 내 영혼아   427
C   찬양하리   62
C   찬양하며 살리라   63
A   찬양하세   554
A   찬양 할렐루야   555
D   참 아름다운 곳이라   156
F   참참참 피 흘리신   265
G   창조의 아버지   436
Em   창조의 하나님   449
A   창조의 하나님이 나의 아버지   556
E   채워주소서   226
C   천국 무도회   64
G   천국은 마치   437
A   천 번을 불러도   557
B♭   축복   598

G   축복송   438
D   축복의 사람   154
E   축복의 통로   221
E   축복합니다 주님의 이름으로   228
G   충만   439
D   친구의 고백   155

카

G   캄캄한 인생길   346
B   크신 내 주님   584
G   크신 사랑 온 땅 찬양해   440

타

D   태초에 말씀이 계시니   78
F   토기장이   297

파

Bm   파송의 노래   165
A   평강의 왕이요   558
E   평생을 울어도   229
C   평화 그 사랑의 물결이   65
E   평화 하나님의 평강이   230
A   푯대를 향하여   560
A   풀은 마르고   559

하

E♭   하나님 계획은   242
G   하나님께서 당신을 통해   435
C   하나님께서 세상을 사랑하사   68
F   하나님 내 삶에   299
C   하나님 아버지의 마음   66
D   하나님 앞에 아름답게   102
A   하나님 어린 양   561
A   하나님 얼굴 구하는 세대   562
F   하나님은 너를 만드신 분   245

$\mathcal{C}$ontents

E	하나님은 너를 지키시는 자	232
C	하나님은 실수하지 않으신다네	69
A	하나님은 우리의 피난처가 되시며	563
A	하나님의 그늘 아래	564
A♭	하나님의 꿈	576
A	하나님의 부르심	565
A	하나님의 사랑을 사모하는 자	547
E	하나님의 사랑이	231
D	하나님의 세계	156
C	하나님의 약속	67
D	하나님의 은혜	157
C	하나님의 음성을 듣고자	31
C	하나님이시여	56
C	하나님 한번도 나를	44
D	하늘과 별들아 찬양하라	98
G	하늘문 여소서	441
C	하늘보다 높으신 주 사랑	68
F	하늘보다 높은 주의 사랑	248
F	하늘 보좌	300
A	하늘에 계신 아버지	567
A	하늘 위에 주님 밖에	566
F	하늘의 나는 새도	288
A	하늘의 문을 여소서	529
F	하늘의 복이 함께하리	298
D	하늘의 해와 달들아	161
A	하루	569
C	하루를 시작할 때	70
A	하연이에게	568
E	한 몸	233
F	할렐루야	301
D	할렐루야 살아계신 주	158
G	할렐루야 할렐루야	406
C	할 수 있다 하신 이는	71
E	함께 해요	234
C	항해자	72
G	해가 뜨는 새아침	368
A	해 같이 빛나리	570
G	해 아래 새 것이 없나니	365
F	햇살보다 밝게 빛나는	278
D	행복	159
C	허무한 시절 지날 때	28
B♭	허탄한 세상 그 자리에서	593
B♭	험한 십자가 능력있네 + 험한 십자가 붙들겠네	599
G	헤아릴 수 없이	395
G	호산나	443
E	호산나 높은 곳에서	236
D	호흡이 있는 자마다	161
E	호흡 있는 모든 만물	235
E	혼자서만 세상을 사는 듯이	169
D	화려하지 않아도	159
D	회복케 하시네	160
F	흐르는 시간이	292
Am	흘러 내리는 눈물의 의미를	74
G	희망의 노래	442
C	힘들고 지쳐	14
E	힘을 내세요	234
G	Again 1907	379
C	Born Again	23
F	Sing, 주께 노래해	268
A	Winning All	522

기대

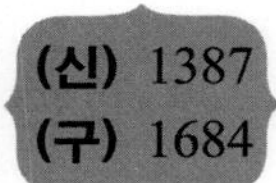

나는 순례자

JOYCE. LEE

나는 죽고 주가 살고

나는 죽고- 주가 살고- 나는 없고- 주만
있으-면- 이땅 에서- 하나 님의- 아름 다운나 -라이 루-
리 나는 리 내안에-서 내가산다 면 육
체의 열매맺으 며 내안에-서 주가산 다- -면- 성령
의열- -매를맺-으 리 나는 죽고- 주가 살고- 나는
없고- 주만 있으-면- 이땅 에서- 하나 님의- 아름
다운나 -라이 루- 리 나는죽고 주가 살면 나는죽고
주가 살면 나는죽고 주 가 살 면 주의나라이 루- 리

나로부터 시작되리

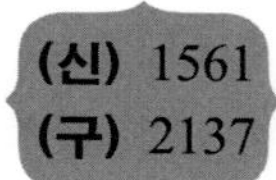

이 천

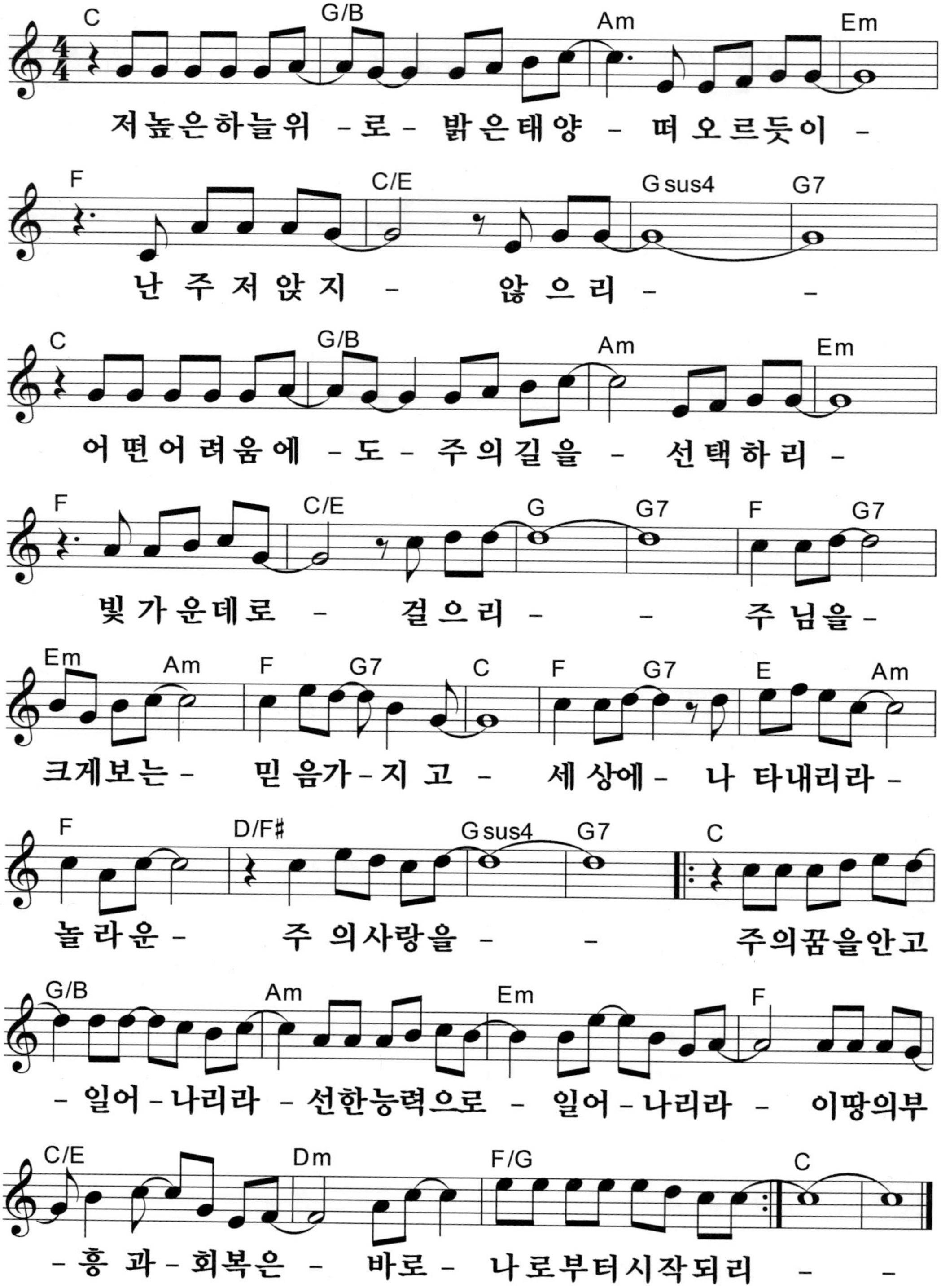

저높은하늘위 -로- 밝은태양 - 떠오르듯이 -

난 주저앉지 - 않으리 - -

어떤어려움에 -도- 주의길을 - 선택하리 -

빛 가운데로 - 걸으리 - - 주 님을-

크게보는- 믿음가-지고 - 세상에- 나 타내리라 -

놀라운- 주 의사랑을 - - 주의꿈을안고

- 일어-나리라 - 선한능력으로 - 일어-나리라 - 이땅의부

-흥과-회복은 - 바로- 나로부터시작되리 - -

나의 피난처 예수

나의 피난처 - 예수 - 의지해 요   나의 피난처 - 예수 - 의지해
나는 영원히 - 주님 - 사랑해 요   나는 영원히 - 주님 - 사랑해

- 요 - -   나의 가는길 - 에거센바 - 람   몰아쳐 - 와도 -   나의
- 요 - -   세상 어떤것 - 도나의사 - 랑   끊을수 - 없네 -   나는

피난처 - 예수 -   의지해 요   요 아바 아 버지 나를
영원히 - 주님 -   사랑해 요

사랑 하시니 나의 모든 것주께 드려 요   아바

아 버지 내가 여기있으니 주님 영광위하여   써주세 요
                                교회위하여   써주세 요
                                나라위하여   써주세 요

6

나의 찬미

(My tribute)

(구) 915

Andrae Crouch

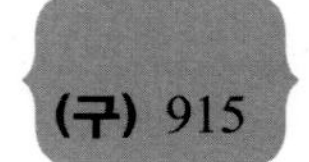

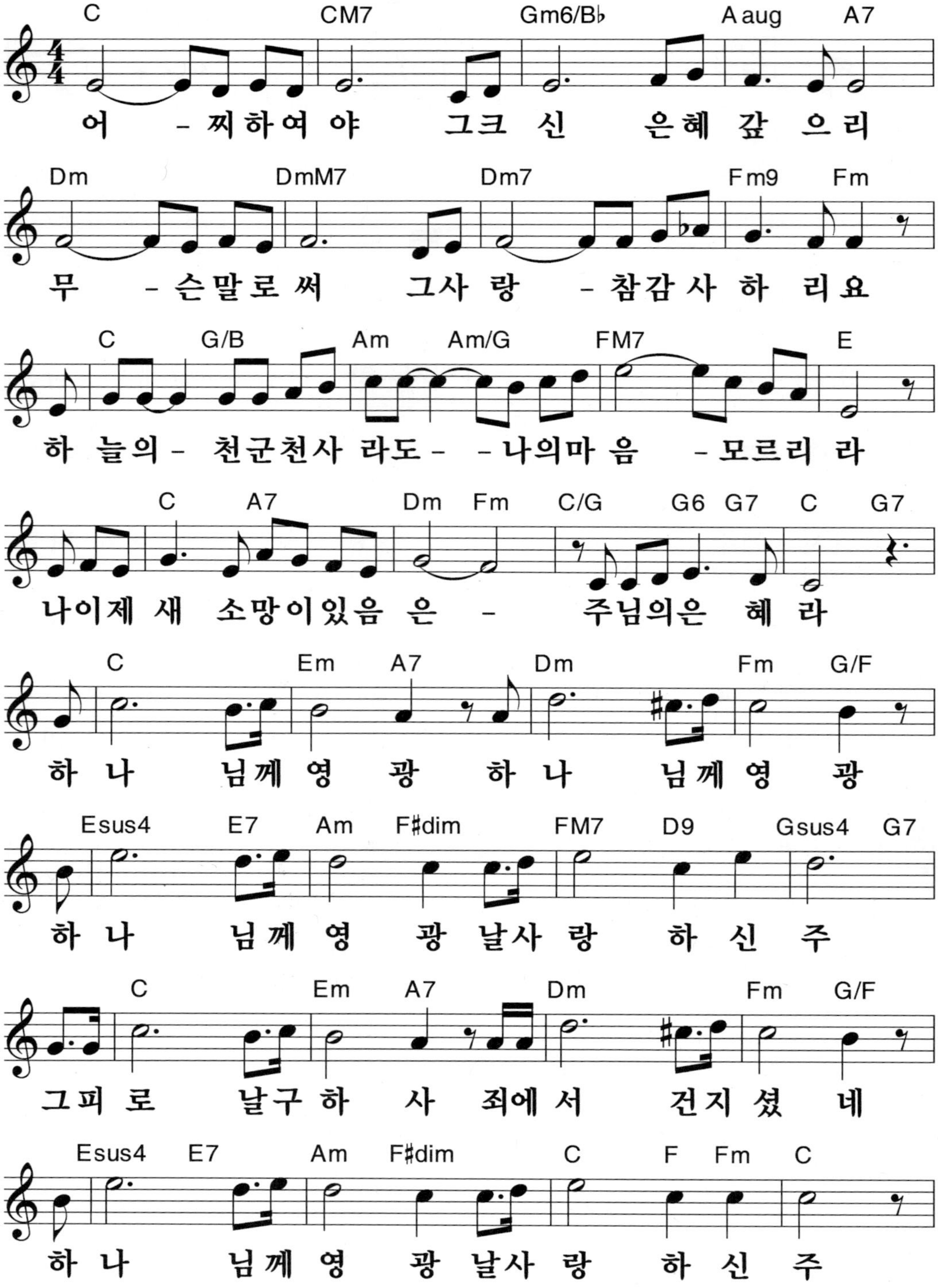

나의 찬미

Esus4   E7   Am   Am/G
바치리라 모두 나의일 생을 당신 께
F   Dm7   Am   FM7   D9   Gsus4   G7
세상영 광 명예 도 갈보리로 돌 -려 보 내 리
C   Em   A7   Dm   Fm   G/F
그피 로 날구하 사 죄에 서 건지 셨 네
Esus4   E7   Am   F#dim   C   F   Fm   C
하 나 님께영 광 날사 랑 하 신 주

7 나의 하나님 나의 맘속에

나의 하나님 나의 하나님

8
C
강태원
C Em Am G7 G
나의하 나님 나의하 나님 나와함 께하 신하 나 님
C Em G7 C
주님 뜻 대로 살기원 하여 이처럼 간구 합니 다
C G C D7 G
아버 지 아버 지 죄인부 르신 아버 지
아버 지 아버 지 나를구 하신 아버 지
C CM7 G G7 C
감사 합 니다 감사 합 니다 늘찬송 하게 하소 서
감사 합 니다 감사 합 니다 이몸바 쳐살 렵니 다
C G C D7 G G7
아버 지 아버 지 은혜베 푸신 아버 지
아버 지 아버 지 축복해 주신 아버 지
C Em Am G G7 C
감사 합 니다 감사 합 니다 영광받 아주 옵소 서
감사 합 니다 감사 합 니다 사명감 당케 합소 서
Fine
C F C G7
나의하 나님나의하 나님 나의하 나님 아버 지
C F C G7 C
감사합 니다 감사합 니다 진정감 사합니 다
D.S.

내 기쁨 되신 주

(Made me glad)

Miriam Webster

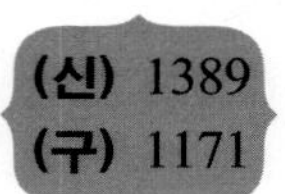

내 증인 되리라

10

C

최유신 & 최덕신

11
내 안의 중심이 주를 찬양
(From The Inside Out)
Joel Huston
나 실패 거 - 듭 해 - 다시 넘 - 어져도 - 주자비
와은혜 - 로 - 날안아 - 주시 네 변함없 - 는 주님의빛비
추 시 네 영원하 - 신 주영광온땅 가 득 해
내삶의 소 - 망 은 - 주뜻 - 구하며 - 나자신
을 버리 - 고 - 주님 - 을찬 양 변함없 - 는 주님의빛비
추 시 네 영원하 - 신 주영광온땅 가 득 해
내맘과영혼 - 모두드리리 - 성령의불로 태 우 소 서
주님의의로 - 날감싸소서 - 주를더사랑 하 도 록
1. Dm

Words and Music by Joel Houston
© 2005 Hillsong Music Publishing Australia (admin in Korea by Universal Music Publishing/ CAIOS)

12 내 영혼아 여호와를 송축하라

(Bless the Lord O my soul)

Pete Sanchez Jr.

(신) 1787
(구) 600

내 영혼아 여호와를 송축하라

내 안에 사는 이

(Christ in me)

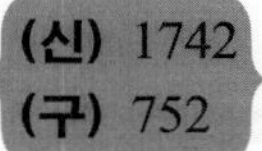

13

Gary Garcia

14 너는 내 아들이라

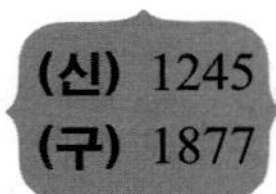

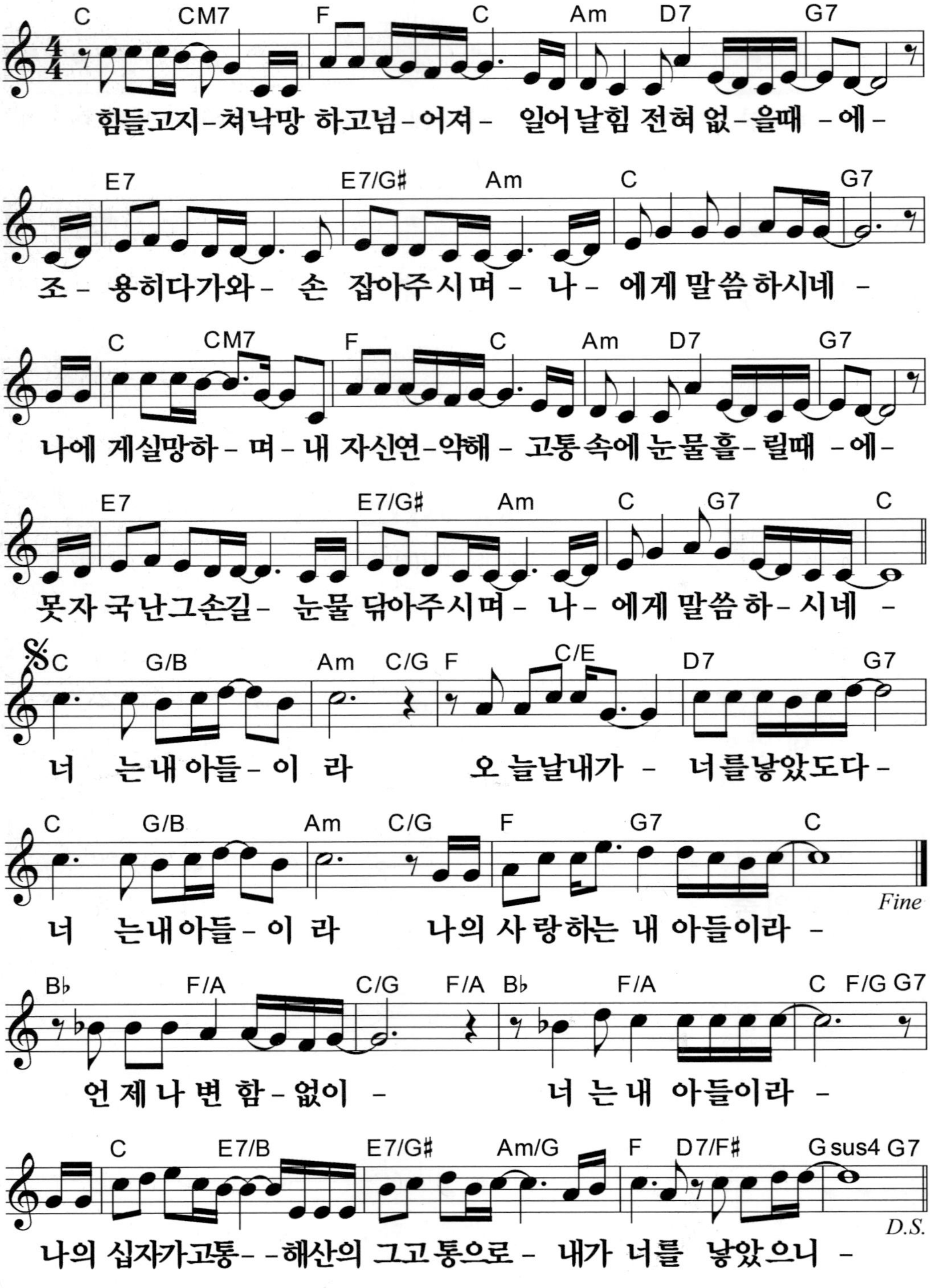

이재왕 & 이은수

Fine

D.S.

누구도 본 적이 없는

Takafumi Nagasawa

16 눈을 들어 하늘을 쳐다보세요

김석균

눈을 들어 하늘을 쳐다보세요

17 눈을 들어 주를 보라

(See His glory)

(신) 1635
(구) 567

Chris Bowater

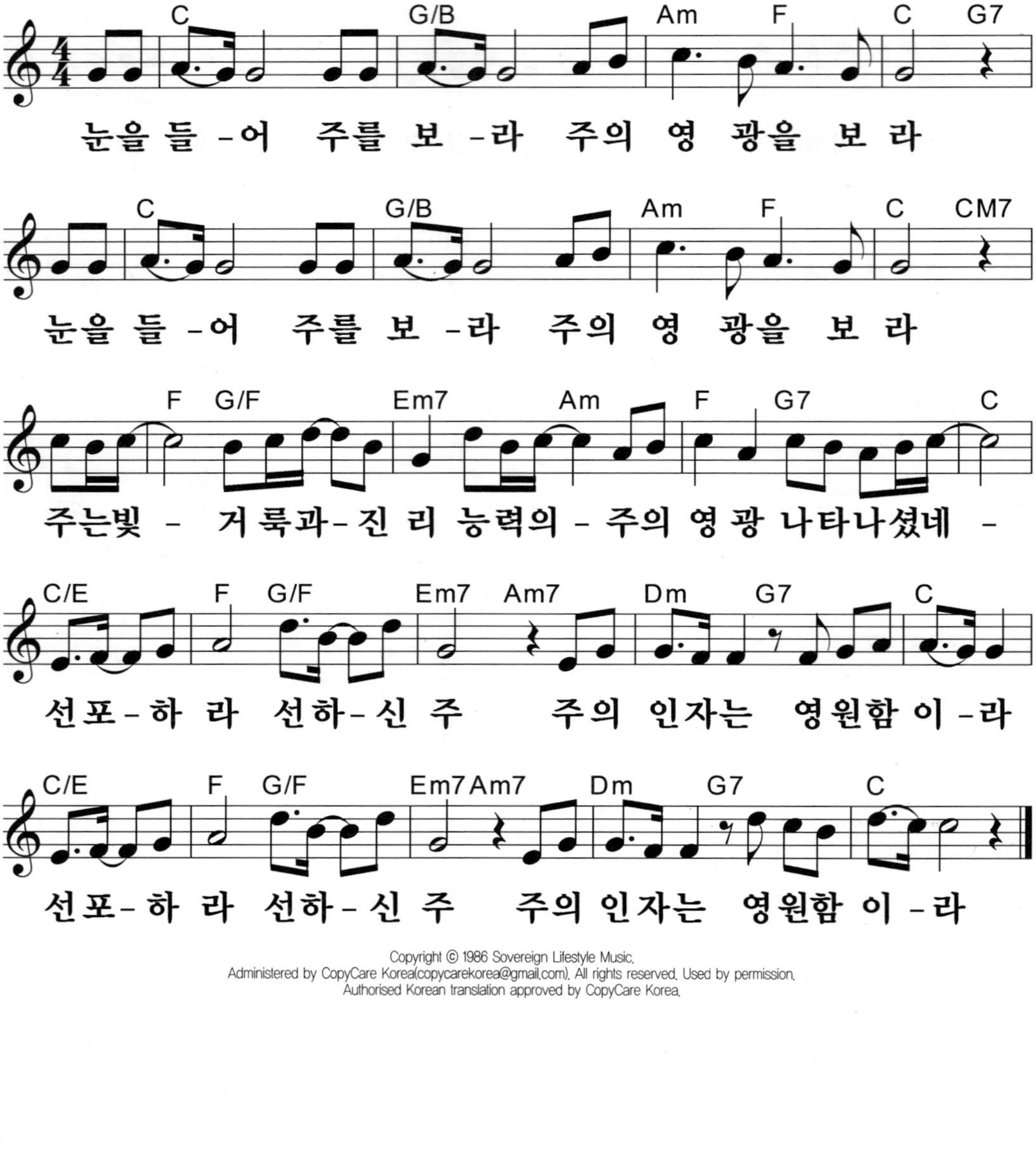

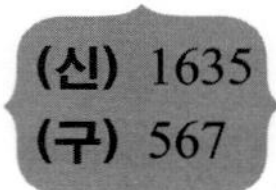

당신은 하나님의 사람

주님의은 – 혜로 – 살아가는   당신의모습이 – 참 아름다워요
말씀에순종하며 – 살아가는   당신의믿음이 – 참 아름다워요

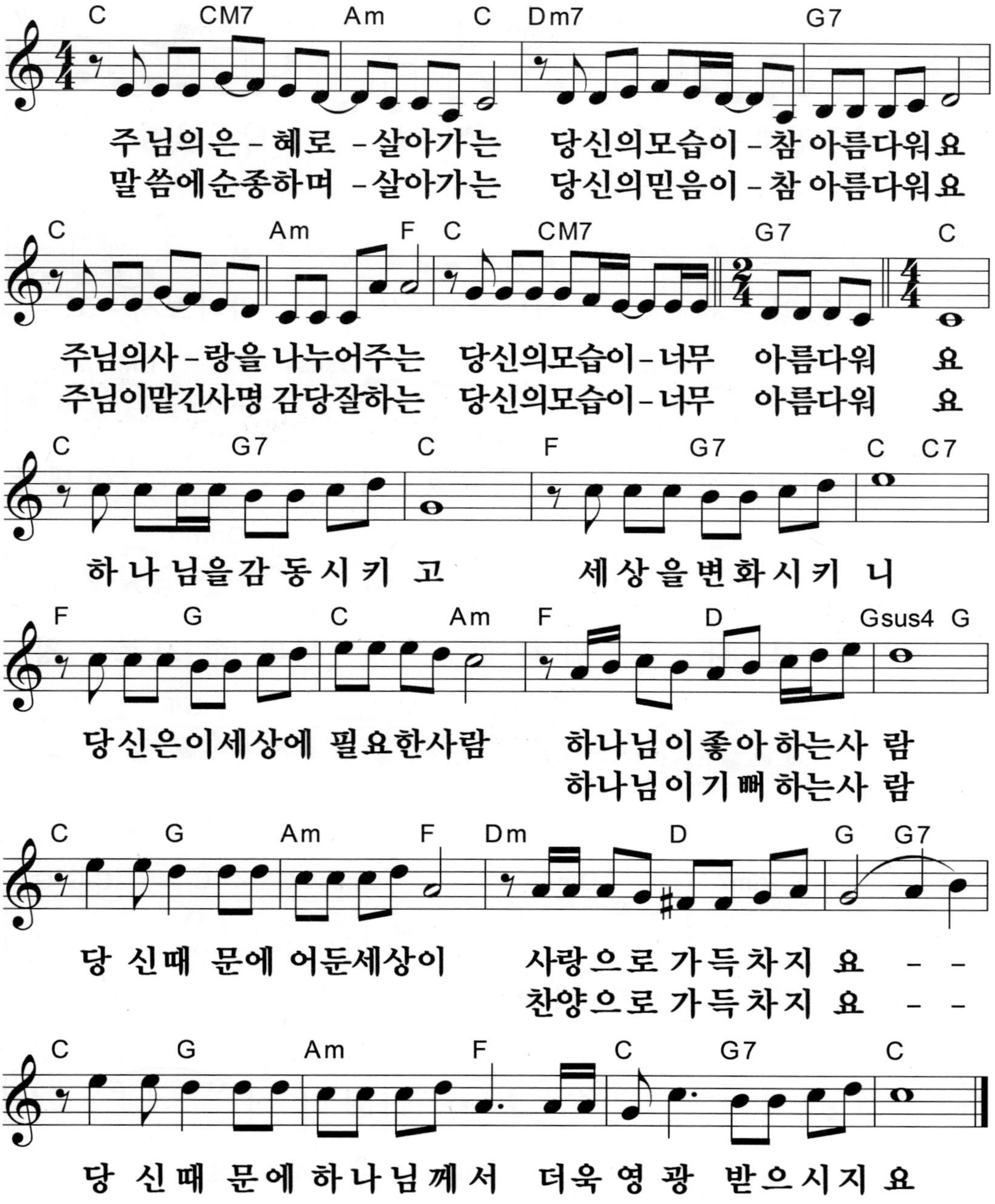

주님의사 – 랑을 나누어주는   당신의모습이 – 너무   아름다워   요
주님이맡긴사명 감당잘하는   당신의모습이 – 너무   아름다워   요

하 나 님을감 동 시 키 고   세 상을 변 화 시 키 니

당신은이세상에 필요한사람   하나님이좋아 하는사 람
                             하나님이기 뻐 하는사 람

당 신때 문에 어둔세상이   사랑으로 가득차지 요 – –
                          찬양으로 가득차지 요 – –

당 신때 문에 하나님께서   더욱영광 받으시지요

당신을 향한 노래

19

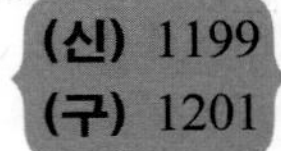
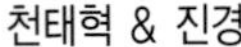

천태혁 & 진경

돌아서지 않으리
(No turning back)

김영범

21 먼저 그 나라와 의를 구하라
(Seek ye first)

(신) 1850 (구) 1098

Karen Lafferty

물 위를 걷는 자

조영준

C   G/B   Am7   G6
주님나를부르 시니 - 두려움 없이 - 배에서나아가 리라
주님보고계시 기에 - 의심치 않고 - 바다를걸어가 리라

FM7   C/E   Dm7   1. Gsus4 G7   2. Gsus4 G
주님나를부르 시니 -   주님내게오라 시니 -   기에 -
주님보고계시 기에 -   주님여기계시

C   G/B   G#dim7 Am7   G6
주님여기계시 기에 - 이깊 은 - 바다가반석 이 되고

FM7   C/E   Dm7   Gsus4   G
주님여기계시 기에 - 반석위 를 내 가 걸어 가 리라

C   G/B   G#dim7 Am7   G6
주님여기계시 기에 - 저거 친 - 파도가반석 이 되고

FM7   C/E   Dm7   Gsus4 G   C
주님여기계시 기에 - 반석위 를 내가걷습니 다

23 Born Again

김준영 & 주민정

Born Again

Am7 Em/G F2   2. Dm7   F/G   Csus4 C2 C/E   F2
죄로 주 인되 - 셨 - - 네 -   내생명 -   그안에
C/E   Dm7   F/G   C C/E   F2   G/F Em7 Am7
- 그의 생 명내 - 안 - - 에 -   나의삶 - 이 이 전 과 -
1. Dm7   Gsus4 G C/E   2. Bb2   F/A   Gsus4
같 을수 - 없 - - 네 -   내생명 같 을수 - 없 - - 네 -
G2   F2   C/E   Dm7   F/G
오 직내안에 - 오 직내속에 -   그 리 스 도가 사 - - 네
C2   C/E   F2   Em7   Am7   Dm7   F/G
- 오 직내삶에 - 오 직내맘에 - - 그가 주 인되 - 셨 - - 네
1. Csus4 C2   C/E   2. Am7 Em/G F2   Am7 Em/G F2
- 오 직내안에   -

24 불가능 가능케 돼

(Nothing Is Impossible)

Jonathan Hunt

불가능 가능케 돼

Am7 F2 C2
- 할수 - 있네 - - - 불 - 가능가능케돼 주님 눈 - 열어주시네
Gsus4 Am7
강 - 한진께지고 - 믿음으 - 로 - 살리 - - 불
1. F2 2. F2 C5
- 가능가능케돼 - 가능가능케돼
C/F C Dm9 C/F C/F C
난믿네 난믿 네
Dm9 C/F C
난믿네 난믿 네 주 - 님 난믿네 난믿 네
Dm9 1. C/F 2. C/F C
난믿네 난믿 네 주 - 님 네 주 - 님

25. 불을 내려주소서

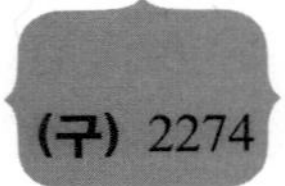

천관웅

불을 내려주소서

C G Am F C G
태 - 우 소 - 서 부 - 으 소 - 서 성 - 령 의 - 불
F 1, 2. 3. FM7 C Gsus4
을 불을 - 내 려주 - 소서 - 내게 -
Am F C Gsus4
성 령의 - 불을 - 죽 어진 - 영 혼 - 살
Am F C Gsus4
릴 수있 - 도 록 - 나를 - 태 워주 - 소서 - 제단 -
Am F C
위 에 나 - 를 드 - 리 니 - 열 방의 - 불 - 로
Gsus4 F C
- 세 우 - 소 서 -

26 사랑하는 나의 아버지

(Blessed be the Lord God Almighty)

(신) 1516
(구) 560

Robert D Fitts

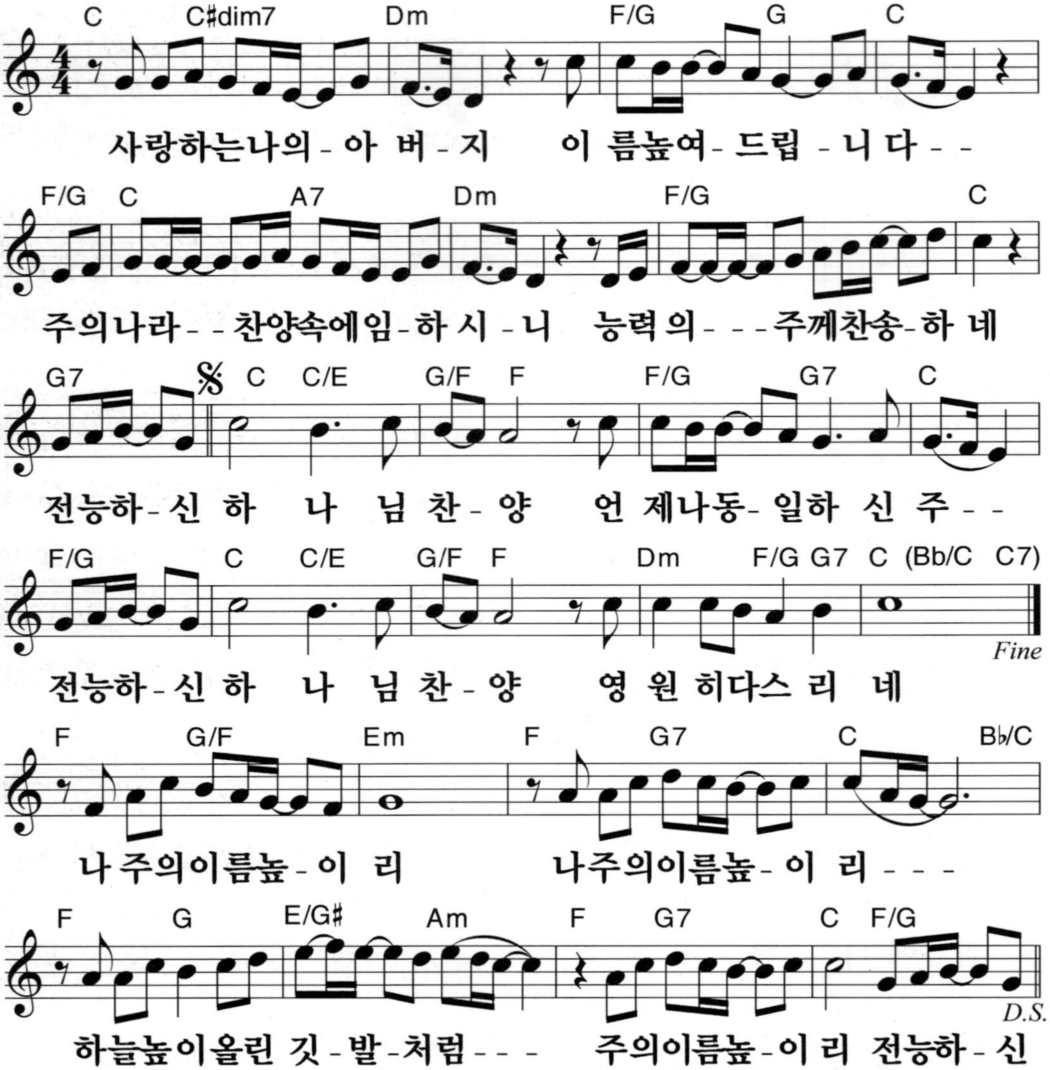

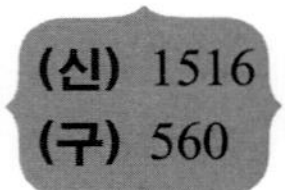

사랑하셔서 오시었네

이수아 & 송명아 & 이동희

성령이 오셨네

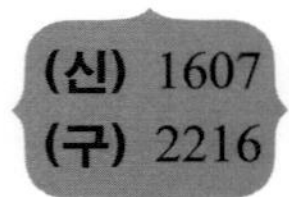

(신) 1607
(구) 2216

김도현

허무한시절지날때 - 깊은한숨내쉴때 - 그런풍경보 - 시며 - 탄식
억눌린자갇힌자 - 자유함이없는자 - 피난처가되 - 시는 - - 성

하는분 - 있네 - 고아같이너희를 - - 버려두지않으리 -
령님계 - 시네 - 주의영이계신곳에 - 참자유가있다네 -

내가너희와영원히 - 함께하 - 리라 - 성령이오 - 셨네 -
진 - 리 - 의영이신 - 성 령이오 - 셨네 -

성 - 령이오셨네 - 내주의보내신 - 성 령이오 - 셨네 -

우리인생가운데 - 친히찾아 - 오셔서 - 그나라꿈꾸게하시네

(신) 1141
성령이여 임하소서
29
C
설경욱
성령이여임하소서 - 메 마른나의심령위에 -
주 님 의은-혜의 단비내려- 날 흠뻑적셔주옵소서 -
주의권세주의능력 - 지 금이시간임하셔서 -
악 한 권세- 모두 깨뜨리고- 주님나라임하소서 -
영광할 렐루야 - 예수의 그 피가 -
내게승리 - 주네- 구 원 이 되 시 네 -
영광할 렐루야 - 예수의 이름이 -
능력되네 - 소 망 이 되 시 네 -

30 시편 19편
(Psalm 19)

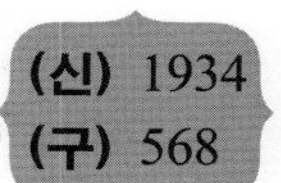

시편 40편

31

C

김지면

32 시편 8편

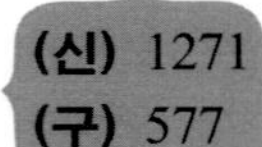

성경시편 & 최덕신

(신) 1836
(구) 930
33
C
실로암
신상근 
C C7 F C
어두운 밤에 캄캄한 밤에 새벽을 찾
가 처음 만난 그 때는 차가운 새
C G G7 C C7 F
아 떠난다 - 종이 울리고 닭이 울어도
벽이었소 - 당신 눈 속에 여명 있음을
C G7 C F/C 1.C 2.C
내 눈에는 오직 밤이 었소 - 우리 -
나는 느낄 수 - 가 있었소
C C7 F C
오 주여 당신께 감사하 리라 실로 암 내
D7 G G7 C C7
게 주심을 - 나에게 영원한 이꿈
F C G7 C F/C C
속 에서 깨이 지 않게 하소서 -

34
심령이 가난한 자는
(신) 1900
(구) 826
여명현

심령 이 - 가난한자 는 천국이 - 저희것이요
한 자복이있나 니 땅을기 업으로받겠 네

애통하 - 는자는복있 네 위로를 - 받을것이 요 온유
의에주 리고목마른자 는 저희배 - 부를것이

요 긍휼 히 여기는자 는 긍휼 히 여김받겠 네

마음이 청결한자 는 하나 님 을볼것이요

화평케 - 하는자- 는 하나 님의아들이라일컫 네

의를위 하여핍박받는 자 천국이 - 저희것이 라

내게도 주소서 내가복 을받기원하 네

오- 내 - 주 - - 여 주소 - 서 아 - - - 멘

십자가

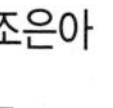

조은아

C　G/B　F/A　C/G　F　Dm　F/G　G7
무엇이변 - 치 않 아　내 소 망 이 - 되며 -

C　G/B　Gm/B♭　C7　F　Dm7　F/G　G7　CM7
무엇이한 - 결 같 아　내 삶을품 으 리　그누가날 - 만

Dm　Bm7(♭5)　Am　CM7　F　C　G/B　Am　/G
족 케해 -　내영이 - 쉬며 -　그 누굴 기 - - 다려 -　내

FM7　Dm7　B♭　F/G　G9　C　G/B　Am7　A7　Dm7　C/E
영이 기 쁘 리　-　십자가 - 십 자가 - 그 그늘아래 - 내

F　G　C　G/B　Am　A7　Dm7　C/E
소 망이있 - 네　십 자 가 -　십 자 가 - 그 그늘아 - 래 내

F　F/G　G　1.C　2.C　Bm/D　D6　Esus4　E7
생 명 이 있네 -　-　주여

A　E/G#　F#m　A/E　D　A/C#　Bm　E7
내영을고요케하사 -　십 자 - 가를 - 품 게하시며 - 주여

A　E/G#　F#m　A/E　D　A/C#　Bm7　E7　A
내영을잠잠케하사 -　십 자 가로 - 만 족 케하 소 서

36 십자가 앞에서

김석균

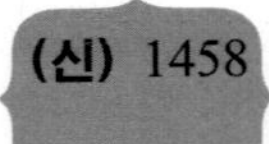

아무것도 두려워 말라
(Don't Be Afraid)
현석주
아무-것도 두려워말라 주 나의하나님이 지켜주시네 -
놀라지마라 - 겁내지마라 - 주님나를 지켜주시네 - -
내 맘이힘에겨워 지칠지라도 주님나를 지켜주시 네
세 상의험한풍파 몰아칠때도 주님나를 지켜주시 네 -
주 님은 나의산 성 주 님은 나의요 새
주 님은 나의소 망 나의힘이 되신여호 와

야곱의 축복

38
(신) 1977
(구) 1733
김인식
너 는 담장너머로뻗은 - 나무 가지
는 어떤시련이와도 - 능히 이겨
에 푸른 - 열매처럼 - 하나님의 -
낼 강한 - 팔이있어 - 전능하신 -
귀한축 - 복 - 이 - 삶에 - 가득히 -
넘쳐날 - 거 - 야 - 너 하나님 - 께 - 서
- 너와 - 언제나 - 함께하 - 시 - 니 -
- 너는하나님의 - 사 - 람 - 아름다운하나
- 님의 - 사 - 람 - 나는널위 - 해 - 기 - 도하며

야곱의 축복

Dm7   G7   C
- 네길을 - 축복할 - 거야   너는하나님의
G/B   Am7   Em/G   F
-선-물-   사랑스런하나 - 님의-열-매- 주의품에
C/E   Am   Dm7   G7   F/C   C
- 꽃피운 -   나무가되어줘 -   -

39
약한 나로 강하게
(What the Lord has done in me)
Reuben Morgan
(신) 1588
(구) 1726

약한- 나 로 강하게 가난 한 날 부하 게 눈먼-
날 볼 수 있게 주내 게 행 하 셨 네 - 호-
산 나 호 - - 산 - 나 죽임 당 한어린 양 호-
산 나 호 - - 산 - 나 주님 - 다 시 사 셨 네 호-
네 - 내가 - 건 너 야할 강 거기서 내 죄씻겼
네 이제 - 주 의 사랑 이 나를 향 해 흐르 네
- 깊은 - 강 에 서 주가 나를일 으 키셨도 다 구원의
노 래 부르 리 주가 자 유 주셨 네 -

(구) 2170

예수 좋은 내 친구

(My Best Friend)

Joel Houston & Marty sampson

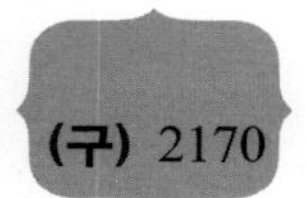

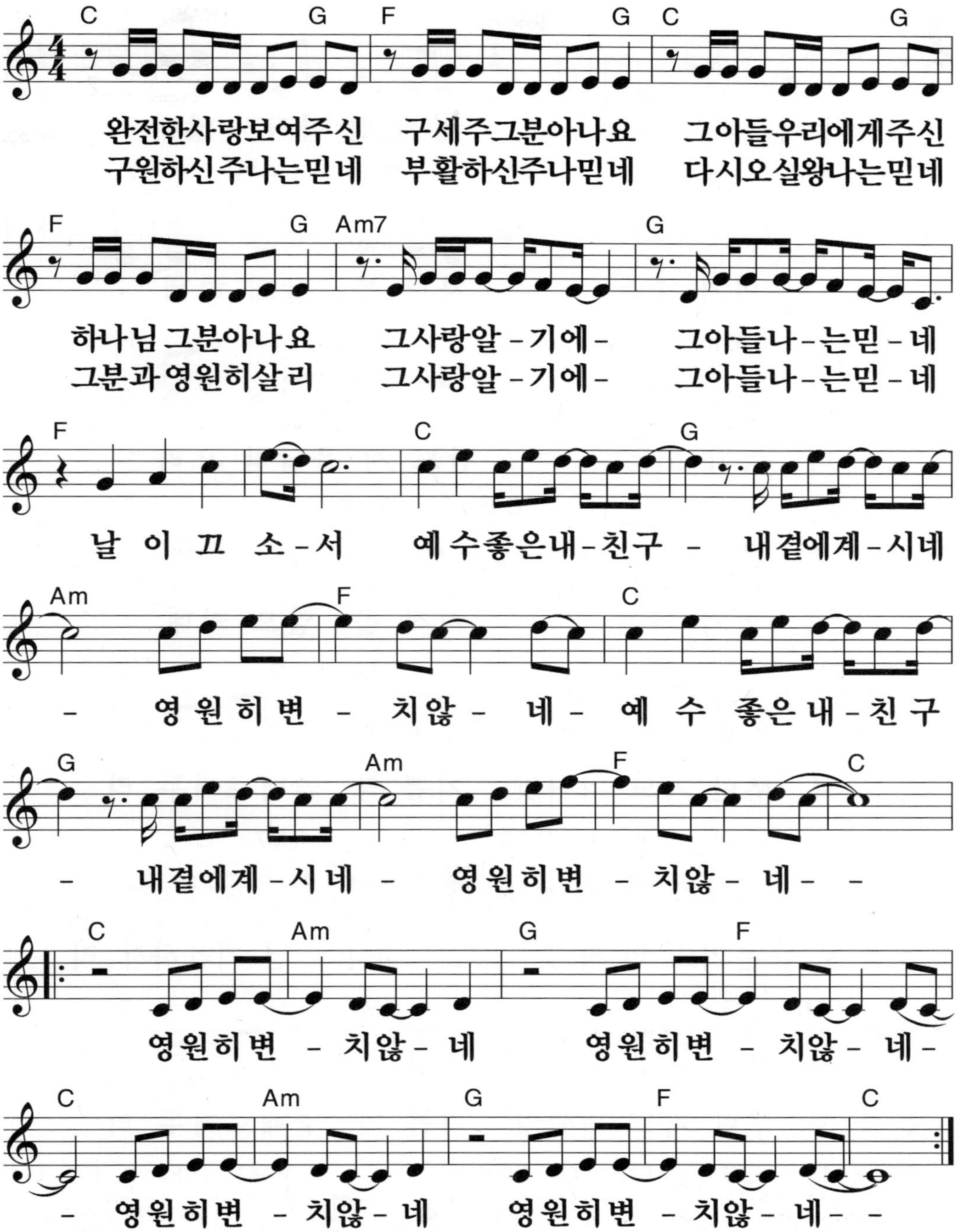

41
어머니의 기도
손경민
C　Em　F　C　Em　F
어머니 의기 도는 - 땅에 떨 어지지 않네 -
Am　Em/G　F　C/E　Dm7　F/G　C　F/G
어머니 의기 도는 - - 자녀를 살게 하네 -
C　Em　F　C　Em　F
어머니 의기 도는 - 반드 시 응답받 으리 -
Am　Em/G　F　C/E　Dm7　F/G　C
어머니 의기 도는 - - 기적을 일으 키네 -
C/E　FM7　G　C　FM7　G　C
눈물 로 뿌린 기도 의씨앗 기쁨 의 열매로거두 리
C/E　FM7　E/G#　AmEm/GD/F#　FM7　G　C
눈물 로 심은기도 의 씨 앗 하나 님 기억 하시 리
FM7　G　C　FM7　G　C
눈물 로 뿌린 기도 의씨앗 기쁨 의 열매로거두 리
C/E　FM7　E/G#　AmEm/GD/F#　FM7　D/F#　F/G　G
눈물 로 심은 기도 의 씨 앗 하나 님기억하시 리

어머니의 기도

FM7 G C FM7 G C
자녀 의 삶에 열매 맺으리 시들 지 않은꽃피우 리
C/E FM7 E/G# AmEm/G D/F# D/F# FM7 G C
환경을 넘어 역사 하 리 라 하나 님 열매 주시 리
C Em7 F C Em7 F
어머 니 의기 도는 - 땅에 떨 어지지 않네 -
Am Em/G F C/E Dm7 F/G Am7 C/G
어머 니 의기 도는 - - 자녀 를 살게 하네 -
FM7 F/G Am7 D/F# Dm7 F/G G C
자녀 를 살게 하네 - 기적 을 일으 키 네

42 오늘을 위한 기도

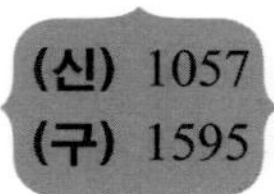

김소엽 & 장욱조

(신) 1671
(구) 561

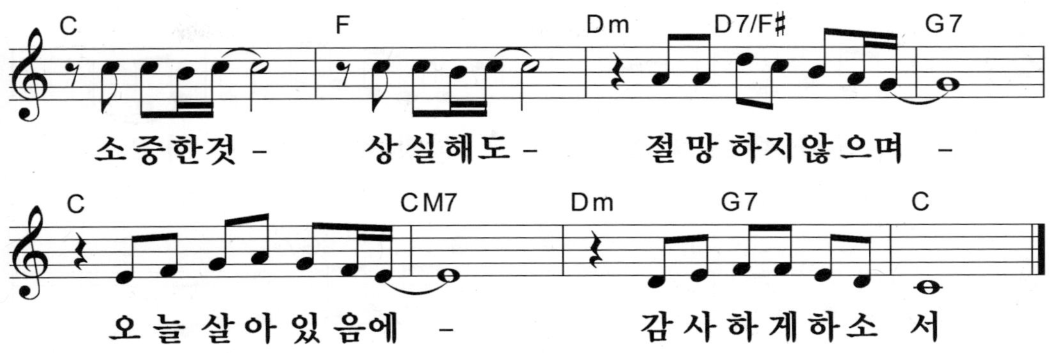

예수 사랑해요

43

(Jesus, I love You)

Jude Del Hierro

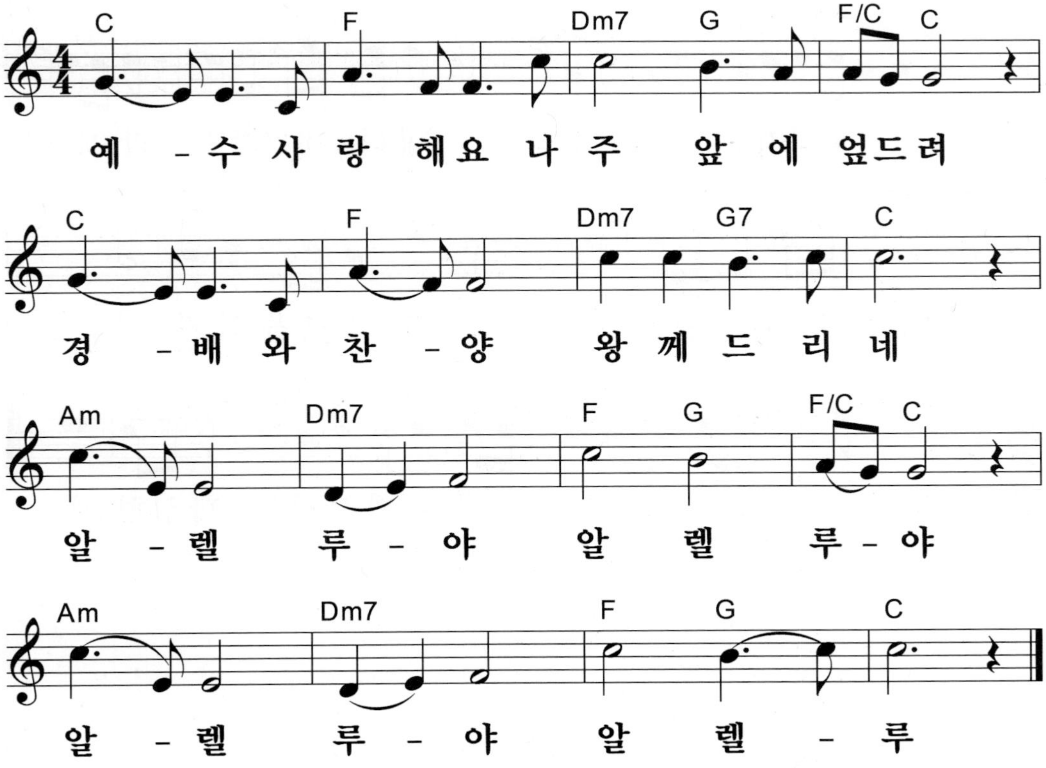

44 오 신실하신 주

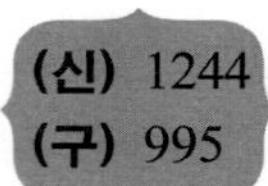

최용덕

오직 예수

(In Christ Alone)

Andrew Shawn Craig & Don Koch

45
C

46 우릴 사용하소서

김영표
우리 에겐소원이 - 하나있 네   주님 다시오 - 실 - 그날까 지
우리 가슴에 - 새긴 주의 십자가 - 사랑 나의 교회를 - 사랑케 - 하 네
주의 교회를향한 - 우리마 음   희생 과포기 - 와   가난과고 - 난 -
하물 며죽음조 - 차 - 우릴 막을수없네 우리 교회는 - 이땅의 - 희 망 교회를
교회되 - 게 - 예뻴 예배되 - 게 -   우릴 사용하 - 소 - 서 -   진정한
부흥의 - 날 - 오늘 임하도 - 록 -   우릴 사용하 - 소 - 서 -
성령안 - 에예배 하 리라 -   자유의 - 마음으 로
사랑으 - 로사역 하 리라 -   교회는 - 생명이니 -   교 회를

은혜

손경민

C G/B Am7 G/B C G/B Am7 C/E
내가 누려왔던모든것들 이   내가 지나왔던모든시간 이
내가 이땅에태어나사는 것   어린 아이시절과지금까 지

F C/E Dm7 G C F/G C F/G
내가 걸어왔던모든순간 이   당연 한것아니라은혜였 소
숨을 쉬며살며꿈을꾸는 삶   당연 한것아니라은혜였 소

C G/B Am7 G/B C G/B Am7 C/E
아침 해가뜨고저녁의노 을   봄의 꽃향기와가을의열 매
내가 하나님의자녀로살 며   오늘 찬양하고예배하는 삶

F C/E Dm7 G C F/G C
변하 는계절의모든순간 이   당연 한것아니라은혜였 소
복음 을전할수있는축복 이   당연 한것아니라은혜였 소

F/G C G/B Am7 Em/G F C/E Dm7 G
모든것이은 혜 은 혜 은 혜 한없는- 은혜 내삶에

C G/B Am7 C/G F G C
당연한건하나도- 없었던것을- 모든것이 은혜- 은혜였 소

48
은혜로만 들어가네
(Only By Grace)
Gerrit Gustafson
(신) 1554
(구) 1532
은혜로만 - 들어가 - 네 - 은혜로만 - 선다네 -
우리의노 - 력이아 - 닌 - 어린양의 - 보혈로 -
그분의임 - 재가운 - 데 - 오 라 - 하시네 -
우리를부 - 르신그 - 곳 - 은 혜로들어 - 가 네 -
주님의그 - 은 혜 - 범 죄한우 - 리가어
- 찌 서 리 요 어린양의 - 보혈이 - 깨끗케 - 하시네
- 주님의그 - 은 혜 -
주님의 - 그은 혜 - 주님의그 - 은 혜 -

일상

손경민

49
C
나를보- 내사 서게하- 신곳 가장귀한곳- 이- 바 로이곳-이라-
내게주- 신곳 광 야와같- 아 도- 믿 음과소망가- 지고- 최
선을다- 하리 - 나의작- 은삶 주께드- 릴때
나의삶 을통- 해 - 주 영광받- 으리 - 내게맡 - 기신 가
장귀한- 이곳- 감 사와순종으- 로- - 오 늘을살- 리라-
나의일- 상을- 통해- 하나님께영 - 광을- 나의일- 상을- 통해- 생
명의복- 음 을- 내게맡 -기신 - 이곳- 나를 부르신 - 곳에- 하나
님 의나- 라 가- 이뤄지길 - 원합 - 니 다 -

이제 역전되리라

Fine

(구) 821

주께 감사하세
(O, Give thanks to the Lord)

Brent Chambers

51

52 주 없이 살 수 없네

김도현
나는죄인입니다 - 선한것하나 없으니 - 나는 오직 주님만 -
의지 하네 - 나는절망합니다 - 아무희 - 망없 - 으니 - 나는
오 직 주께만 - 매 달립 - 니다 - 주없
이살수 - 없네 - 주없 이살수 - 없네 - 나 혼자는못 - 서리 -
힘도아 - 니 - 요 - 능도아 - 니 - 요 - 오직주 - 의성 - 령으 - 로 - 만 - 오직
예수님 - 만이 - 오직 예수님 - 만이 - - 나 를살게하 - 시니 -
오직주 - 님만 - 의지합 - 니 - 다 - 오직주만의지합 - 니다 -
오직주 - 님만 - 의지합 - 니 - 다 - 오직주만바라봄 - 니다
나는죽었습니다 - 십자 가에달 - 려죽으신 - 나의 모든죄감당하신 - 예
수님과 - 함께 - - 음 - 나는살았습니다 - 내안에 살아계 - 신그리스도 - 내평

주 없이 살 수 없네

생 오-직주님과--살 -기원-하네 --- 주없 - 주-
없이살수없네 나- 혼자못서리힘- 없고부족하며 지- 혜도없으니 내-
주는나의생-명또 나의힘이라 주- 님을의지하여 지- 혜를얻으리-
워 워주없 이살수 - 없네 - 주없 이 살수 - 없네 -
나 혼자 는못-서리 - 힘 도아 - 니 - 요 -
능도아-니-요- 오직주-의성-령으-로-만 - 오직
예수님-만이- 오직 예수님 -만이- - 나 를살게하-시니
- 오 직주-님 만 - 의 지합 - 니 - 다 -
오직주 만바 - 라봅 - 니다 - 주없 이 살수- 없 네 -

53 주 예수 내 산 소망

(Living Hope)

Phil Wickham & Brian Johnson

F2　C　Gsus4　F2　Am7　Gsus4

닿을수 없고　오를수없 - 네　사망의 권 세　놓인우 리
자 비　형언못 하 - 며　한없는 은 혜　표현못 해

C　Gsus4　F2　Gsus4　C

절망가 운 데　하늘을 보 - 며　주의이 름　나부 를때 -
내죄와 수 치　지기위 하 - 여　이땅위 에　주오 셨네 -

F　C　G/B　Am　Gsus4

어둠을 뚫 고　주님의 사 랑　내영혼 을 비 추 시 네
주의십 자 가　날구원 하 사　왕의자 녀 삼 으 셨 네

C　Gsus4　F2　Gsus4　1. C

모든것 이 미　이루신주 - 님　주예 수　내산 - 소 망　위대한
나는영 원 히　주님의소 - 유　주예 수　내산 - 소

2. C　%　F2　C　G　Am7　F2　C

망　할렐 루 - -야 주의 이름찬양해 할렐루 - -야

G　Am7　F2　C　G　Am7

내게 자유주셨네　죄의 저주끊으신　구원 의주그이름

C/G　F2　Gsus4　G　1. C　2. C　F2

주예 수　내산 - 소 망　할렐 망

Fine

주 예수 내 산 소망

C   G sus4   F2   A m7   G sus4
언약의 말씀   이뤄진 아 -침   주님의 호흡   시작됐 네
C   G sus4   F2   G sus4   A m
죽음이 기신   유다의 사 -자   우리의 주   부활하 -셨 - 네
F2   C/G   G   C   D.S.
예 수 주   승 리 하 -셨 - 네   할 렐

54 주 품에

(Still)

Reuben Morgan

주가 일하시네

이혁진
CM7 G2/B F/A C/E Dm7 G7 C G9
날이 저물어-갈때- 빈들 에서걸 -을때- 그때 가 -하나님 의때 -
우리 모인이 -곳에- 주님 함께계 -시네- 누리 네 -아버지 은혜 -
CM7 G2/B F/A C/E Dm7 G7 C
내힘 으로안-될때- 빈손 으로걸 -을때- 내가 고백해 -여호와이 레 -
적은 떡과물 -고기- 내모 든걸드 -릴때- 모두 고백해 -여호와이 레 -
C/E F G/F Em7 Am7 /G Dm7 G9 C
주가 일 하시네 - 주가 일 하시네- 주께 -아끼지않 -는 자에 게
C/E F G/F Em7 E/G# Am7 Dm7 G9 CM7
주가 일 하시네 - 주가 일 하시네- 신뢰 하며걷는자 - 에게 -

56 주는 나의

유상렬

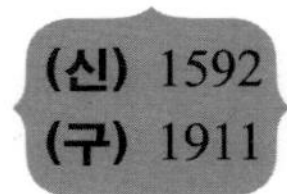

C2   Em   F   Dm   G   G7
하나님이시 - 여 하나님이시 - 여 주는 나의 하나님이 시 로다

C2   Em   F   Dm   Gsus4   G7
나의몸과마 - 음 주를갈망하 - 며 이제 내가 주께고백 하 는말

C   A7   Dm   G
여호 와는 - 나의 빛이요 - 여호 와는 - 나의 구원이시니 -

C   E7/B   G/A   Am   Dm   D7   G7
내가 누구를 - 두려워 하리요 - 여호 와는 생명의 피난처시니 -

C   E7/B   Am   Am/G   Dm   Gsus4   G7
주의 인자가 - 생명보다 나으므로 내 입술이 - 여호와를찬 양하리 -

C   E7/B   Am   Am/G   Dm   F/G   C
내 평생에 - 주를찬양 하며 - 주의 이 름으 - 로내손들리라 -

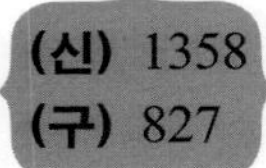

주님 내 안에

C

임미정 & 이정림

58 주님 다시 오실때까지

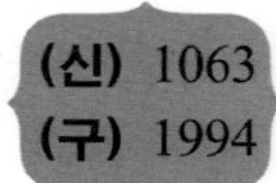

고형원

주님 손 잡고 일어서세요

59

김석균

60 주를 처음 만난 날

(신) 1947
(구) 946
김석균

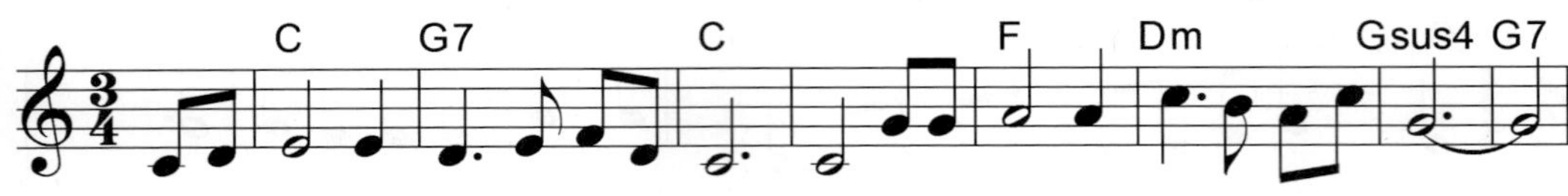

주의 나라 이루시리라

(Redeem Your Kingdom)

61

C

김민지 & 임선호

62 찬양하리
(I Will Sing Praise)

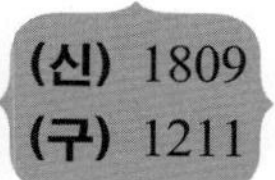
(신) 1809
(구) 1211

찬양하며 살리라

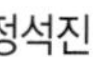

정석진

C
이 험한 세상 나 살아갈 동안
내 작은 손에 불 밝혀들고서

C
내 주님가신 길 걸으며 내 주님을 찬양해 -
이 세상다시 오 시 - 는 내 주님을 맞으리 -

C
십 자가보혈 날 구한그사랑
내 무거운짐 다 벗겨주시고

C
나 매일찬송을 드려도 늘 부족한것 뿐이니
그 아름다운 금 면류관 날 위해예비 하시리

C
나 호흡있는 동안에 - 나 생명있는 동안에 -

Am
나 주를찬양 하리라 - 내게 생명 주신 주님 을

64 천국 무도회

조영준
주 의 말 씀 더안-으로 더안-으로 더안-으 로 천국문
은 열려-있 네 볼수-있 네 걸을수있 네 주의말 로 천국문
에 들어-서 면 모든-사 람 춤을춘다 네 주의
말씀-이-끌 리 천국 의삶을꿈-꾼 다 성령 님은-귓-가
에 너는 천국에 살 자 란 다 주의 말 씀 - 이 - 끌
려 천국 의삶들 여다본 다 성령 님은-오-늘
나 는 지 금 주 와춤을춘 다 네-
나 나 나 나 나 나나나나 나나-
나 는 지 금 주 와발을맞 추네-
나 나 나 나 나 나나나나 나나-

평화 그 사랑의 물결

삼일교회 P.O.P & 전영훈
C Dm7 C/E F G/F C/E
거 센 풍랑을-넘어 - 주 가 걸어오-시네 -
Am7 Em/G FM7 C/E Dm7 G7 C F/G
내 눈 주를 볼 때 상황을넘 -어 평화가내 -게 임 하네 -
C Dm7 C/E F G/F C/E
삶 의 파도를-넘어 - 주 가 찾아오-시네 -
Am7 Em/G FM7 C/E Dm7 G7 F/C C G/B
내 눈 주를 볼 때 생각을넘 -어 평화가내 -게 임 하네 -
Am7 Em/G FM7 G/F Em7 A/C#
평 화 평 화 그 사랑의- 물결 - 이내- 안에 -
Dm7 F/G G/F Em7 Am7 Dm C/E F G C
주 님 내삶 의주인 - 되시 -니 - 오 늘도난이풍랑위걷 네

66 하나님 아버지의 마음

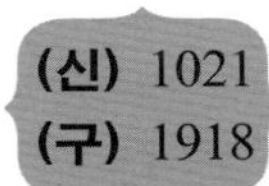

박용주 & 설경욱

하나님의 약속

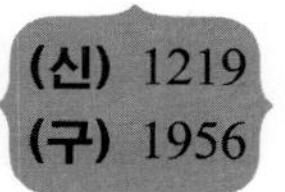

김석균

C G F C Dm G7
여호 와는 - 너에게 복을 주시기를 원하며 - 너를 지키시기를 - 원하
C G7 C G F C
시 - 며 여호 와는 - 그 얼굴을 - 너를 향 하여 드 - 사 - 은혜
Dm G7 1. C 2. C C7 F G7
와 평강 주시 기원하노 라 라 너를 보 배롭고 -
Em Am F G7 C C7 F G7
존 귀하게 - 여기시는하 나님이 - 네삶 속에서 -
E7 Am F D7 Gsus4-3
이 약속을 - 신 실 하게 - 이 루 시리 - 땅의
C 3 Am F D7
기름진것으로 - 하늘의 신 령한것 으로 - 너를 복주시고 지 키실 하
G7 C
나 님이 - - 너의 영혼잘 되 도 록 -
Am F G7 C
은 혜 베푸시며 - 평 강 으로 - 인 도하 시리 -

68 하나님께서 세상을 사랑하사

(God So Loved The World)

Scott Brenner

C

F/A C/G C/E F Dm C
-위해-살-리- 영원토 -록신-실하-신주-사랑
G sus4 G C G/B F/A C/G F C/E Dm7 G sus4 G
-을전-하-리-
C sus4 C G/B F/A C/G C/E
하 나님-께서- 세-상을 -사랑-하-사 독생자를주셨
F C/E 1. G sus4 G 2. G sus4 G
-으니 믿는-자는 영생 -을얻-으-리- -을얻-으-리- 난믿네
C G/B F/A C/G C/E 1. F C/E C
- 난-믿네 - 난-믿네 - 다시사
G sus4 G F/A 2. F C/E C G sus4 G
-신독-생-자- 난믿네 - 난-믿네 - 난-믿네
3. F C/E C G sus4 G C
- 난-믿네 - 난-믿네-

69 하나님은 실수하지 않으신다네

(신) 1370
(구) 2031

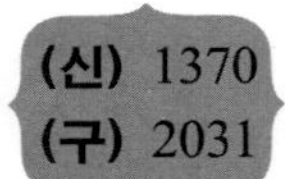

A.M.오버톤 & 최용덕

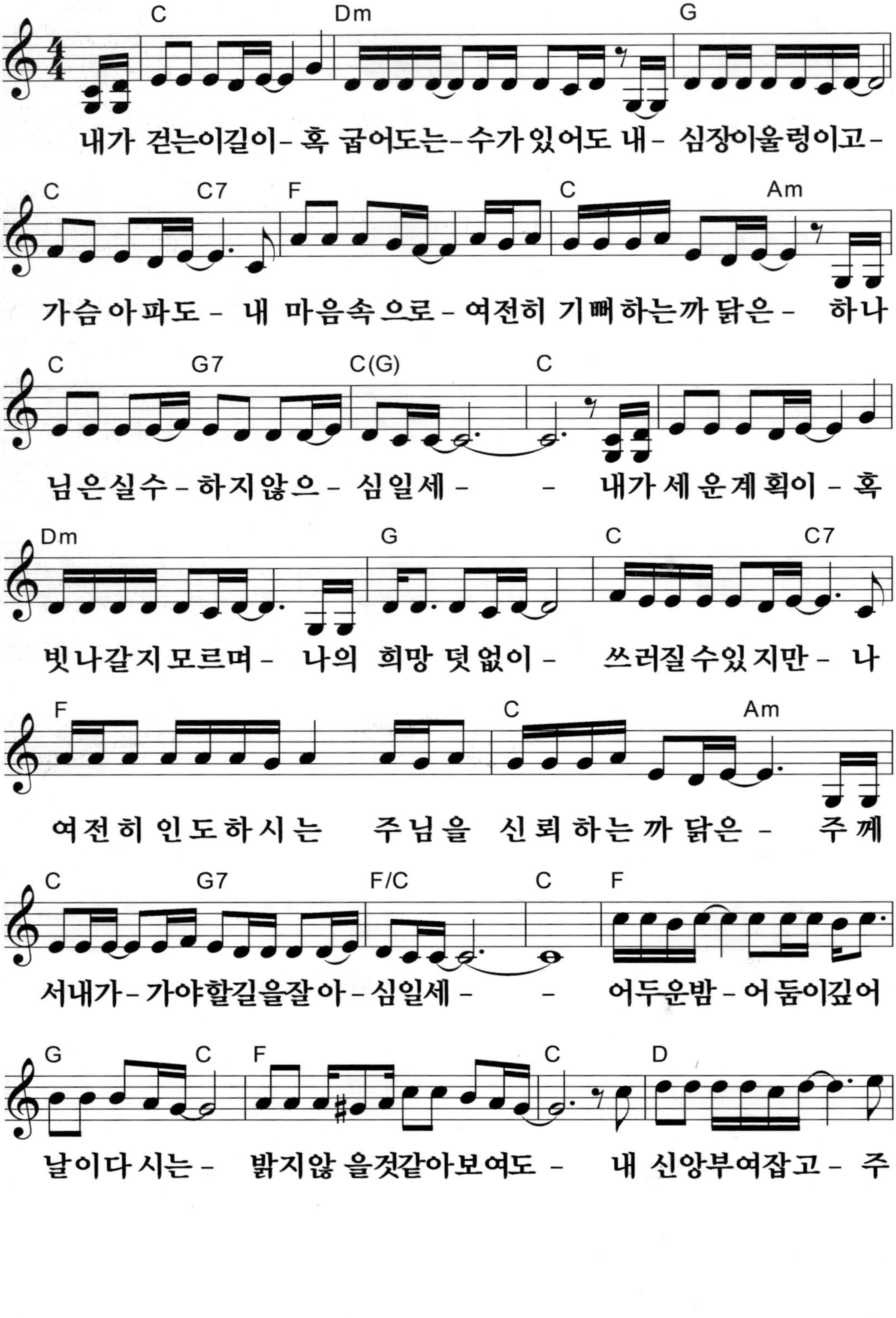

하나님은 실수하지 않으신다네

70 하루를 시작할 때

장진숙

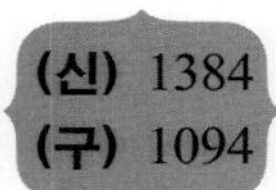

(신) 1384
(구) 1094

할 수 있다 하신 이는

71
C
이영후 & 장욱조
할 수 있 다 하신 이 는 나의 능 력 주 하 나 님
의 심 말 라 하 - 시 고 물 결 위 를 걸 라 하 시 네
나 를 바 라 보 - 시 고 능 력 준 다 하 - 시 - 네
주 저 말 라 하 - 시 고 십 자 가 를 지 라 하 시 네
낙 심 말 라 하 - 시 고 기 도 하 라 하 - 시 - 네
할 수 있 - 다 하 신 주 할 수 있 다 하 신 주
믿 음 만 이 믿 음 만 이 능 력 이 라 하 시 네
사 랑 만 이 사 랑 만 이 능 력 이 라 하 시 네
희 생 만 이 희 생 만 이 능 력 이 라 하 시 네
기 도 만 이 기 도 만 이 능 력 이 라 하 시 네
믿 음 만 이 믿 음 만 이 능 력 이 라 하 시 네
사 랑 만 이 사 랑 만 이 능 력 이 라 하 시 네
희 생 만 이 희 생 만 이 능 력 이 라 하 시 네
기 도 만 이 기 도 만 이 능 력 이 라 하 시 네

(신) 2013
(구) 1931

72 항해자

조영준

나 비로소 이제- 깊고 넓은 바다- -다- 두려
나 비로서 이제- 폭풍 우 를 뚫고간 -다- 비바
움에- 떨고있는 -내손을 주는 -결 코 놓치지 않으셨다
람에- 흔들리는 -나약한 나를 -잡
아 주시는 -그분 은 나의주 님 주나를놓치
마 소서 - 이깊고넓은 바 다에 --홀로 --- 내삶에
항 해의 -끝이되 시는 주-님이시 -여- 난
의 지합 -니 다 --- 날포기하지 마 소서 -
나잠시나를 의 지하 --여도 -- 내 삶의
항 해에-방향을 잡아 주-시옵소 -서-

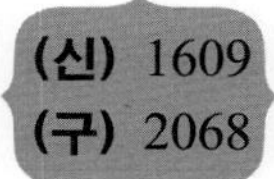

(신) 1609
(구) 2068

사명

73

C

이권희

FM7 G Am FM7 G Am
주님이 홀로가 신그길 나도따 라가 오

FM7 G Am Dm Em7 Am
모든 물 과피를 흘리신 그길 을 나도- 가 오

FM7 G Am FM7 G Am
험한 산 도 나는 괜찮소 바다 끝 이라도나는 괜찮소

FM7 G Am Dm Em7 Am
죽어가 는 저들 을위해 나를 버 리 길바라 오

Dm E7 Am Dm7 G7 C
아버지 나를보내주 오 나는 달 려가 겠 소
세상이 나를미워해 도 나는 사 랑하 겠 소
생명을 버리면서까 지 나를 사 랑한 당 신

Bm7(♭5) E7(♭9) Am G F Dm Em Am
목 숨도아끼지 않 겠소 나 를보내 주 오
세 상을구원할 십 자가 나 도따라 가 오
이 작은나를받 아 주오 나 도사랑 하 오

74
사모곡
(신) 1527
이권희
흘러내리는 눈 물의의미를 이 제 난 알수 있겠소
죽어가는영 혼 바라보시는 아 버지의 마음
이제더이상 바 라볼수없소 그들 에 게 나 달려 가겠소
영원한생명 그 십 자 가 나 따라가 오
세상 날버려도 - 지쳐 쓰러져도 - 나 놓 을 수 없는 십자가
생 명을구할수만 있 다 면 그 들 주를 볼수 있 다 면
나의 생 -명이라도 두고 가 겠 소 주 님 가 신그 길처럼 -
나의 가 -슴속에서 흐르 는 눈 물 내 아 버 지사 랑이죠 -
단한 번 -만이라도 아버 지 위해 아 낌없 이 드 릴테요-
이제 울 -지말아요 세상 모 두가 주 의이 름부 를테요-

가장 좋은 것을 주시는 하나님 75

손경민

감사

손경민

오늘 숨을쉬는것 감 사 나를 구원하신것 감 사
내 뜻 대로안되도 주가 인도하신것 모든것- 감 사
내게 주신모든것 감 사 때론 가져가심도 감 사
항상 주안에있음 감 사 참된 소망주심도 감 사
내게 고난주셔서 주뜻 알게하신것 모든것- 감 사
나 같은사람도 자녀 삼아주신것 모든것- 감 사
주님 감 사해요 주님 감 사해요 내가 여기까지온것도- 은혜입니다
주님 감 사해요 주님 감 사해요나를 사랑하신주사랑- 감사합니다

고백

김석균

D　Em　A7　D
어느날-다가온 주님의　이름을부 를수　없었어요
G　D　E　A7
뜨거운사랑을　느꼈지만　부를수-없었어 요
D　Em　A7　D
어느날-다가온 주 님의　모습을쳐다볼수　없었어요
G　D　A7　D
따뜻한사랑을　느꼈지만　바라보지못했어 요
A　D　G　A
비우지못 한　작은가슴　주님의사 랑은　너무커요
D　F#m　G　Bm　E　A
부서지고　낮아져도　주님앞에 설수　없었어요
D　Em　A　D
오 늘도-찾아온 주 님 의　이름을불러봅니 다
G　D　A7　D
부 를수록다정한　주님모습　가만히안아봅니 다

그 이름 아름답도다

(What a Beautiful Name)

Ben Fielding & Brooke Ligertwood

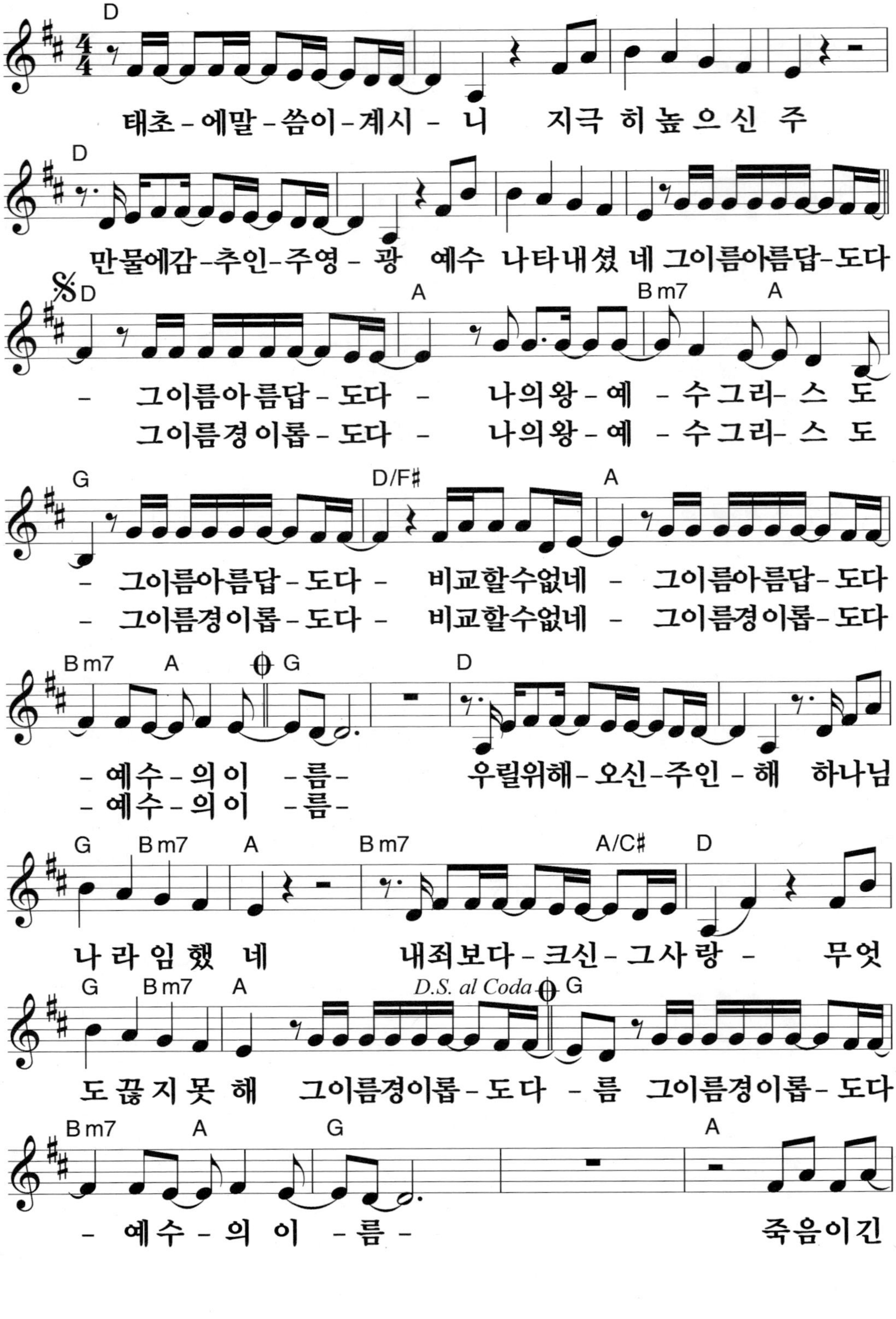

G2   A   Bm7   D2/F#
-주 휘장찢었 -네 죄와무덤 - 잠잠-케해 - 온하늘외
-네 비길자없 -네 영원히다 - 스리-는주 - 모든나라
G2   A   Bm7   1. A
-처 영광찬양 -해 주예수다 - 시사-셨네 - 맞설자없
-와 모든영광 -과 모든이름 - 위의-이름
2. A   D   A
- 그이름강력하 - 도다 - 그이름강력하- 도다 - 나의왕- 예
Bm7   A   G   D/F#
- 수 그리- 스 도 - 그이름강력하- 도다 - 대적할 자없네
A   Bm7   A   G
- 그이름강력하 - 도다 - 예수- 의 이 - 름 맞설자없
G2   A   Bm7   A   D2/F#
-네 비길자없 -네 영원히다 - 스리- 는 주 - 모든나라
G2   A   Bm7
- 와 모든영광 -과 모든이름 - 위의- 이름
1. A   2. G   Bm7   A
- 그이름강력하 -도다 - 름 그이름강력하- 도다 - 예수- 의 이
G   Bm7   A   G
- 름 그이름강력하- 도다 - 예 수- 의 이 - 름 -
Words and Music by Ben Fielding, Brooke Ligertwood
© 2016 Hillsong Music Publishing Australia (admin in Korea by Universal Music Publishing/ CAIOS)
D

79 그렇게 살아가리

이권희
나의 일생 사는동안 - 주 예수만 따라가 리 -
주 님이 보여주신 삶 - 나 그렇게만 살으 리
환난이 닥쳐와 도 - 내 목숨을 빼앗으려 해도
내 주님 바라보며 그렇게 살아가 리
내게 주신 사명 - 모두 마치는 그날 까 지
멈추지않으리 쉬지도않으리 내생명도아 끼 지 -않으 리- - -
이 땅에 사는 내 소 망 주 위해 사는 것
오직 예수만 오직 예수만 내삶에드러 나 - -길

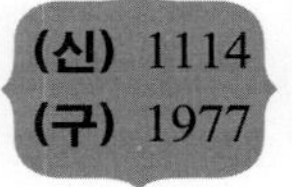

너는 그리스도의 향기라

80

구현화 & 이사우

81 교회

염평안

사 람 이 넘치기-보다- 사 랑 이 넘치는-교회-
섬 김 을 원하기-보다- 섬김 의기쁨- 알아가는교 회
세 상 이 -주 목하기-보다- 주 님 이 -주 목하는- 교회-
화 려 한 겉모습-보다- 중심 이 -주를향한교 회 주님
이피로사신- 아름다운교 -회-서롤 사랑함으로- 하나되 는교-회- 주님
이머리-되신- 거룩 한교회- 우리 함께만 -들어 가 - 요
내 작 은 생각보-다도- 하 나 됨 의 소중 함아는- 교회 -
세 상 에 -알 려지기-보다- 서로 가서롤- 깊이아는교 회 주님

(신) 1693
(구) 1713

나 무엇과도 주님을

(Heart and Soul)

Wes Sutton

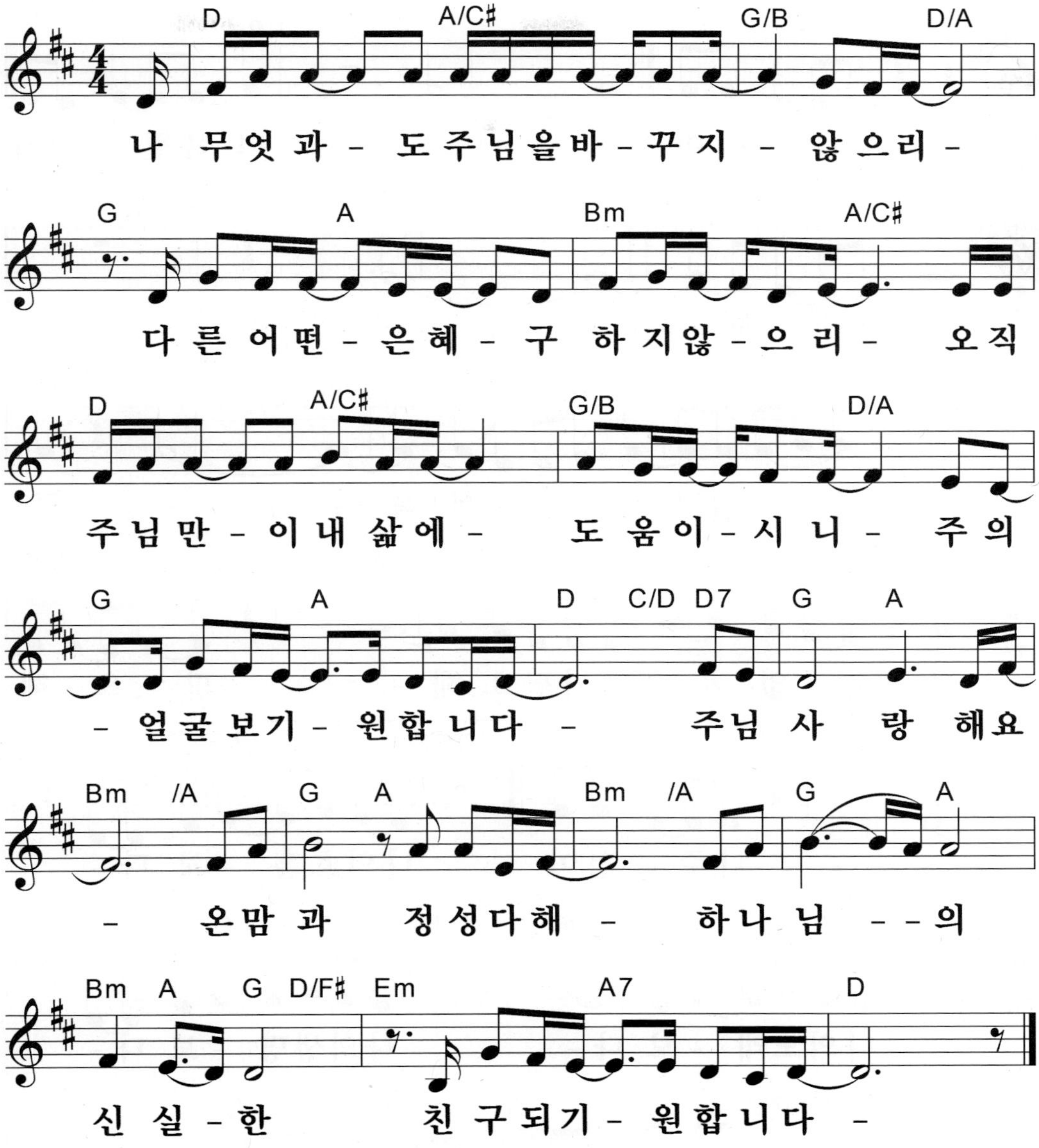

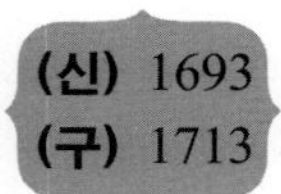

83 나 주님이 더욱 필요해

(I need You more)

Lindell Cooley & Bruce Haynes

Em7
D/F#
A sus4
G/A
돌 아가 - 지않 - 으리 - 옛 삶으로 - 나주 - 님 이
3. G M7
D/F#
Em
모든영 - 광주 - 님께 모든영 - 광주 - 님께 모든영 - 광주 - 님 - 께
A sus4   A
1, 2, 3. G M7
4. D
- 모든영 - 광주 - 님 께

D

나 오직 주를
(Only You)
임선호

D   A/C# Bm7   F#m   G A7sus4   D G/D A/D
닫혀진마음에 - 주님의사랑은 - 빛이되어 - 만져주 - 시 - 고 -

D   A/C# Bm7   F#m   G A7sus4   D G/D A/D
절망의땅에도 - 주님의사랑은 - 그의나라 - 보게하 - 시네 -

D   A/C# Bm7   F#m   G A7sus4   D G/D A/D
지나간날보다 - 허락한오늘의 - 또새로운 - 은혜주 - 시 - 니 -

D   A/C# Bm7   F#m   G A7sus4   D G/A A7
영원히빛나는 - 그사랑안에서 - 나의삶은 - - 완성되어 - 가네 -   소

D A/C#   Bm7   D/A G   D/F# Em7   G/A A7
망없는인생 - 의아품속 - 에도 - 내아버지 - 주님 - 의사 - 랑노래하 - 리라 - 세

D   A/C#   Bm7   D/A   G   A7sus4   D
월 지나세상 - 이 끝난다 - 해도 - 나 오직주 - 를 찬양하리라 -

나는 아무것도 아닙니다

정성권

86 나를 받으옵소서

최덕신

나의 갈망은

(This is my desire)

Scott Brenner

88

나의 맘 받으소서

(신) 2131

(My heart Your home)

Nathan Nockels & Christy Nockels

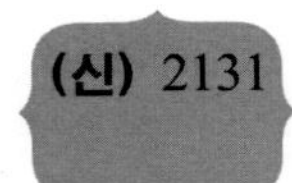

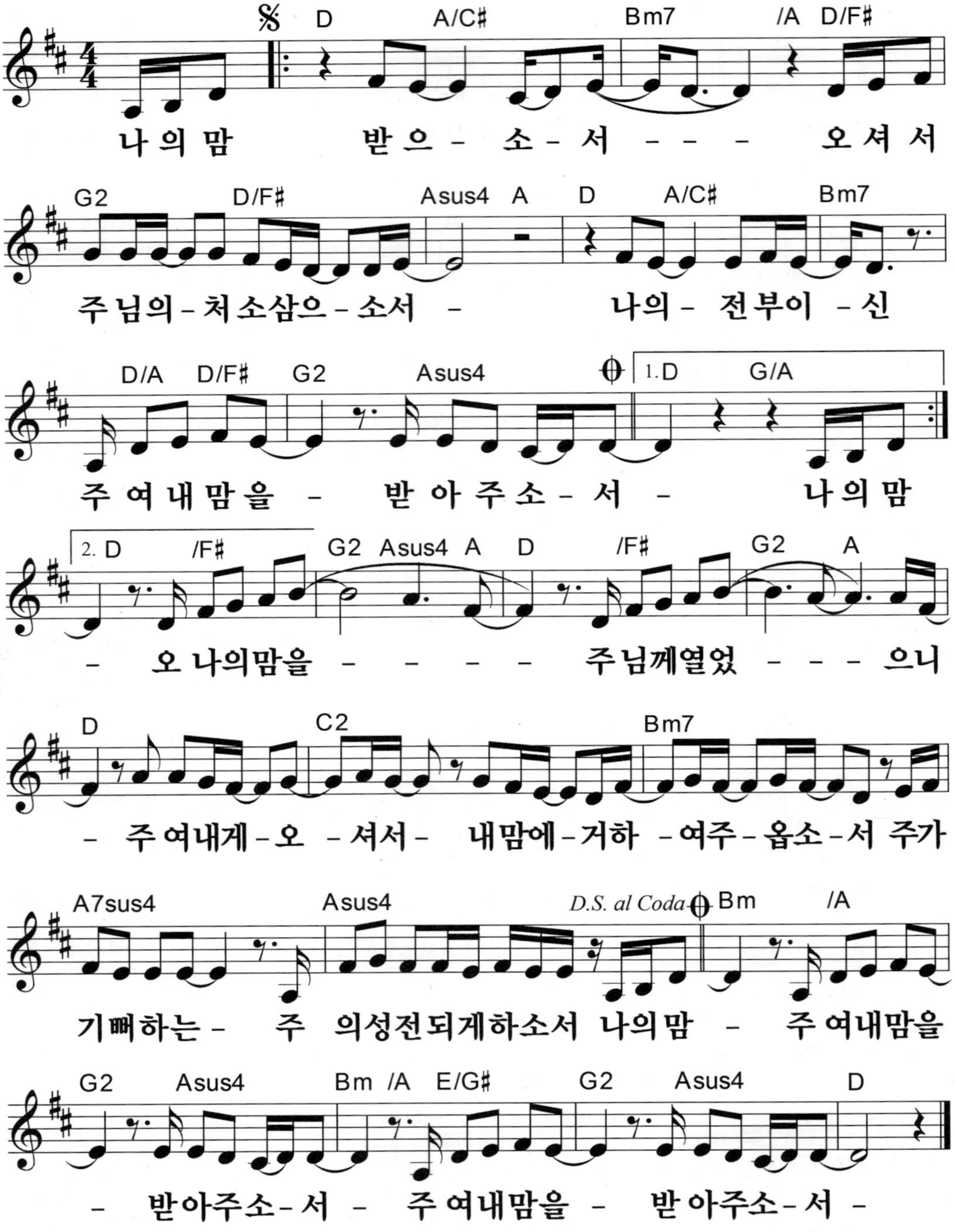

나의 예수
(Lord Of My Heart)

Scott Brenner

90. 나의 참 친구

(신) 1093　(구) 936

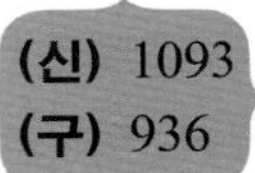

김석균

내 모습 이대로

(Just As I Am)

김지은

92
내 삶의 이유라
이권희

예수는내힘이요 나의기쁨 내참소망
내가사나죽으나 그이름을 위하여

그이름의생명이 내삶의이유라
내모든것드리니 나를받으소서

오직주만따라갑니다- 오직주만높-임받으소서 - -

내 평생에 그이름을- 그의선하심을

세상에노래합니다 그이름에 크

신능력- 영원한생명이 내삶의이유라

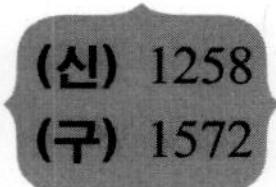

내 평생 사는동안

(I will sing)

Donya Brockway

94 내가 그리스도와 함께

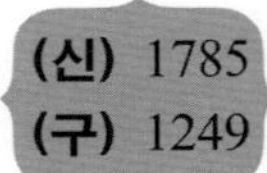

박윤호

내가 매일 해야하는 말

손경민

96
내가 진짜 그리스도인인가
김인식
D A/C# Bm7 B7 Em7 Baug/D# G6/D A /G
내가 진짜 그리스도인인가- 내가 진짜 그리스도인맞나- 나는
F#m7 B7(b9) Em7 Gm6/A D/A A7 1.D
진짜 주를- 사랑하는자인가 내가 진짜그리스도인인가 내가
2.D A/C# Bm7 F#m/A G A7 D D7
가 죄와 벗삼아- 살면서 회개의 신앙을잃고 - 내
G A/G D/F# Em7 E7 GM7/A A7
중심적인- 삶을 살-아- 하나님과- 멀어진 내가- 어찌
D2 A/C# Bm7 D/F# G A/G
진짜- 그리스도인-이라 - -하겠나- 나는 진짜 그-리스도
누가- 그리스도인-이라 - -하겠나- 나는 진짜 그-리스도
F#m7(b5) B7(b9) Em7 Asus4 A/G F#7 Bm7
인인가- 주님의은혜모르고- 내 욕심대-로살-았네-
인인가- 내 안에내가-죽고- 오 직예수-로사-는삶- 그
1, 3. Em7 E7 Asus4 A7 2. Em7 A7
주님나-를 용서하-소서 - -나를 가진짜-그리스도인- 이
D F#/A# Bm7 A G A7 D /F#
라 죄를 일삼아- 살면서 예배의 삶다뺏기고 - 세

내가 진짜 그리스도인인가

97 놀라운 주의 사랑

(Beautiful One)

Tim Hughes

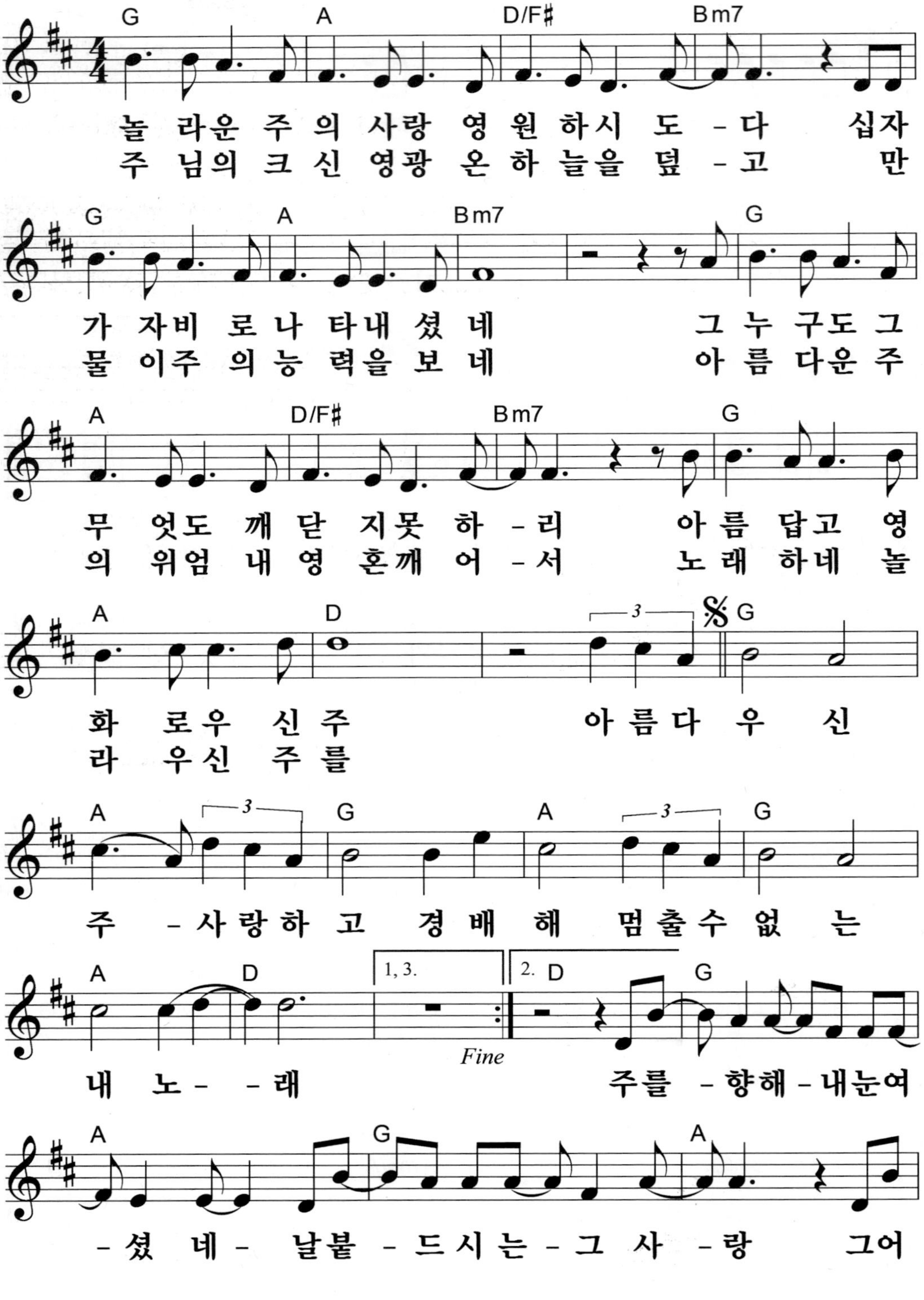

G A D/F# Bm7
놀 라운 주 의 사랑 영 원 하시 도 - 다 십자
주 님의 크 신 영광 온 하 늘을 덮 - 고 만
G A Bm7 G
가 자비 로 나 타내 셨 네 그 누 구도 그
물 이주 의 능 력을 보 네 아 름 다운 주
A D/F# Bm7 G
무 엇도 깨 닫 지못 하 - 리 아 름 답고 영
의 위엄 내 영 혼깨 어 - 서 노 래 하네 놀
A D 3 G
화 로우 신 주 아 름 다 우 신
라 우신 주 를
A 3 G A 3 G
주 - 사 랑 하 고 경 배 해 멈 출 수 없 는
A D 1, 3. 2. D G
Fine
내 노 - - 래 주를 - 향해 - 내눈여
A G A
- 셨 네 - 날붙 - 드 시 는 - 그 사 - 랑 그어

놀라운 주의 사랑

1. G A D
- 느 누 가 - 내 주 - 와 같 - 으 리 -
2. G A D
- 느 누 가 - 내 주 - 와 같 - 으 리 -
D G A
내 영 - 노 래 - 하 리 - 내 영
G/B A/C# G
- 노 래 - 하 리 - 내 영 - 노 래 - 하 리
A 3 D 3
- 예 수 님 께 - - 아 름 다
D.S.

능력의 주
(Great in Power)

Russell Fragar

(신) 1574
(구) 1584

당신은 사랑받기 위해

이민섭

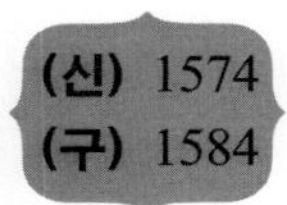

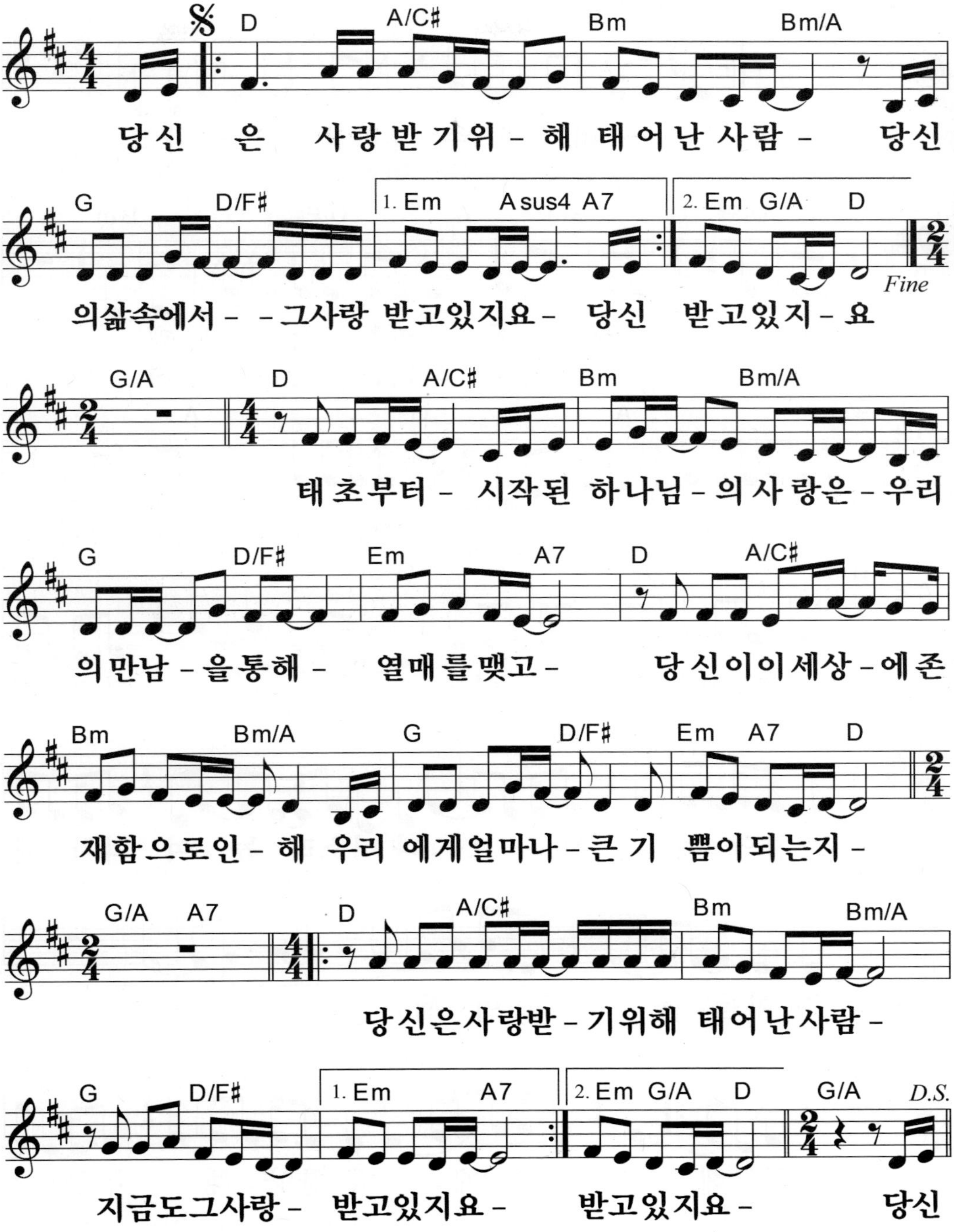

D A/C# Bm Bm/A
당신 은 사랑받기위 - 해 태어난사람 - 당신
G D/F# 1. Em Asus4 A7 2. Em G/A D
Fine
의삶속에서 - - 그사랑 받고있지요 - 당신 받고있지 - 요
G/A D A/C# Bm Bm/A
태초부터 - 시작된 하나님 - 의사랑은 - 우리
G D/F# Em A7 D A/C#
의만남 - 을통해 - 열매를맺고 - 당신이이세상 - 에존
Bm Bm/A G D/F# Em A7 D
재함으로인 - 해 우리 에게얼마나 - 큰기 쁨이되는지 -
G/A A7 D A/C# Bm Bm/A
당신은사랑받 - 기위해 태어난사람 -
G D/F# 1. Em A7 2. Em G/A D G/A D.S.
지금도그사랑 - 받고있지요 - 받고있지요 - 당신

100 더 크게 주 찬양해

(Turn it up)

Andy Harrison

더 크게 주 찬양해

우리 찬
양 드릴때 에 성령의 비 내리시 네
우리 찬 큰소리-로 - 주찬양-해 - 영광-의
-왕 오-시 네 - 우리찬 -양을-타고 - - 오-주
- - - - 더크-게 - 주찬양-해 - 누구-보
-다 더소리-높 -여 외치-세 - 주이름-을 - 높이-세
- - - - - 더크-게- -

101
덮으소서
(Cover The Earth)
Meleasa Houghton & Israel Houghton, Cindy Cruse
주 이름 온세상에 높이고 전파하는
주 말씀 선포하고 주의왕국 예비하는
도구 되게 하소서 물 이 바다 덮음같
소리 되게 하소서
이 천국열어 - 주 - 성 - 령 - 부어주소 - 서
덮으소서 영광으 - 로 주의영광 온땅위 - 에
덮으소서 천국의 - 소리 - 로 -
덮으소 서 영광으 - 로 주의영광 온땅위 - 에
온세상 은 주의것 - - 열방주 께 경배하 - 네
덮으소서 천국의 - 소리 - 로 - 덮으소서 -
Fine

덮으소서

Bridge
Dm
천국 열어 주소서   새 노 래 퍼 지도록
Dm
물 이 바 다 덮음같이   덮으소서 -
Dm
천국 열 어 주소서   새 노 래 퍼 지도록
Dm   Gsus4   G   G/A
물 이 바 다 덮음같이   덮으소서 -
D.S.
D

당신을 축복합니다

102
김석균
D   Em   A7   D
하나 님앞에 아름답게 서있는   당신 을   축복합니 다
하나 님앞에 겸손하게 서있는   당신 을   축복합니 다
고난 중에도 당당하게 서있는   당신 을   축복합니 다
D   Em   A7   D D7
하나 님만을 사랑하며 사－는   당신 을   축복합니 다
하나 님만을 바라보며 사－는   당신 을   축복합니 다
주님 손잡고 힘차게걸 어가는   당신 을   축복합니 다
G   A7   F#m   Bm   Em A7   D D7
어느 때나 － 하나님을 감동시키는 당신 을 축복합니 다
어려 움을 － 믿음으로 이겨나가는 당신 을 축복합니 다
어려 워도 － 힘들어도 감사를하는 당신 을 축복합니 다
G   A7   F#m   Bm   Em A7   D
복의 통로－ 은－혜의 통로가되는 당신 을   축복합니 다
모든 것을－ 하나님께 맡기고사는 당신 을   축복합니 다
주가 맡긴일 신실하게 잘감당하는 당신 을   축복합니 다
3. Em   A7   D   G   Gm   D
당신 을   축복합니 다   축 복합니 다

또 하나의 열매를 바라시며 103

104 마음의 예배

(The Heart Of Worship (When The Music Fades))

Matt Redman

(신) 2105
(구) 2198

말씀하시면

(신) 1773
(구) 1757

김영범

106 말씀 앞에서

윤석주

말씀 앞에서

Asus4 A 1. D F#/A# Bm E/G# A
일 어 나 라   주 말씀-은-   우 리-를-
D/F# G G/A A7 F#/A# Bm E/G# A
구 원-에- 이르는 지혜이니 목숨-과-   네 뜻 다-해-
D/F# G G/A G/B A/C# 2. D G/D D
그 말씀-에- 복종하라 -   하나님 라 -

107 모두 드리리

(All to You)

Lincoln Brewster & Reid McNulty

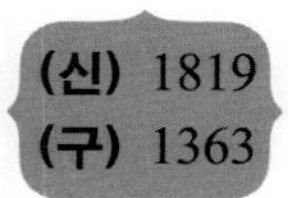

모든 이름 위에 뛰어난 이름　108

고형원

109 믿음 없는 모습 그대로

(Even when I am faithless)

이 영 & 김가영, 김민지

밤이나 낮이나

110
레베카황
나의소망되- 신주 - 주를바라봅 - 니다 -
다시오실나 - 의왕 - 예 - - 수 주를기다립 - 니다 -
밤이나 낮이나 - 어제나 오늘도 - 영원히 주만찬 양 해
괴롭고 슬플때 - 낙망하여 넘어져도 언제나 주만찬양하 겠 네
D

베드로의 고백

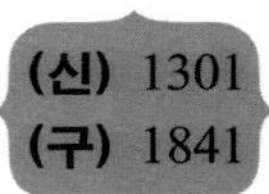

(신) 1301
(구) 1841

김석균

사랑하는주님 내게다가 와   이밤이다 가기전 에
멀리서들리는 닭울음소 리   나의영혼 잠깨웠 네

네가나를- 버리리라 하 실때   왜그리 섭섭하던 지
잊어버렸던 지난슬- 픈 고백   왜그리 부끄러운 지

주님과함께 죽을지라 도   배반하지는 않겠다했 던
이세상어디 숨을곳있 나   닭울음소리 들릴때마 다

믿음없는 나의헛 된 맹세   주님마 음 울렸었 네
사랑하는 나의주 님 모습   스치고 또 스쳐가 네

내가그를알 지 못하노 라   내가그를 알지 못하노 라

내가그를알지 못하노라   부인하고 -돌아서서 한없이울었네---

내가주를잃 고 방황했 듯   주도나를잃 고 슬퍼했 네
주님오실기 약 어찌잊 고   맡긴사명모 두 잊었던 가

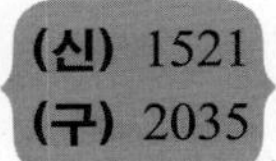

신실하게 진실하게

(Let me be faithful)

112

Stephen Hah

113 변함없는 사랑

(Unending Love)

Jill Mccloghry & Sam Knock

변함없는 사랑

114 부흥 2000

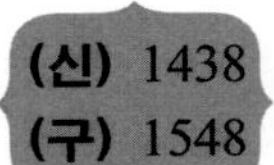

고형원

선하신 목자
(Shepherd of my soul)

Martin J. Nystrom

116 성령이여 내 영혼을

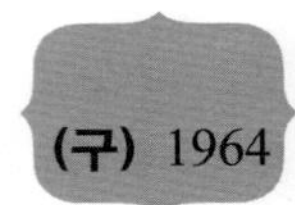

이 천

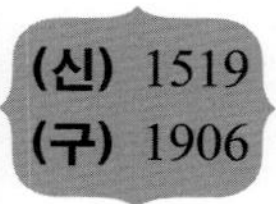

십자가 십자가 그 위에

(신) 1519
(구) 1906
117
박지영
D
십자 가   십자 가   그위에   나죽었ㅡㅡ네ㅡ
D
그사 랑   내속에   강같이   흐르ㅡㅡ네ㅡ
Bm7
F#m
GM7
F#m7
그의생 명   내속ㅡ에ㅡ   그의능력   내안ㅡ에ㅡ
GM7
F#m7
Em
G/A
그의소 망   내삶ㅡ에ㅡ   나의삶 주의   ㅡ것ㅡ
D
A/C#
G
G/A
십자 가   십자 가   그위에   나죽었ㅡㅡ네ㅡ
D
A/C#
G
D
그사 랑   내속에   강같이   흐르ㅡㅡ네ㅡ

시편 118편

주민정
여호와는 - 내 편이시라 - 내가 두려워하 - 지않네 -
주는나의 - 능 력이시 - 요 나의 구원이되 - 셨도 - 다
- 주는나의 - 하나님이시 라 내가주께 - 감사하리이다
- 주는나의 - 하나님이시 라 내가주를 - 높이리이 다
여호와는 - 내 편이시라 - 날사 망에서건 - 지셨네 -
주는나의 - 찬 송이시 - 요 나의 구원이되 - 셨도 - 다

시편 118편

Em7   D/F#   Gm6   A   D/F#   G
여호와께 - 감사 하-라
D/F#   G   Bm7   G
- 그는 선 하 심 이-라 - 여호와께 - 감사 하-라
D/F#   Em7   E/G#   1. Asus4 A D/F#
- 그의 인자가 영원함이로-다 - 여호와께
2. Asus4 A D/F#   G   D/F#   Em7   G/A
- 주는나의 - 하나님이시 라 내가주께 - 감사하리이-다
D   /C   G/B   A/C#   D/F#   G
- 주는나의 - 하나님이시- 라 내가주를
Em7   /A   1. Dsus4 D   /F#   2. G/D   D
- 높이리이 - -다 - 주는나의 -

119 신 사도행전

김사랑

예수님 만나고 싶어요 120

박연훈

121 어둔 날 다 지나고

박은총
어 둔날다지나-고- 그가 빛을발-하리 - 쓰러져가는우리영-혼-주가붙
잡아주-시리- 우린 쉬지않-으리- -이길에끝이있-으니- 한걸음
- 한걸음- 주와 함께걸-으리- 우 리의걸-음이-
끝나는-그날- 매 순간 함께-하신이 - - 우릴안아주-시리- 더이상
눈물없-으리당신의그 나라안- 에서 이제 영 원히-주 품안에서 - 우리
찬양하-겠네 - 우 리가는 - 이길-세상이미련하다-해도-우리는
주가보여주 - 신그한 소망있-으니- 어둠의 조각조-차그-곳에 - 발
들이지 -못해- 당신의 - 나라에- 우리영 원 히거 -하 네 -

예수 늘 함께 하시네

D Bm7 G A7 A7sus4 A7
고단한인생길- 힘겨운오늘도-- 예- 수 내마음아시 네
하루를살아도- 기쁨으로가리-- 예- 수 늘함께하시 네
D Bm7 G A7 1.D G/D A/D
지나간아픔도- 마주할세상도-- 예- 수 내마음아시 네
후회도염려도- 온전히맡기리-- 예- 수 늘함께하시
2.D G/B A/C# D F#m7 G D/F#
네 믿음의 눈들어 주를보리 이 또 한지나가-리라
D/E E7 G/A D F#m7 Bm7 G G/A
- 주어진 내삶의 시 간 속 에 주 의 뜻알게하소
1. D 2.D D/C A/B E
서 서 믿음의 눈 들 어 주
G#m7 A E/G# E/F# F#7 A/B
를 보리 이 또 한지나가-리라 - 주어진
E G#m7 C#m7 A A/B E
내 삶의 시 간 속에 주의 뜻알게하소 서

123 예수로 살리

정선경 & 정선경, 송은정
G M7
D M7
계절은흐르 고   꽃은피고-져도 -   시들지않을
E m7   B m7   G M7
- 생명이-있네 -   바랄수없었 던   죄인인나-에게
D M7   E m7   G/A   D   D/F#   E m7   A sus7
- 생명의주님 -자신을 -주셨네 -   계절은흐르
G M7   D M7   E m7
고 꽃은피고-져도 -   시들지않을 -   생명이- 있네
듯 삶은지나- 가도 -   꺼지지않을 -   소망이- 있네
B m7   A m7   C/D   G M7   D M7
- 바랄수없었 던   죄인인나-에게 -   생명의주님
- 그길을떠나 서   헤매는자-들이 -   주를찾도록
E m7   G/A   D 7sus4   D   D/F#   G M7   G/A
- 자신을 -주셨네 -   나의삶은 -   내주 -   예수
- 나살길 -원하네
F#m7   A/B   B m7   E m7   G/A   C/D   D   D/F#
- 의것 -이니-   내 생명다 -해 예수로- 살 리 내모든것

내주- 예수 -의것- 이니- 내 전부되-신 예수로-살
리 바람이스치 리 그런즉 -이제는 나산것
-아니요 내안에 -주께서 사시는 -것이라 그런즉
-이제는 나산것 -아니요 내안에 -주께서 사시는 -것 이라
- - 나의삶은 - 내주- 예수 -의것-이니- 내
생 명다-해 예수로-살 리 내모든것 - 내주- 예수
-의것-이니- 내 전부되-신 예수로-살 리 나의삶은
- 의것- 이니- 내 전부되-신 예수로-살 리 내
전 부되-신 예수로- - 살 리

124
예수 하나님의 공의
(This kingdom)
(신) 2066
(구) 1676
Geoff Bullock
예 - 수 - 하나님의공 의 -
예 - 수 - 하나님의사 랑 -
주독생 자 그의나 라 임하시 -네- -
주은혜 와 말씀으 로 나타났 -네- -
예 - 수 - 제물이되신 주 -
예 - 수 - 거룩한하나 님 -
영광중 에 그의나 라 임하시 -네-
주의 나라 영원 하며 - 그의 영광 무궁 하리 -
왕의 위 엄과 - 능력 -이- 이제 임하 였- 으니 -
주의 주권 과 - 주의 통치 와- 주의 나라 힘 -과권세
임하네 - 예 - 수 하 나 님의- 공 의

오 나의 자비로운 주여

(Spirit song)

John Wimber

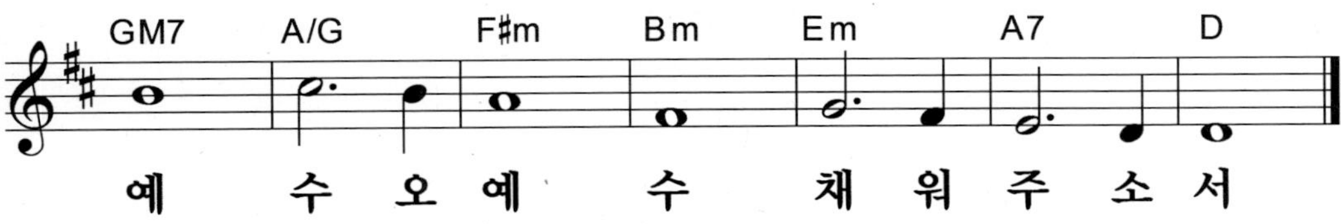

126 오라 우리가
(Come and let us go)

Bill Quigley & Mary Anne Quigley

(신) 1627
(구) 1586

오직 예수 다른 이름은 없네
(No other name)
127
Robert Gay

오 직 예 수 다른이름 은 없네 주 이름
만 우리에게 주셨 네 오 직예 수 다른이 름
없 - - 네 오 영 -광과 존 귀 권 세 -와 -찬 양 받
으 -실분오직주예 수 오직예 수
온 땅 위에홀 -로 높으신- 이름- 하 늘 위높이들 -리셨
-네 - 온 땅 위에홀 -로 높으신 - 이름-
영 광과 존귀와 찬양드리 세 오 직 예

128 오직 예수 뿐이네

소진영
은혜아니면 - 살아 갈수가 - 없 네 호흡마저도 - 다
주의 것이니 - - - 세상평안과 - 위로 내게없 - 어 도예 - 수
오직예 수뿐 - 이 네 크 신계 - 획 - 다 볼수도없고 -
작은 - 고난 - 에 지 쳐도 - 주 께묶 - 인 - 나의모든삶 -
버티고 - 견디 게 하시네 - - - 은 혜 아니면 - 살아
갈수가 - 없 네 나의모든것 - 다 주께 맡기니 - - -
참된평안과 - 위로 내게주 - 신 주예 - 수 오직예수뿐 - 이 네

오직 주의 사랑에 매여

129

고형원

130 오직 주를 향한

이권희

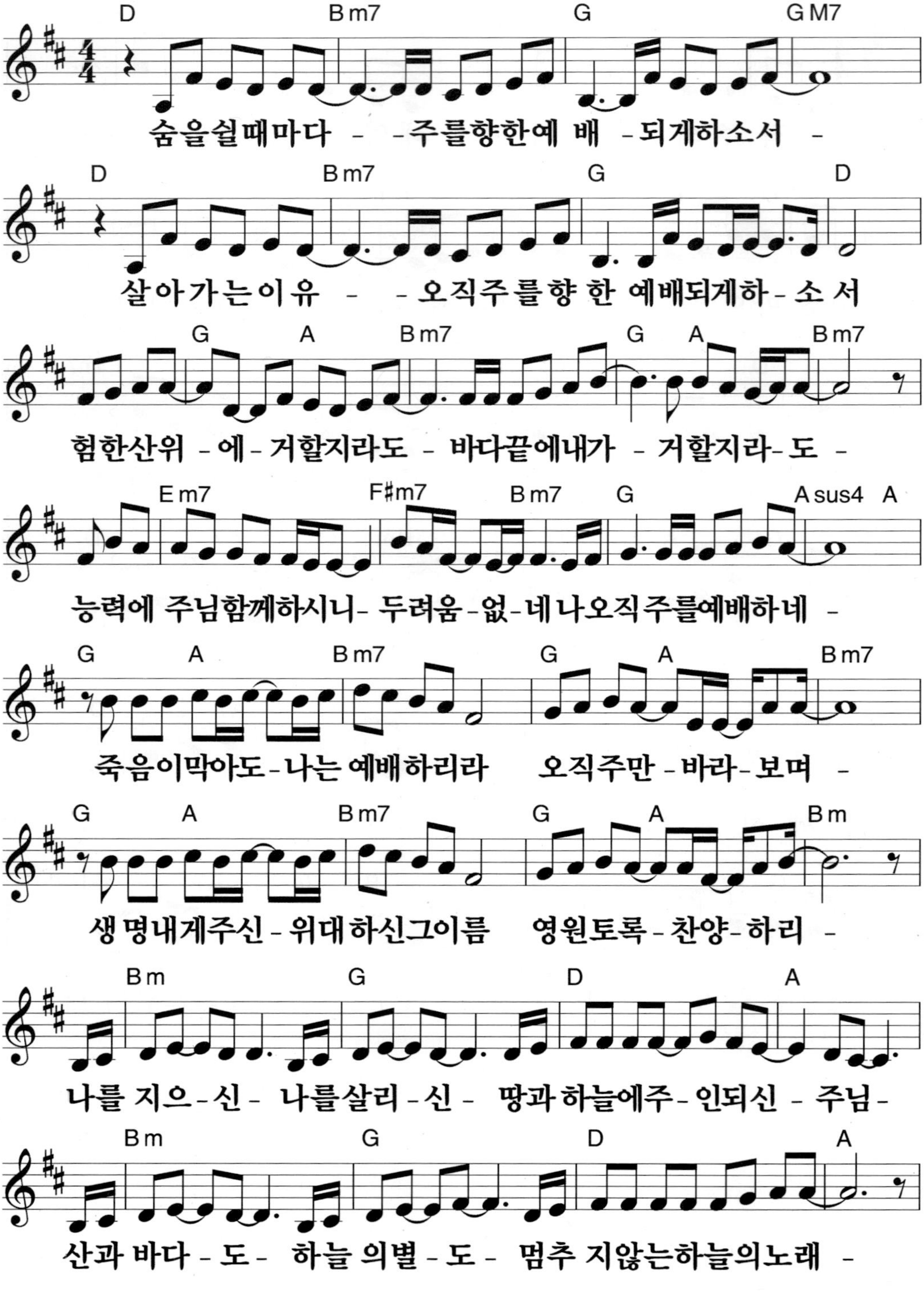
D Bm7 G GM7
숨을쉴때마다 - -주를향한예 배 -되게하소서 -
D Bm7 G D
살아가는이유 - -오직주를향 한 예배되게하-소 서
G A Bm7 G A Bm7
험한산위 -에-거할지라도 - 바다끝에내가 - 거할지라-도 -
Em7 F♯m7 Bm7 G Asus4 A
능력에 주님함께하시니- 두려움-없-네 나오직주를예배하네 -
G A Bm7 G A Bm7
죽음이막아도-나는 예배하리라 오직주만 -바라-보며 -
G A Bm7 G A Bm
생 명내게주신-위대하신그이름 영원토록-찬양-하리 -
Bm G D A
나를 지으-신- 나를살리-신- 땅과 하늘에주-인되신 - 주님-
Bm G D A
산과 바다 - 도- 하늘 의별 - 도- 멈추 지않는하늘의노래 -

오직 주를 향한

Bm   G   D   A
오직 주님만- 높임을-받 으소-서- 영원 히찬양받으소-서 -
Bm   G   D   A
나의 모든삶- 주를향- 한 예배-가- 되게하여주소-서 -
G   A   Bm7   G   A   Bm7
내가사 는이유 - 주를 예배하는것 오직주만 - 찬양- 하리 -
G   A   Bm7   G   A   Bm
내생이 끝나도- 주님 함께하시니 오직주만 - 찬양- 하리 -
D

131 오직 주의 은혜로

오직주의 - 은혜로 지금여기 - 서 있 네
한없는-경배 한없는-찬양 내 영혼예배드 리 네
나를위해 - 이 땅 에 오신주의 - 그 은 혜
십자가-고통 이기신-주님 그 은혜어찌잊 으 리
주은혜 날채우 시네- 주은혜 보게하 시네-
살아 가는동안 - 은혜 로만살리 - 십 자 가은혜 로 - -

은혜

윤석주
D   G   A7   D
은혜로 다 주의은혜 날살리신 - 주님의-큰은혜라
큰죄에 서 날구했 네 한량없는 - 주님의-큰은혜라
D   G   A7   D
은혜로 다 주의은혜 날살리신 - 주님의-은혜
아들피 로 날살렸 네 측량못할 - 주님의-은혜
G   F#m7 Bm   Em7   A7   D
그은혜 - 내맘에 - 영원 히 나를붙들고-가네 -
G   F#m7 Bm   Em7   A7   D
그은혜 - 평생에 - 영원 히 나를일으키-시네 -

133
이제는 내가 없고
이진선 & 유효림, 김지홍

이 제 는내 - 가없 -고 오 직 예수 -님 -만

내 안 에살 - 아계 -신 오 직 예수 -님 만 -

찬 양 하 며살 - 리라 - 예배 하 며살 -리 -라 -

내안 에 계시 -는오직 예수님 만 - - - 만 - - - 주님은

나 -의 아바아 버 -지 내상한 영 -혼- 만지시 - -고 - - - -

주 님 은 나 -의 - - 하늘아 버 - - -지 - -

나의 모 든것 - 주님 께맡 - - 기 -리 - - - - - -

이제는 내 -가 주님과 함 -께 십자가위 -에 -죽었으 -니 - - -

D/F# GM7 F#m7 B7
이 제 는 내 -가 산 것 아 니 ---요- -
Em7 E7/G# A7sus4 A7
내안 에주님-이 사신것 -- 이 -라--- -
D Bm7
이 제 는내- 가없-고 오 직 예수-님 -만
Em7 Asus4 A A7/G
내 안 에살- 아계-신 오 직 예수-님 만-
F#m7 Bm7
찬 양 하 며살-리-라- 예배 하 며살-리-라-
Em D/F# G A7sus4 D
내안 에 계시 -는 오직 예 수님 만--- - 내안
Em7 D/F# G A7sus4 D D
에 계시 -는 오직 예 수님만--- -

임하소서

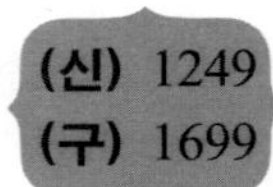

(신) 1249
(구) 1699

송정미 & 최덕신

주 님 의 성 - 령 지 금 이 곳 에
임 - 하 소 서 임 하 소 서
주 님 의 성 - 령 지 금 이 곳 에
임 - 하 소 서 임 하 소 서
알 렐 루 야 알 - 렐 루 야
알 렐 - 루 - 야 알 렐 루 야

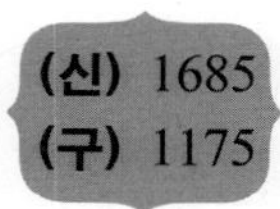

작은 불꽃 하나가

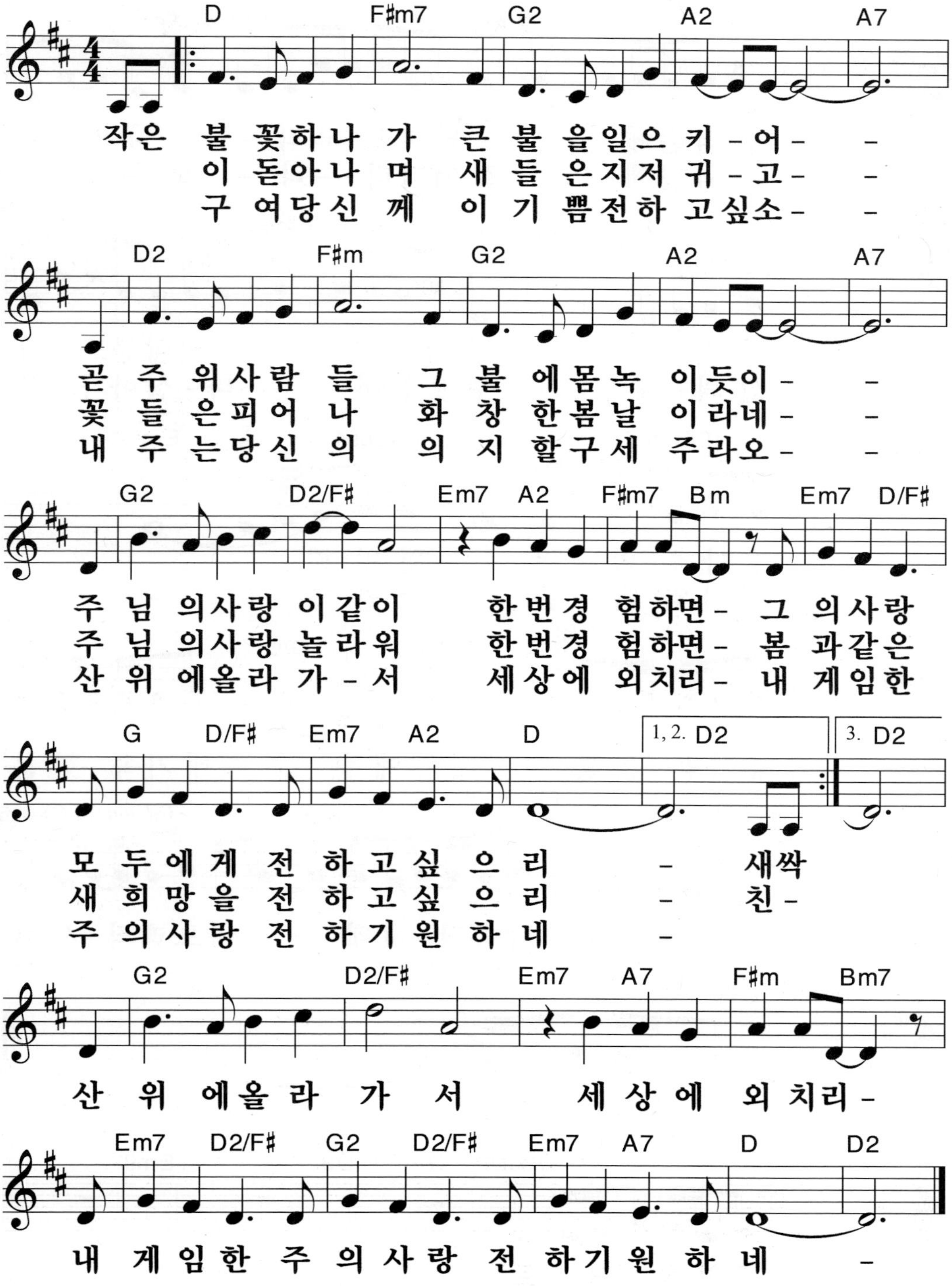

(Pass it on)

135

Kurt Kaiser

D

136

전심으로

(With all I am)

(신) 2087
(구) 2093

Reuben Morgan

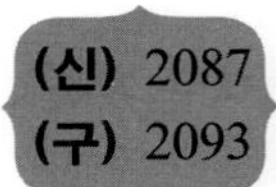

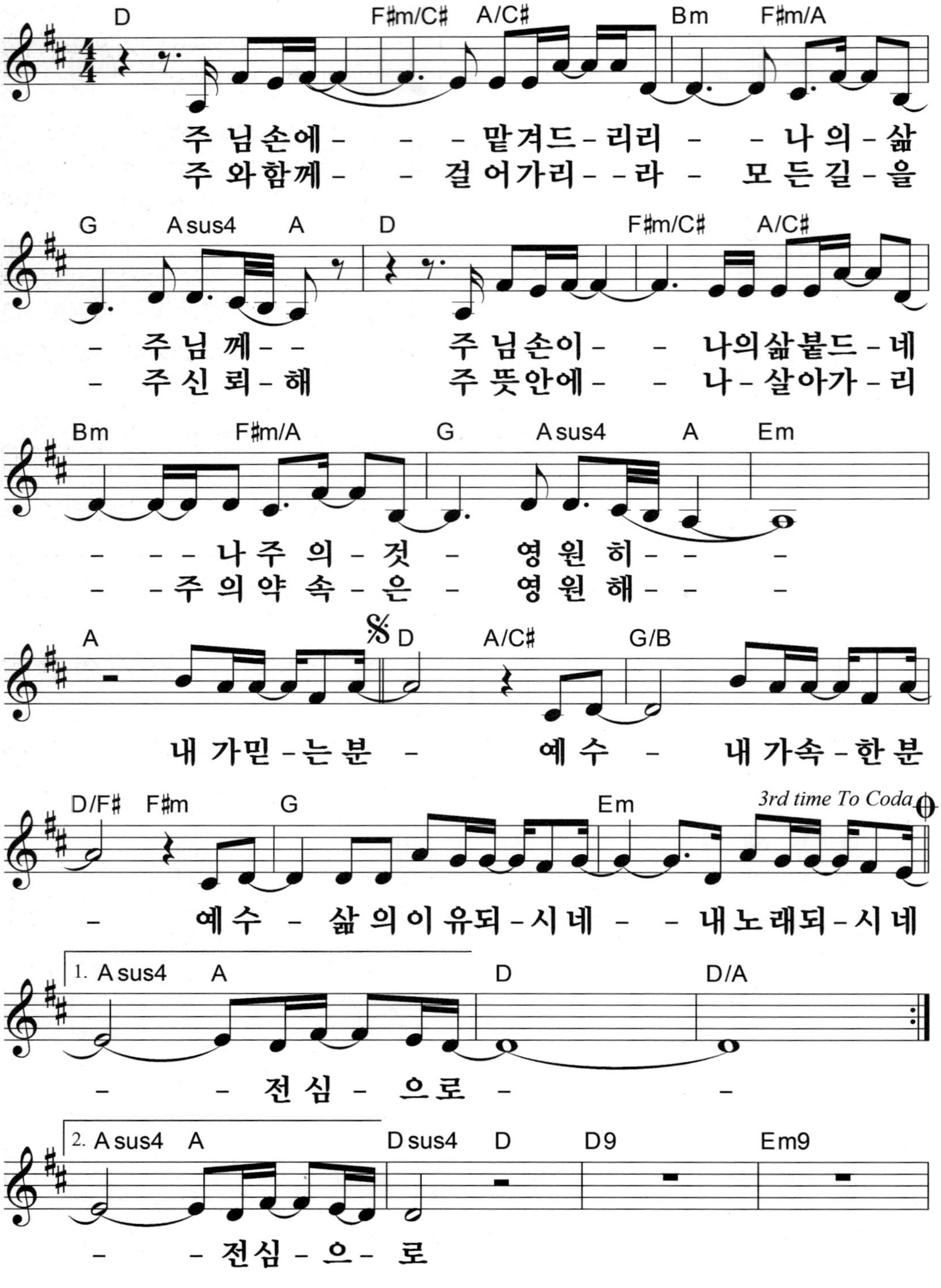

전심으로

Words and Music by Reuben Morgan
© 2003 Hillsong Music Publishing Australia (admin in Korea by Universal Music Publishing/ CAIOS)

D

137 주 사랑이 나를 숨쉬게 해

(신) 1624

(Breathe)

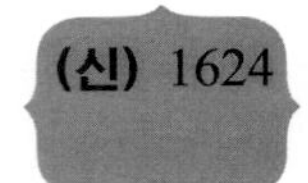

정신호

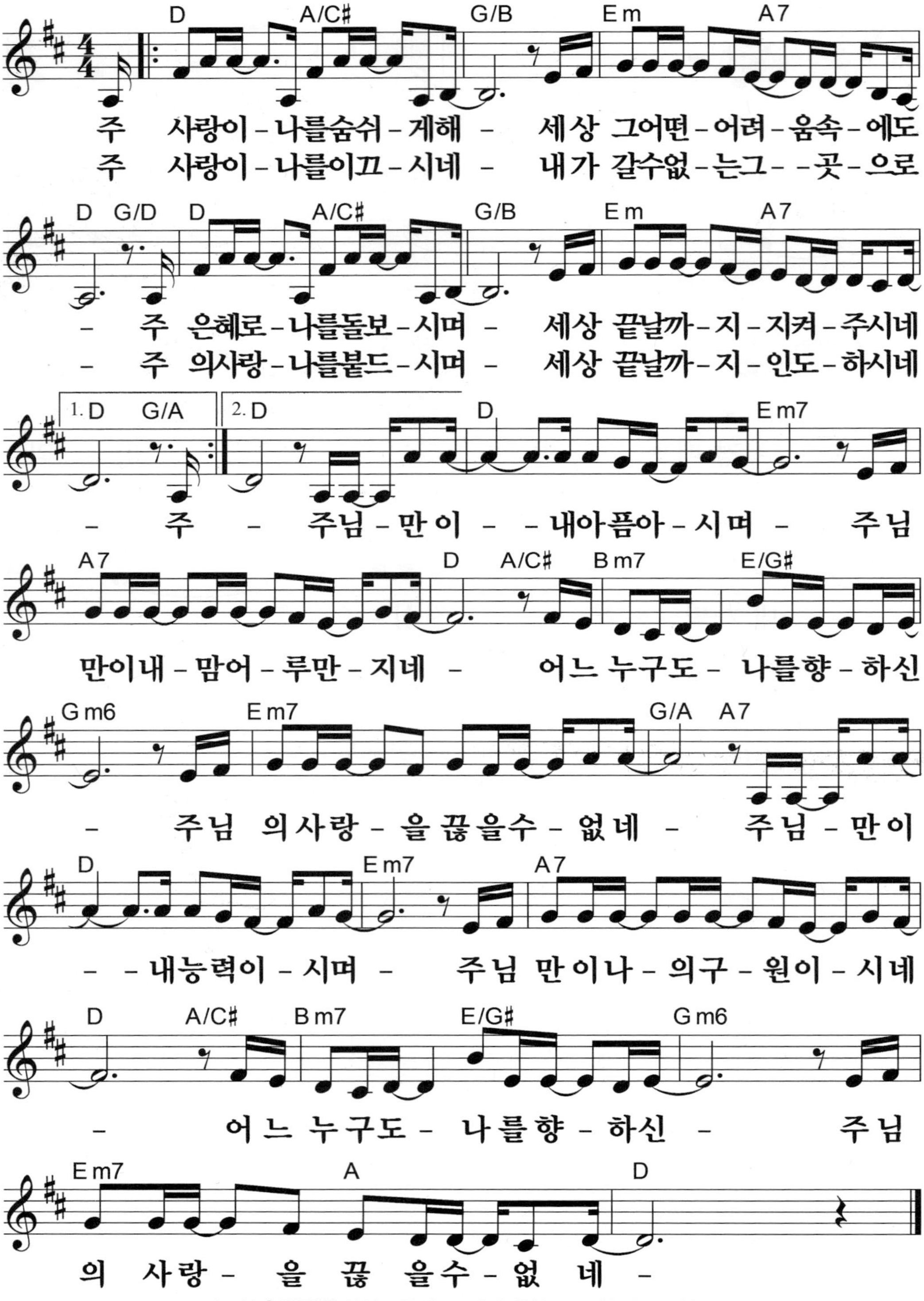

주 없인 살 수 없네

박기범

D   Bm7   G   Em7   Asus4   A7
세상다변 – 하고 삶의끝이 – 와도 주없인살 – 수없 – 네 –
좋으신아 – 버지 진실하신 – 친구 주없인살 – 수없 – 네 –

D   Bm7   G   A   D   D/F#
주만이내 – 영광 변치않는 – 진리 주없인살 – 수없네 –
내소망내 – 위로 내영광내 – 기쁨 주없인살 – 수없네 –

G   A   F#m7   Bm7   Em7   A   D C/D D
내 주없인살 – 수없 – 네 –   내 주없인살 – 수없 – 네 –

G   A/G   F#7   Bm7   Em7   A   D
내 인생의등 – 대내 삶의소망 –   내 주없인살 – 수없 – 네 –

139 주 이름으로

(In Jesus' Name)

Darlene Zschech & Israel Houghton

주 이름으로

140
주는 이 도시의 주
(God Of This City)
Lan Jordan, Prter Comfort, Richard Bleakley & Aaron
Boyd, Peter Kernaghan, Andrew McCann

G2(no3)   D   A/C#
주는이도시 -의주- 주는이백성 -의왕- 이나라의주

Bm7   G2(no3)   D
-되신 주님 - 주는어둠속 -의빛 절망가운데

A/C#   Bm7   G2(no3)
-소망 참된평화되 -시 는 주님 -

D   A/C#   G2(no3)   2nd time To Coda   Bm7   A
주 와 같은분 -없 -네 주 와 같은분 -없

G2(no3)   G2(no3)
-네 위대한 일이 땅에 더

A   D   A/C#   G2(no3)
놀라운일이 도시에이뤄 -지리 - - - - - - -

G2(no3)   A
위 대한 일이 땅 에 더 놀 라 운 일 이 도시에이뤄

D   A/C#   G2(no3)   D.S. al Coda
-지리 - - - - - - 주는이도시

주는 이 도시의 주

O.T. : God Of This City / O.W. : Aaron Boyd, Peter Comfort, Richard Bleakley, Peter Kernaghan, Andrew Mccann, Ian Jo rdan
O.P. : worshiptogether.com Songs, sixsteps Music, Thankyou Music Ltd/ S.P. : Universal Music Publishing Korea, CAIOS
Adm. : Capitol CMG Publishing / All rights reserved. Used by permission.

141 주님 내게 선하신 분

(So good to me)

(구) 1830

Darrell Evans & Matt Jones

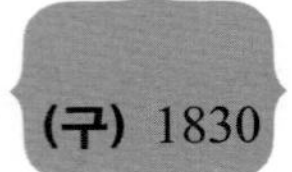

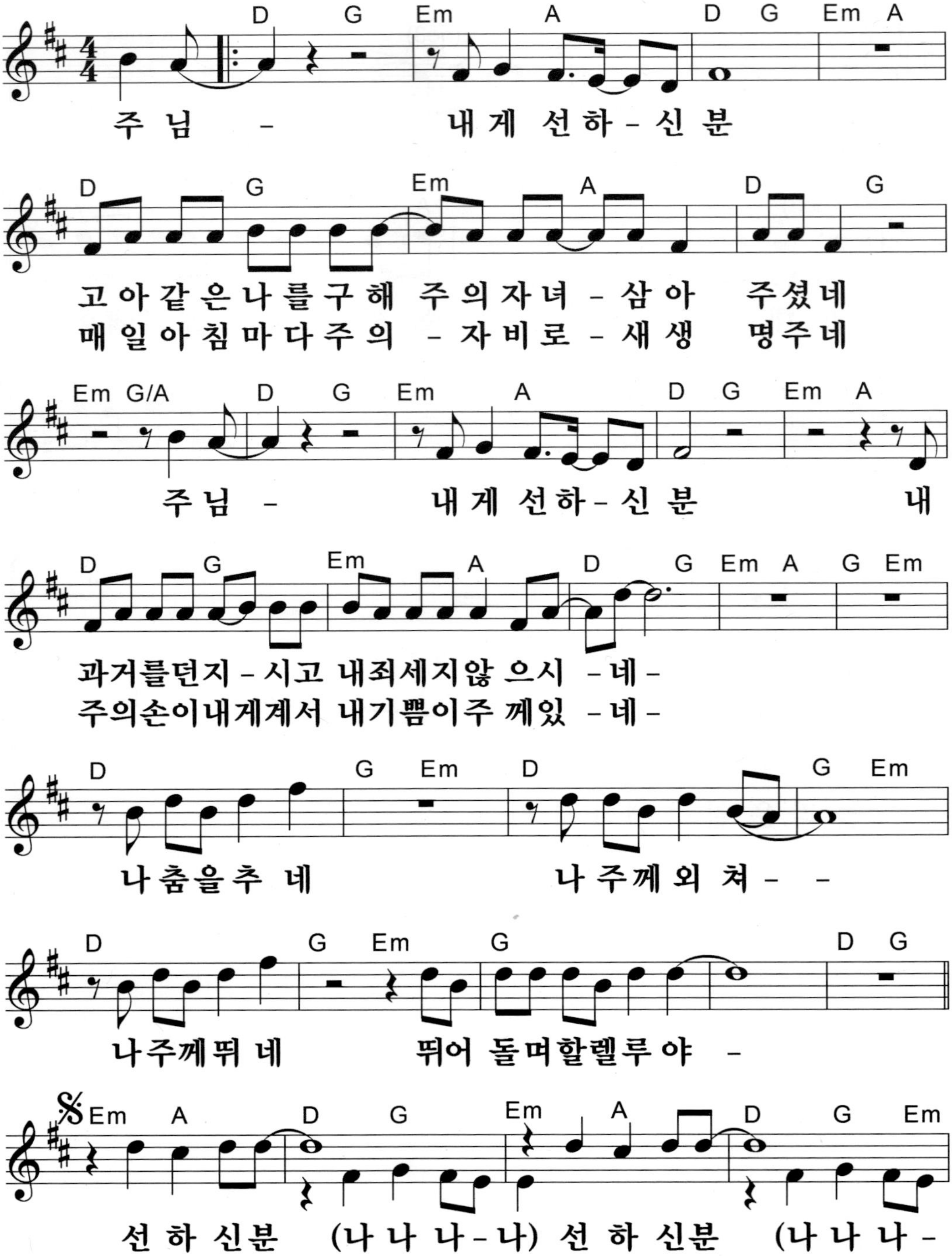
주 님 - 내게 선하-신 분
고아같은나를구해 주의자녀-삼아 주셨네
매일아침마다주의 -자비로-새생 명주네
주님 - 내게 선하-신 분 내
과거를던지-시고 내죄세지않 으시 -네-
주의손이내게계서 내기쁨이주 께있 -네-
나춤을추 네 나주께외 쳐- -
나주께뛰 네 뛰어 돌며할렐루야 -
선 하 신분 (나 나 나-나) 선 하 신분 (나 나 나-

주님 내게 선하신 분

G/A D G 1. Em A 2. Em A
Fine
나) 선 하 신 분 - 주 님
Em G Bm A
오 직 주 - 님 이 - 나 를 구 하 - 셨 네
Em G Bm A
나 거 리 에 - 서 도 - 찬 양 을 드 - 리 리
D.S.

142 주 이름 큰 능력 있도다
(There is power in the name of Jesus)
Noel Richards

주이름 - 큰능력 - 있도 - 다 난믿네 -
주이름 - 큰능력 - 있도 - 다 예리한 -

그이름 - 예수의 - 그이름 - 부를 - 때
검처럼 - 예수의 - 그이름 - 외치 - 며

새생명 - 얻었네 - 마귀는 -
일어나 - 나가세 - 원수는 -

떠나 - 가 고 갇힌자 - 자유케해 - - -
주발 - 앞 에 무너져 - 떠나가네 - - -

- 모든이 - 름보다더 - 높은 이 - 름 -

주예 - 름 - 능 - 수 -

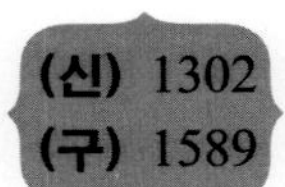

주님 예수 나의 동산

(신) 1302
(구) 1589
143
이영후 & 장욱조

주님예 수　　나의동 산　　내맘속에　　동녘하 늘

아침햇 살　　가득안 고　　활짝피 는　　백합같 아
아침햇 살　　가득안 고　　자라나 는　　나무같 아
아침햇 살　　가득안 고　　피어나 는　　안개같 아

그 안 에서 이생명 도　　피어나 는　　꽃되리 라
그 안 에서 이생명 도　　귀한재 목　　되겠어 요
그 안 에서 이생명 도　　맑은영 혼　　되겠어 요

오 하 나님 이꽃바쳐 - -　　당신제 단　　밝히리 니
오 하 나님 이제목바쳐 -　　당신제 단　　쌓으리 니
오 하 나님 이영혼바쳐 -　　당신제 단　　향내리 니

은혜로 운　　사랑으 로　　하늘평 안　　내리소 서

144 주님은 너를 사랑해

(신) 1413

조환곤

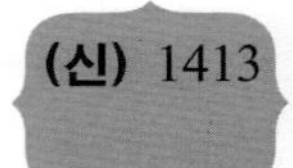

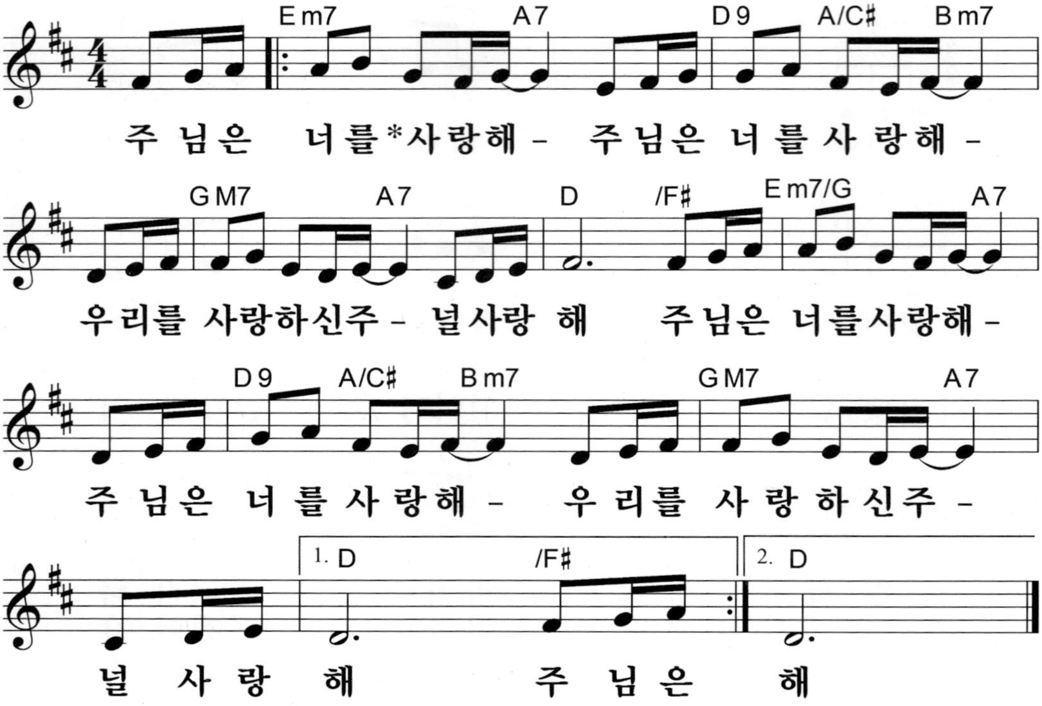

*| 기뻐해, 위로해, 축복해

주를 더 알수록

정선경 & 송은정

146 주를 위한 이곳에

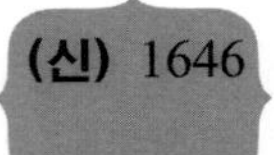

김준영 & 임선호

주를 위한 이곳 에   예배하는 자들 중 에

그가 찾는 이 없 어   주님께서 슬퍼하시네 -

주님이 찾으시 는   그 한 사 람 그 예 배 자

내가 그 사람 되 길   간절히 주 께 예배하네 - 주 은혜 -

로 이곳에 서 있 네 주 임재 - 에 엎드려 절하네 - 그

어느 것도 - 난 필요 없네 - 주 님만 - 경배 - 해 - 주 은혜 -

로 이곳에 서 있 네 주 임재 - 에 엎드려 절하네 - 그

어느 것도 - 난 필요 없네 - 주 님만 - 경배 - 해

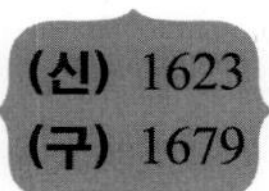

주의 사랑을 주의 선하심을 147
(Think about His love)

Walt Harrah

148
주의 은혜라
손경민
내평생 살아온길 뒤 돌아보니 짧은
내 인생길 오직주의은 혜 라 주의 은혜라 주의
은혜라 내평생 살아온 길 주의 은혜라 주의 은혜라
다 함 이없 는 사 랑 달려갈길 모두
마친후 주 얼굴볼 때 나는 공로 전혀 없도다 오직
주의은 혜 라 지금 까 지 지-내 온 것 주의
크 신은-혜 라 한이없 는 주-의 사 랑 어찌
이 루말-하 라 자나 깨 나 주-의 손-이 항상

주의 은혜라

살 펴주-시고 모든일 을 주-안에-서 형-통
하 게 하-시 네 주의 은혜라 주의 은혜라 내평
생 살아온길 주의 은혜라 주의 은혜라 다 함 이없
는 사 랑 달려 갈길 모두 마친후 주 얼굴볼
때 나는공로 전혀 없도다 오직 주의은 혜 라

149 주의 은혜라

최덕신

내가 지금까-지- 지 내온- 것은 - -
하 나님-의- 자 녀된- 것은 - -
이 자리-에- 서 있는- 것은 - -

주 의은 - 혜라 - 주 의은 - 혜라 -

지 금까-지- 지 내온- 것은 - - 내가 -
하 나님-의- 자 녀된- 것은 - - 내가 -
이 자리-에- 서 있는- 것은 -

주 의은 - 혜라 - 주 의은- 혜라 -

지 금까-지- 지 내온- 것은 - -
하 나님-의- 자 녀된- 것은 - -
이 자리-에- 서 있는- 것은 - -

지 금까-지- 지 내온- 것은 - -
하 나님-의- 자 녀된- 것은 - -
이 자리-에- 서 있는- 것은 - -

(신) 1581
(구) 1672

주의 자비가 내려와

(Mercy is falling)

David Ruis

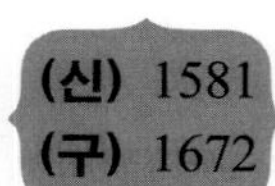

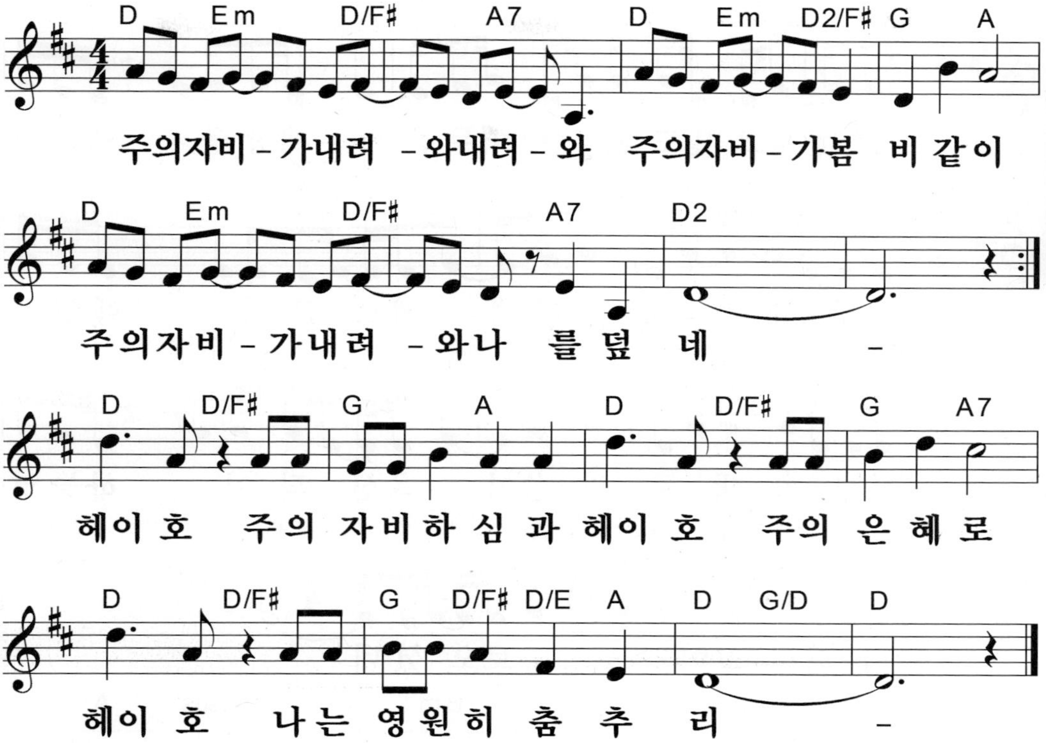

D

151
지극히 높으신 주
(King of Kings)
Jason Ingram, Scott Ligertwood & Brooke Ligertwood

소망 없 -고 빛도 없 -는 어두운 - 세상을 - 하나님
- 이사 -랑하 -사 우리에 -게오 -셨 네 - 예언하
- 신약 -속 대 -로 말 씀이 -육신 -되 어 - 하늘영
-광버 -리시 -고이 땅으 -로오 -셨 네 -

찬 양 하 세 우 리 주 삼 위 일 체 하 나 님
지 극 히 높 으 신 주 영 원 토록찬양 합 니 다

주가지 -으신 -모든 - 세상을 - 구원 -하 -려 - 영광의
부활하 -신그 -아침 - 닫힌무 -덤열 -리 고 - 죽임당
- 주예 -수님 -이 죽음을 - 택하 -셨 -네 - 그고통
- 한어 -린양 - 죽음을 - 이기 -셨 -네 - 생명의

지극히 높으신 주

속에-서 도 - 주의뜻 -기억-하-사- 길을잃
길되-시 는 - 그리스 -도를-통-해- 아버지

은우-리위-해 십자가 -를지-셨 네 -
께오-는자- 모두회

복되-리라 - 주가세 -우신-교 회- 성 령이

이끄-시네 - 영원한 -주 의-복 음- 무-너지

지않-으리 - 주의보 - 혈로-인 해- 나는 자

유케-됐네- 예수의 -사랑-으로- 새-생명 -을얻-었네

찬양하세 우리주 삼위일체 하나님

지 극 히 높 으신주 영 원토록찬양 합 니 다

Written by Jason Ingram, Scott Ligertwood, Brooke Ligertwood
© 2019 Hillsong Music Publishing Australia (admin in Korea by Universal Music Publishing / CAIOS)

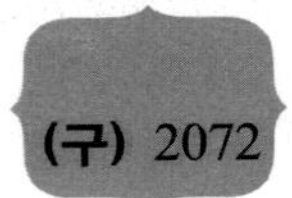

152 주의 집에 거하는 자

(구) 2072

(Blessed)

Darlene Zschech & Reuben Morga

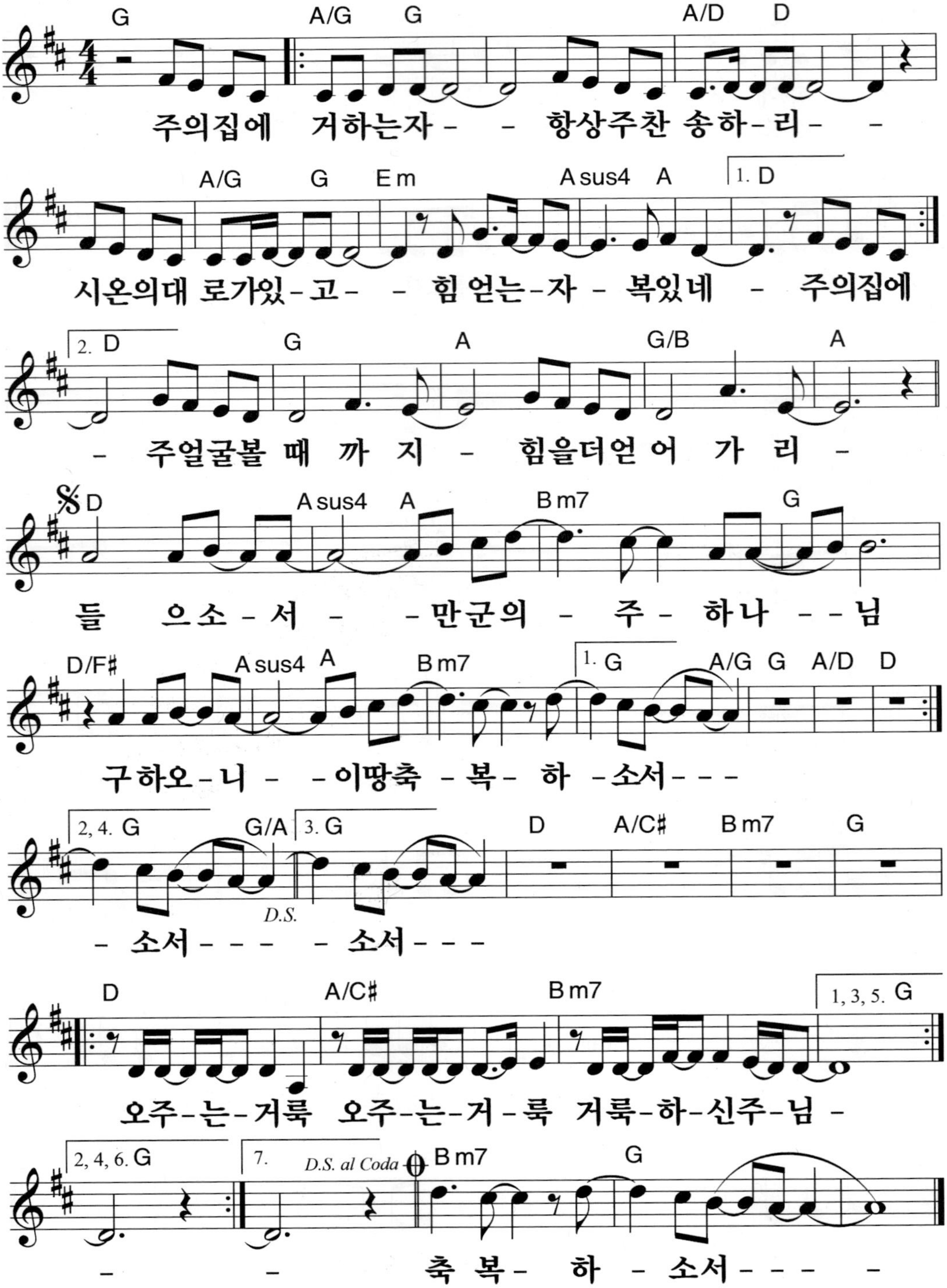

찬양의 제사 드리며
(We bring the sacrifice of praise)

Kirk Carroll Dearman

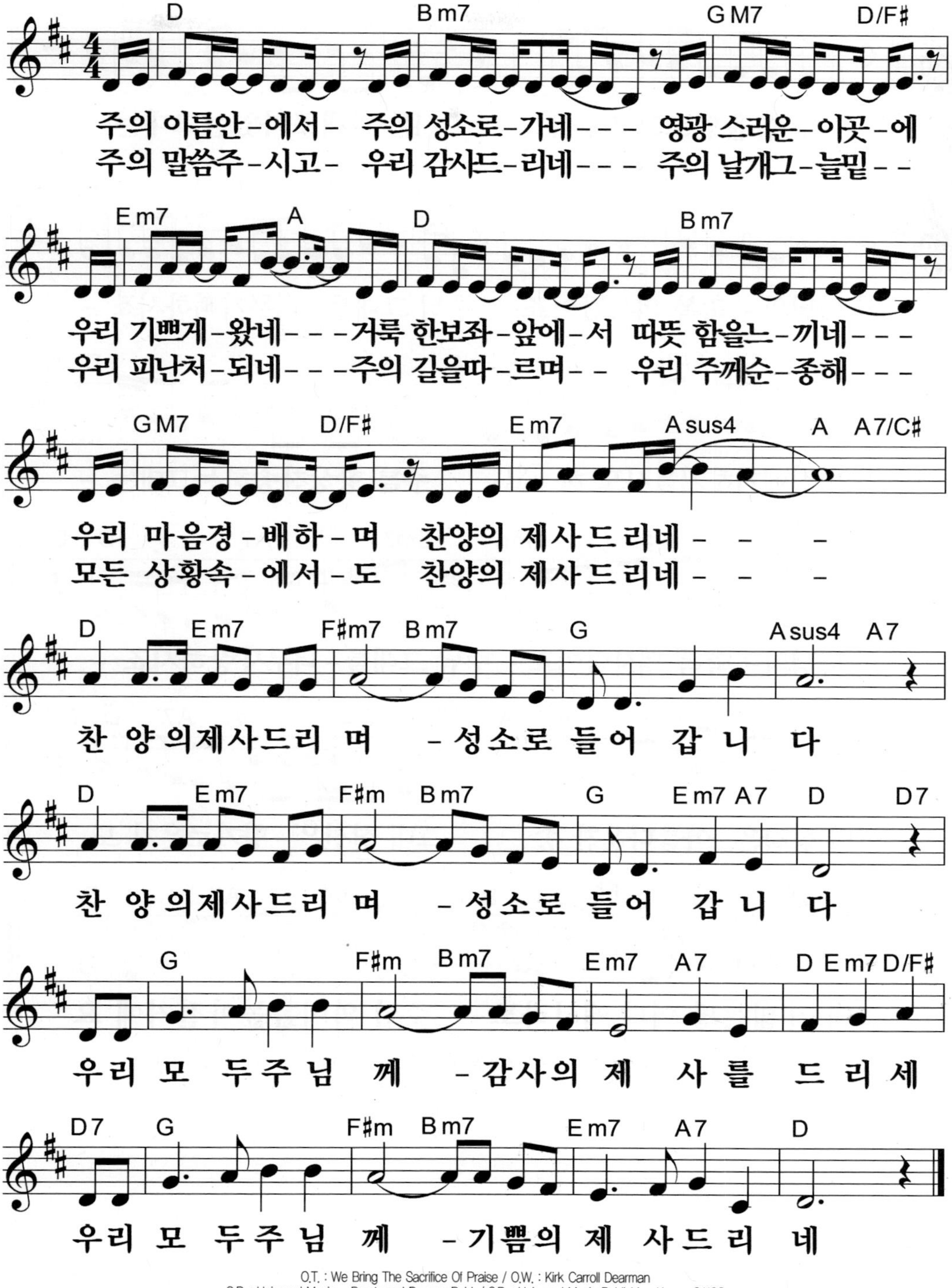

153

축복의 사람

(신) 1131
(구) 2058
설경욱

D   A/C#   Bm   /A   G   A7   D D7
주께 힘을얻고그 마음에 –   시온 의대로가있는그대는 –

Em7   A   F#m   Bm   Em   Em7/D   A A7
하 나님의– 축복 의사람이죠– 주님 그대를–너무기뻐하시죠 –

D   A/C#   Bm   /A   G   A7   D D7
주의 집에거하기를사모 하 –고–   주를 항상찬송하는그대는 –

Em7   A   F#m   Bm   Em7   A7   D G A7
하 나님의– 축복 의사람이죠– 주님 그대를–너무사랑하시죠 –

D   F#7   Bm Am D7   G   A A7   D D7
그대 섬김은– 아름다운찬 송   그대 헌신은– 향기로운기 도

Em   A7   F#m   Bm   Em7   A7   D
그대 가 밟는땅 어디 에서라도–   주님 의이름높아질거예 요

친구의 고백

155

권희석

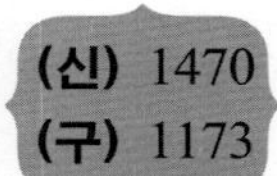

156
하나님의 세계
홍이삭
참 - 아름다 - 운 곳이라 주 - 님 의세 - 계는 - 정말
(세상) 은 - 항 - 상 말하네 그길 이아니 - 라고 - 곱디
로내가 - 나같 - 고 솔직할수있 - 는곳 - 조금 이라도 - 내의 - 라말 - 할
고운길 - 이 있는데 왜힘들게사 - 냐고 - 단순 한선택 - 조차 - 내게 - 버
수없는 - 이곳 - 이곳 은바로 주님의세계라
접기만 - 한곳 - 그래
세상 도나는 주님만따르리 참 - 아름다와 라 주 -
님의세계 는 저 솔로몬의 - 옷보다더 고 - 운백합 - 화 주
찬송하는 듯 저 - 맑은새소 리 내 아버지의 - 지으신그

하나님의 세계

Em7 A G D/F# Em A
솜-씨 깊도-다 나는
D D/A# Bm7 D/F# G D/F#
계속걸-어갑니다 수없이넘어-져도- 사람들의방-향과-는 조금
Em7 Asus4 Am7 G D/F# E/G#
다르다- 해도- 내가 가는길- 이주-가가- 르쳐준길-이니- 이곳
G A Bm7 D/F# Em7 Asus4 D
은바로- 이곳 은바로- 이곳 은바로 주님 의세계라 -

157 하나님의 은혜

조은아 & 신상우
나를 지으신이가 - 하 나 님 나를 부르신이가 - 하 나
님 나를 보내신 이도 - 하 나 - 님 - 나의
나된것은다 하나님 은혜라 - 나의 달려갈길 다 가도록
- 나의 마지막호흡 - 다하 도록 - 나로
그십자가 - 품게 하시니 - 나의 나된것은다 - 하나님
은혜라 - - 한량없는 은 혜 - 갚을길없는
은혜 내삶을에워 싸는 - 하나님의 - 은 혜
- 나 주저함없 이 - 그땅을밟음 도
- 나를붙드시 는 - 하나님의은 혜 -

(신) 1547
(구) 1646

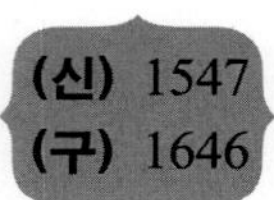

할렐루야 살아계신 주

(Jesus is alive)

Ron Kenoly

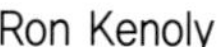

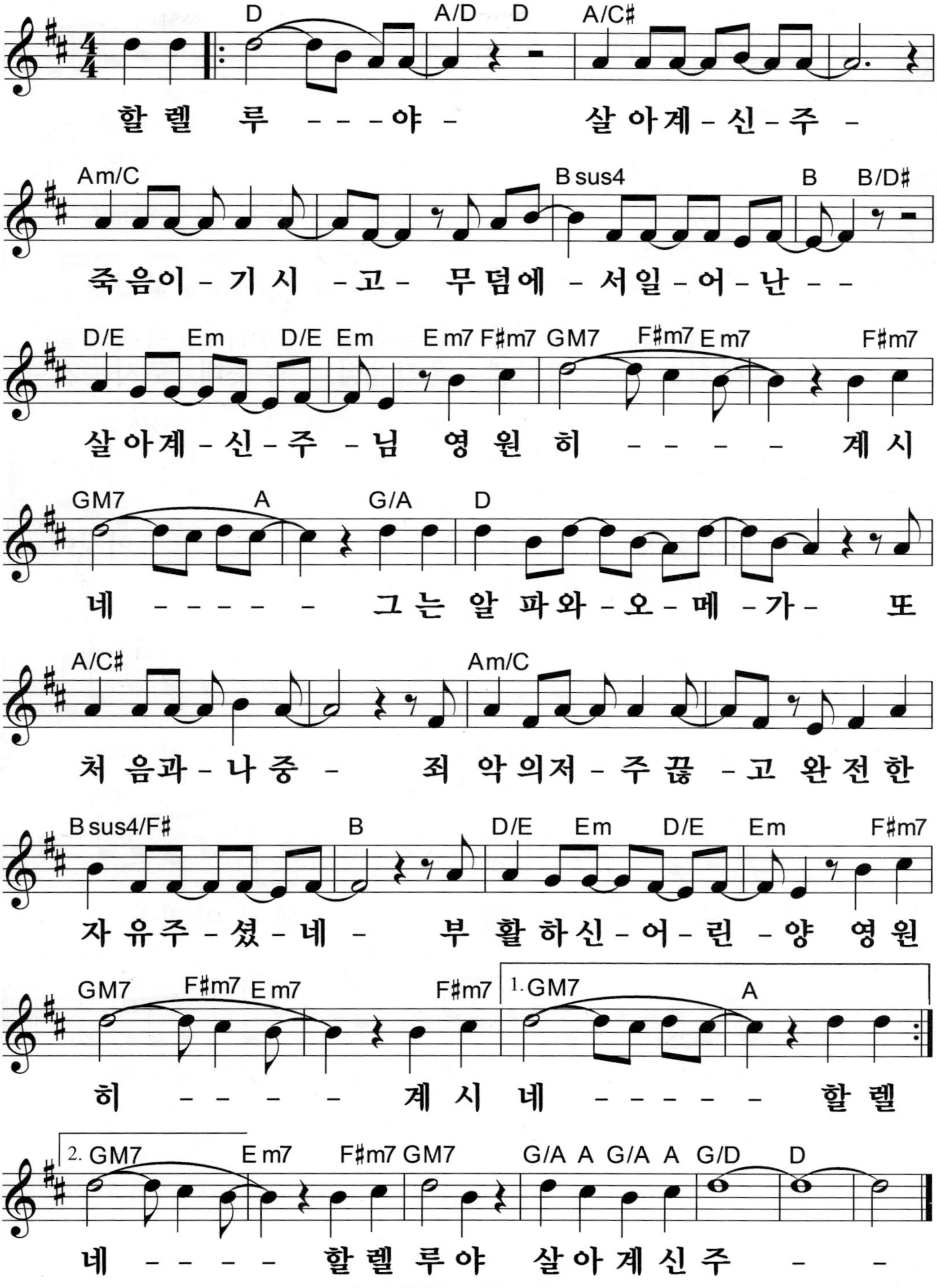

159 행복

손경민
화려하 - 지않아도 - 정결하 - 게사는삶 - 가진것 - 이적어도 -
눈물날 - 일많지만 - 기도할 - 수있는것 - 억울한 - 일많으나 -
감사하 - 며사는삶 - 내게주 - 신작은힘 - 나눠주 - 며사는삶 -
주를위 - 해참는것 - 비록짧 - 은작은삶 - 주뜻대 - 로사는것 -
이것이 - 나의삶에 - 행복이라오 -
이것이 - 나의삶에 - 행복이라오 -
이것이
행 복 행 복 이 라 오 - 세상은 - 알 수 없는 -
하 나 님 - 선물 이것이 행 복 행 복 이 라 오 -
하 나 님 - 의자녀로 - 살아가는것 - 이것이 - 행복이라오 -

회복케 하시네

160

오혜림

161 호흡이 있는 자마다

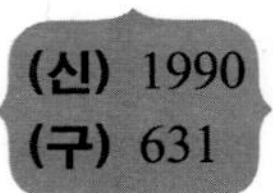

김세영

호흡이 있는 자마다

162 너의 푸른 가슴 속에

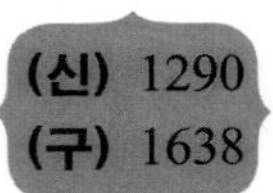

고형원

십자가의 전달자

163

(신) 2116

민호기 & 전영훈

164
죽으면 죽으리라

(신) 1877

이권희

Bm F#m7 G A D M7
주를위해살아 가 는것   쉽지만은않아 요

Em13 Bm C M7 D#
나의욕심   부와명예   내려놓아야하 죠 -

Bm F#m7 G A D M7
하지만걱정하 지 마요   나를드리는순 간

Em13 Bm E m7 C#m7(♭5) F# F#7
아버지의   크신손이   강하게붙드시 죠   -

G M7 D/F# E m7 A D M7 B♭dim7
수많은믿음의 선 배들 주를위해살았 죠   죽으면죽으리

Bm E m7 C#m7(♭5) F#7
라   아버지의   기쁨의눈물보 며   -   내가

Bm F#m7 G A D M7
선 한싸움을 싸우고 - 나의 달 려 - 갈길 을 - 모두

E m7 D/F# G C#7/F F#7
마 치고 - 아버지 향한믿 음 을지켰으 니 - 이제

죽으면 죽으리라

나 를위하여 면류관 – 주실 나 의 – 아버 지 – 내게
만 아닌 – 주를 사 모한 모 든자에게니 라
보좌앞에앉은나 – – 기 쁨에눈물흐르 죠
내 눈물닦아주 시는주님 그 따 듯한 손 –
이 – 나를만지죠 우 워 내가

165 파송의 노래

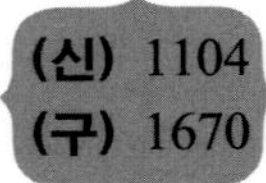

고형원

모든 걸음 되시네

박지영, 박혜진, 허다은, 김민찬 & 전혁, 남재선

D

167 완전한 사랑

권효정
내가 사람-의 방언과-천사 의말한-대도- 내가
산을옮-길만-한-믿음-있다-해도- 내몸-불사르게-
내어준-대도-사랑이 없으면-아무것도 아님-니다사랑은
오래-참고-온유하며자랑치-않고- 자기유익을-구하지-않고
-모든것 덮어-주--고 믿으며 소망-하며-
모든것-을 견딥-니다-진리
와함께---기-뻐합-니다-

감사함으로

(신) 1518   168

심종호

169 공감하시네

김강현
혼자서만세상을 사는듯이 주가 멀어 보이
기만 할때 우리는바라 보아 야하 네 우리
게오 셨던 그주 님을 주님이 우리 의아 픈맘
을아 시네 가까이서우 리의 아픔 에공 감하 시네 우
리 가운 데찾 아오셨던그 주님이 우리의모든상 황에공감하시네

그 곳에서 기도 드리네

170

171 기도

김문영 & 최덕신

길을 만드시는 분

(Way maker)

Osinachi Kalu Okoro

173 기뻐하며 승리의 노래 부르리

(We will rejoice and sing our song of victory)

(신) 1677
(구) 663

David Fellingham

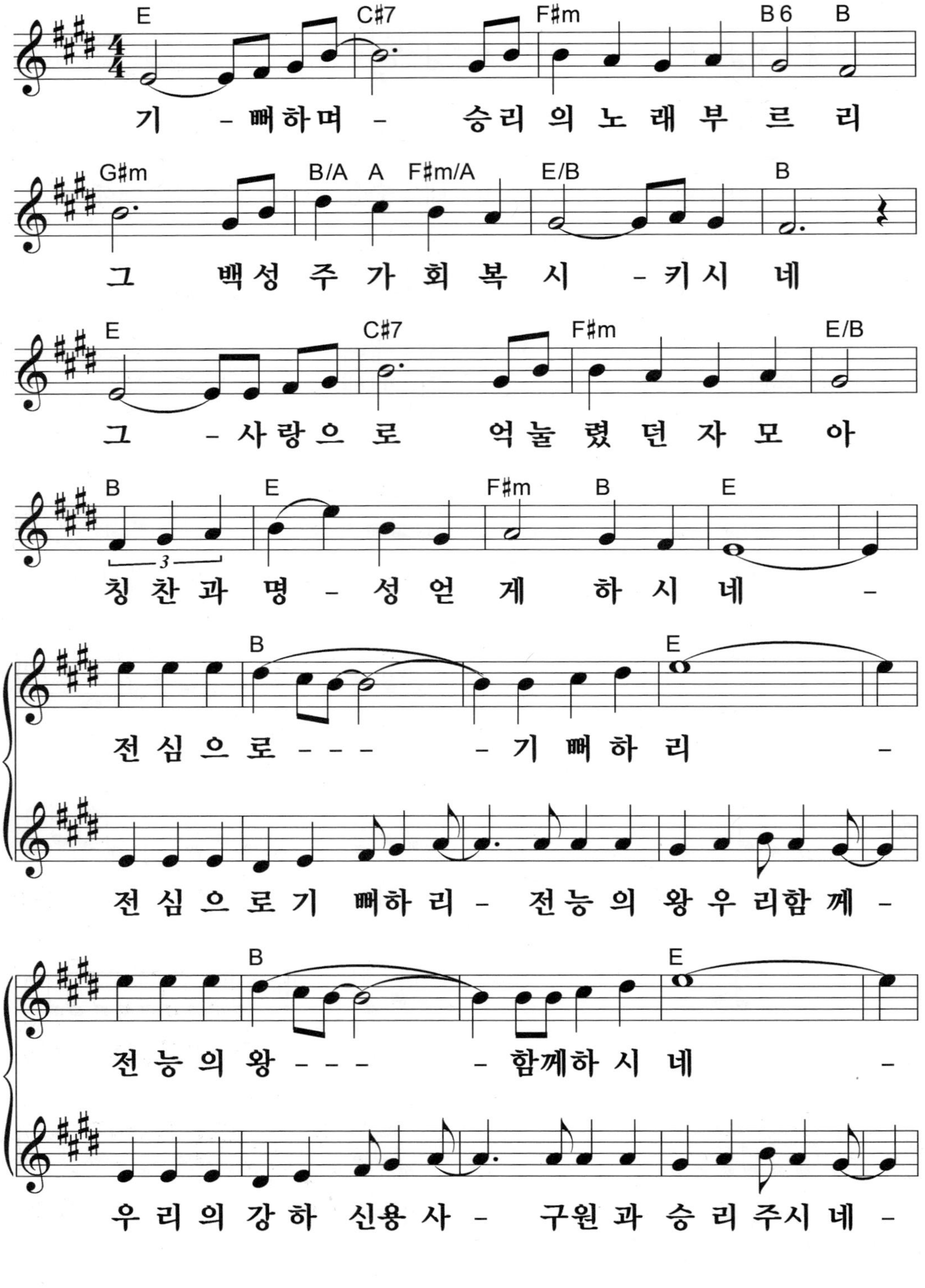

기뻐하며 승리의 노래 부르리

174
깊어진 삶을 주께
(Deepened life to You)
이 영 & 권미성

은혜로- 날보듬으-시고 - 사랑으-로품- 어주- 셔도 -
따스한- 곁을내어-주신 - 주님앞-에나- 아갑- 니다 -

내마음-한자락도- 지 키지못-하-는- 이모습- 부끄럽습- 니다

- 표현못- 할긍 - 홀로- 나 를붙드-시-는 -

주이름-만바 -라봅-니다 - 매 일 마주한- 슬픔을견 뎌

나가며 - 주예수의 마음을- 닮-아 가네 - 두려

운걸음-마-다- 주가동행하니- 주의지하며-오늘을걷네 - 주의

신실한-소망을깊이담으며- 주예수의풍요를-채-워가네 - 하나

님의자-녀-로- 명예지켜가며 - 깊어- 진삶을-주께드-리-네 -

나 주 앞에 서서

(Now that You're near)

Marty Sampson

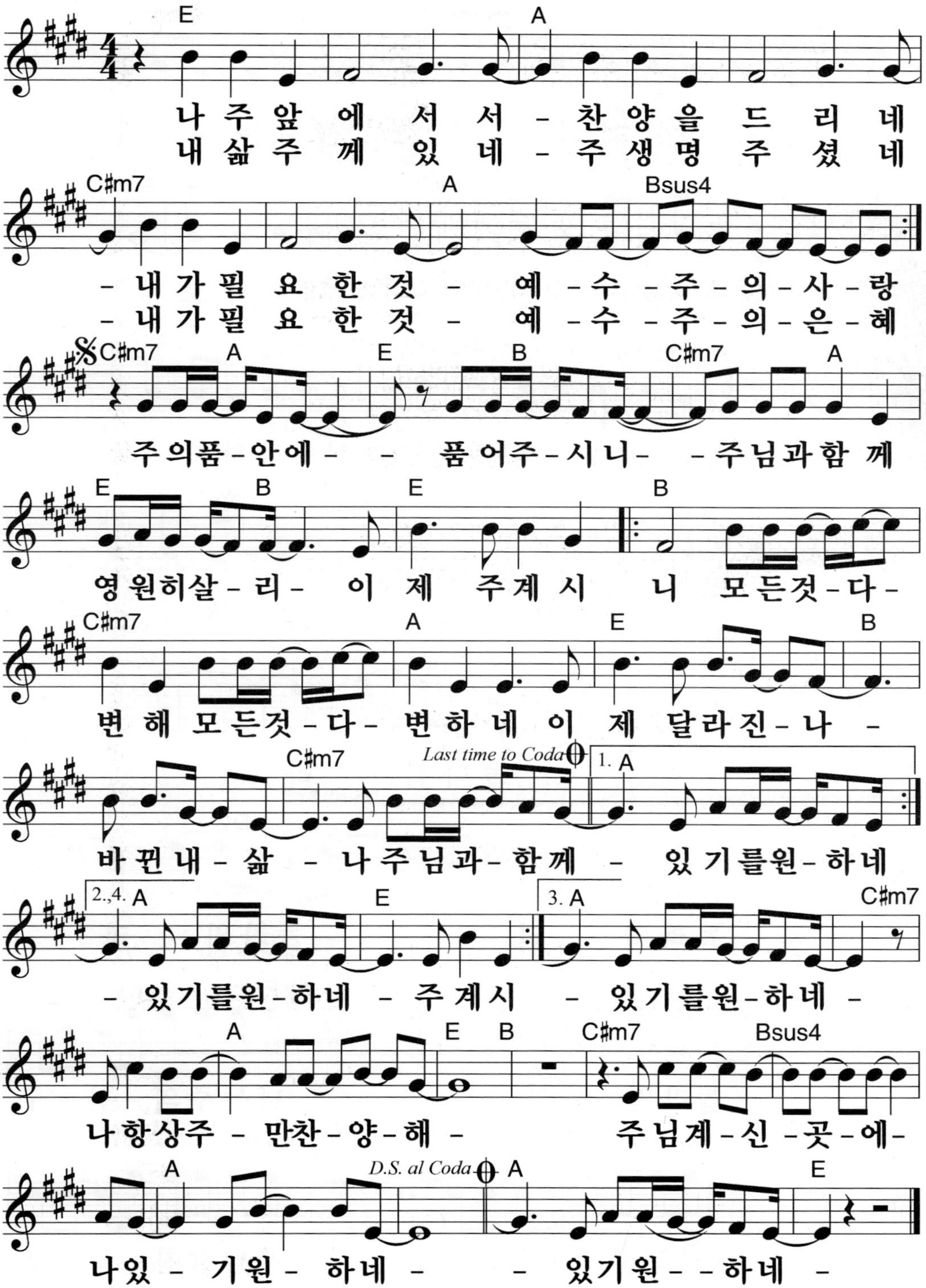

176 나는 주의 친구

(Friend of God)

Michael Gungor & Israel Houghton

나는 주의 친구

F#m7
E
-부-르-셨-네 - 나는주의-친-구
E   C#m7   F#m7
- 나는주의-친-구 - 주님날친-구-로
F#m7   Last time to Coda   1. E   F#/E
-부-르-셨-네 -
2. E   E/G#   F#m   A
A2   E/G#
전 능 하 신 영 광 의 주
F#m   A2   1, 2, 3.
주 는 내 친구 -
4. B   D.S. al Coda   E

177

나의 부르심

(This is my destiny)

(구) 1735

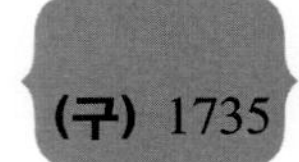

Scott Brenner

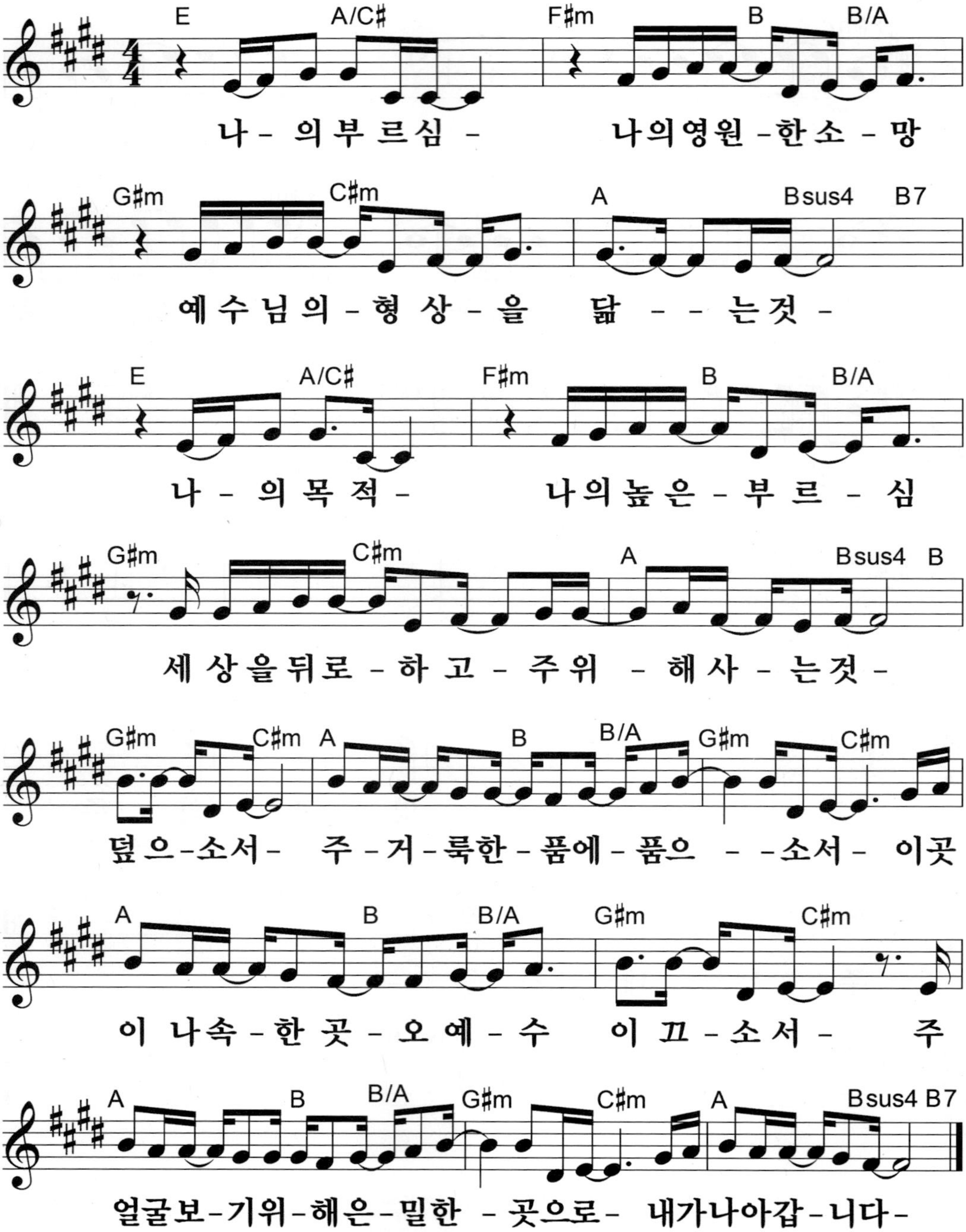

나의 사랑 나의 어여쁜자야 178

179
나의 예배를 받으소서
이대귀
오 주님 당신은 -내 삶 -구석 -구석 -까지 - 감찰하시며 나 -를 응원
-하시 -는 분 - 내 길을 밝혀서 - 영원 -한 생 -명의 -길로 -
인도하시며 나 -를 격려 -하시 -는 분 - 크 고 작은 - 갈
등을 겪곤 -하지만 - 항 상 결국 - 당 신을 선택 -합니다 -
나의 -유일 - 한고 -백의 -대상 -은 오 -직 아름 - 다운 - 당
신뿐입 -니다 - 나의 - 유일 - 한고 -백의 -대상 -은 오 -직 아름
- 다운 - 당 신뿐입 -니다 - 나의 - 예배를 받 -으소서 - 홀로
- 영광을 받 -으소서 - 주여 - - - 나의 - -주여 -
Copyright © 이대귀, Adm. by KOMCA. All rights reserved. Used by permission.

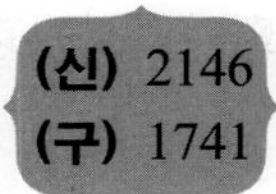

나의 주 나의 하나님이여

180

(Adonai, my Lord my God)

Stephen Hah

181 내 갈급함

윤주형

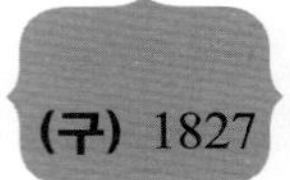

(구) 1827

E   B/D#   A/C#   B/D#
내 갈 급 함 -   어 느 것 으로 - 채 울 - 수 없 - 네
내 갈 급 함 -   부 르 짖 는 소 - 리 들 - 으 소 - 서

E   B/D#   1. A/C#   B/D#   2. A/C#   B/D#
내갈급함 -   상한 나의심 - 령에 -   음 성들 - 리네 -
내갈급함 -   주의

E   B/D#   A/C#   E/B   A   E/G#
내   게 로나 - 오 - 라 - - 영 원히 - 영 원히 -

F#m7   Bsus4   B   E   B/D#   A/C#   E/B
목 마름전 - 혀 없으리 - 내   게 로나 - 오 - 라 - -

1.   A   E/G#   D M7   Bsus4   B
가 까이 - 가 까이 -   생 수 의근 - 원 되 신 주 께

2.   A   E/G#   F#m7   B
가 까이 - 가 까이 - 생 명 의근 - 원 되신주 - 께 -

A/E   E   A/E   E
-      -   -   -

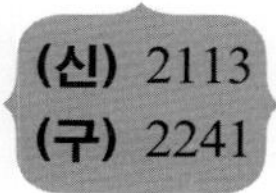

내 마음을 가득 채운

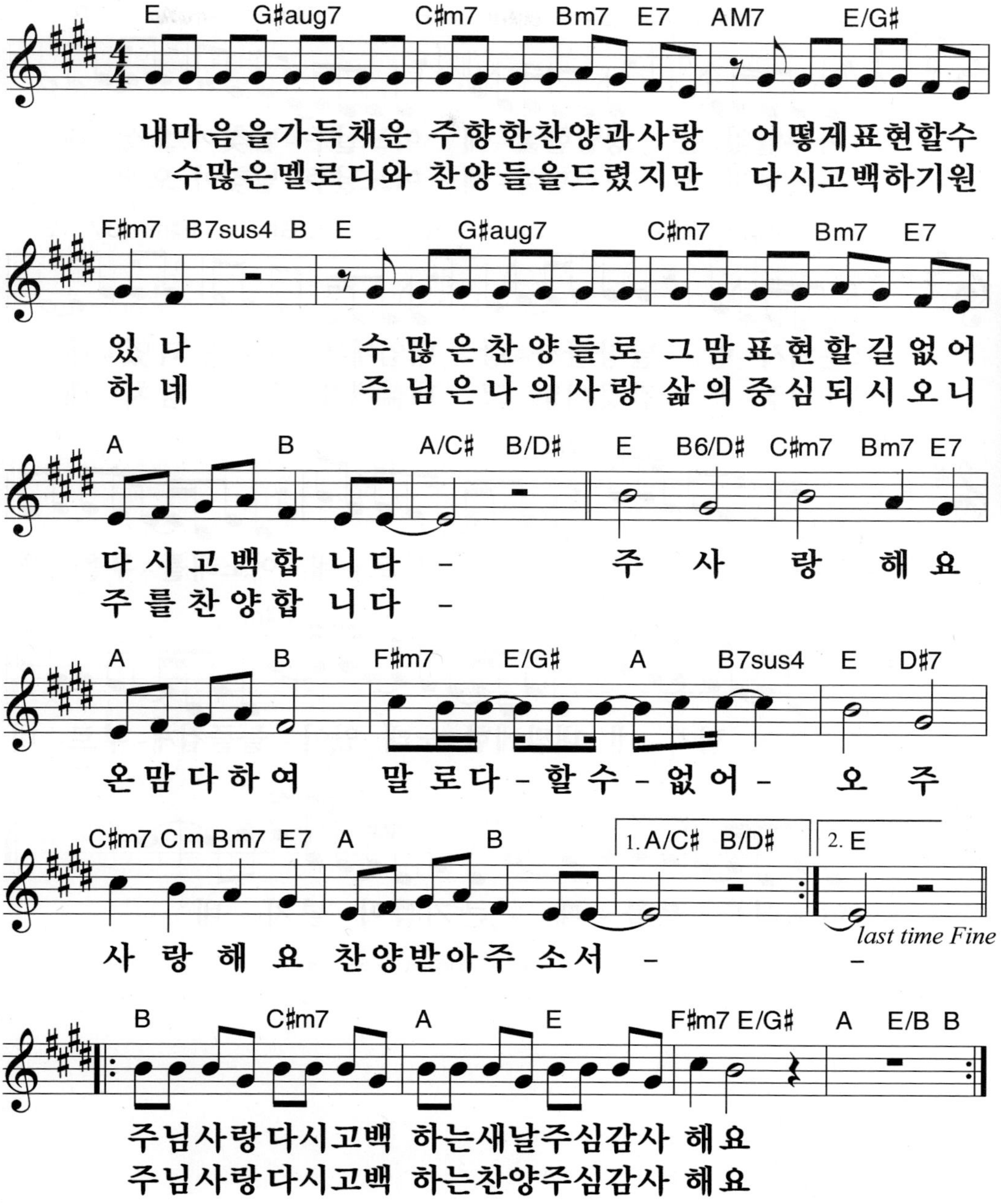

(Here I am again)

182

183 내 맘에 한 노래있어

내 맘의 눈을 여소서
(Open the eyes of my heart)
Paul Baloche
184
E2
B/D#
3
내맘의눈 – 을여소 –서   내맘의눈 –을열어 – 주보게
A/C#   A   3   A/E A/B E   B7
하 소서   주보게 하 소서
E2   B/D#   3
내맘의눈 –을여소 –서   내맘의눈 –을열어 – 주보게
A/C#   A   3   A/E   E
하 소서   주보게 하 소서   주이름
B   C#m   A   Bsus4
높이들 – 리고 –   영광의빛비춰주시 – 며
B   C#m   F#m   Bsus4
권능–넘치 길보기 원하네 거룩거 – 룩거 – 룩 –
E   B/D#
거룩거 – 룩거 – 룩 –   거룩거 – 룩거 – 룩 –
A/C#   A   3   A/E   E Esus4 E
거룩거 – 룩거 –룩– 주보게하 소서   –

185 내 삶은 주의 것

김명선

내 삶은 주의 것

고난중에 - 순종 - 을 배워가며 - 너의
모든삶맡 - 겨드 - 리라 -
고난중에 - 순종 - 을
배워가며 - 너의 모든삶맡 - 겨드 - 리라 -
내
삶은주 - 의것 - 내 삶은주 - 의것 - 온 전한신 - 뢰를 -
주께드 - 리네 - 보 이지않 - 아도 - 믿 음으로 - 걷 - 네 주
영광바라보 - 며 - 주만따 - 르네 - 주만따 - 르네 -

186 내 영혼은 안전합니다

전은주

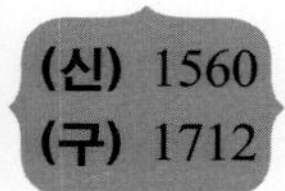

내 이름 아시죠

(He knows My Name)

Tommy Walker

187

188 내 한 가지 소원

(One thing have I desired)

Stuart Scott

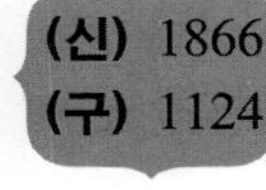

내가 어둠 속에서

189

문경일

190 너는 시냇가에

박윤호

(신) 1066
191
너는 아느냐
송명희 & 김석균
E   A   E
내가 너를 - - 얼마나 사랑하는지 너는 아느냐 -
B7   E
내가 너를 - - 얼마나 좋아하는지 너는 아느냐 -
E7   A   E
내가 너를 - - 얼마나 기다렸는지 너는 아느냐 -
B7   1. E   2. E   E7
너는 아느냐 - 너는 아느냐 - 아느냐 -
A   E
내가 너를살리려 나의생명을주었 고 -
B7   E   E7
내가너의 수치를씻으려 나의생명을 준 것을 - -
A   E
너는 아느냐 나의은혜를얼마 나알며 -
B7   E A E
내사랑의 노래를 - 너는아느냐 -

192 높으신 주 찬양
(Sing Out For The Lord)

다시 한번
(Once Again)

Matt Redman

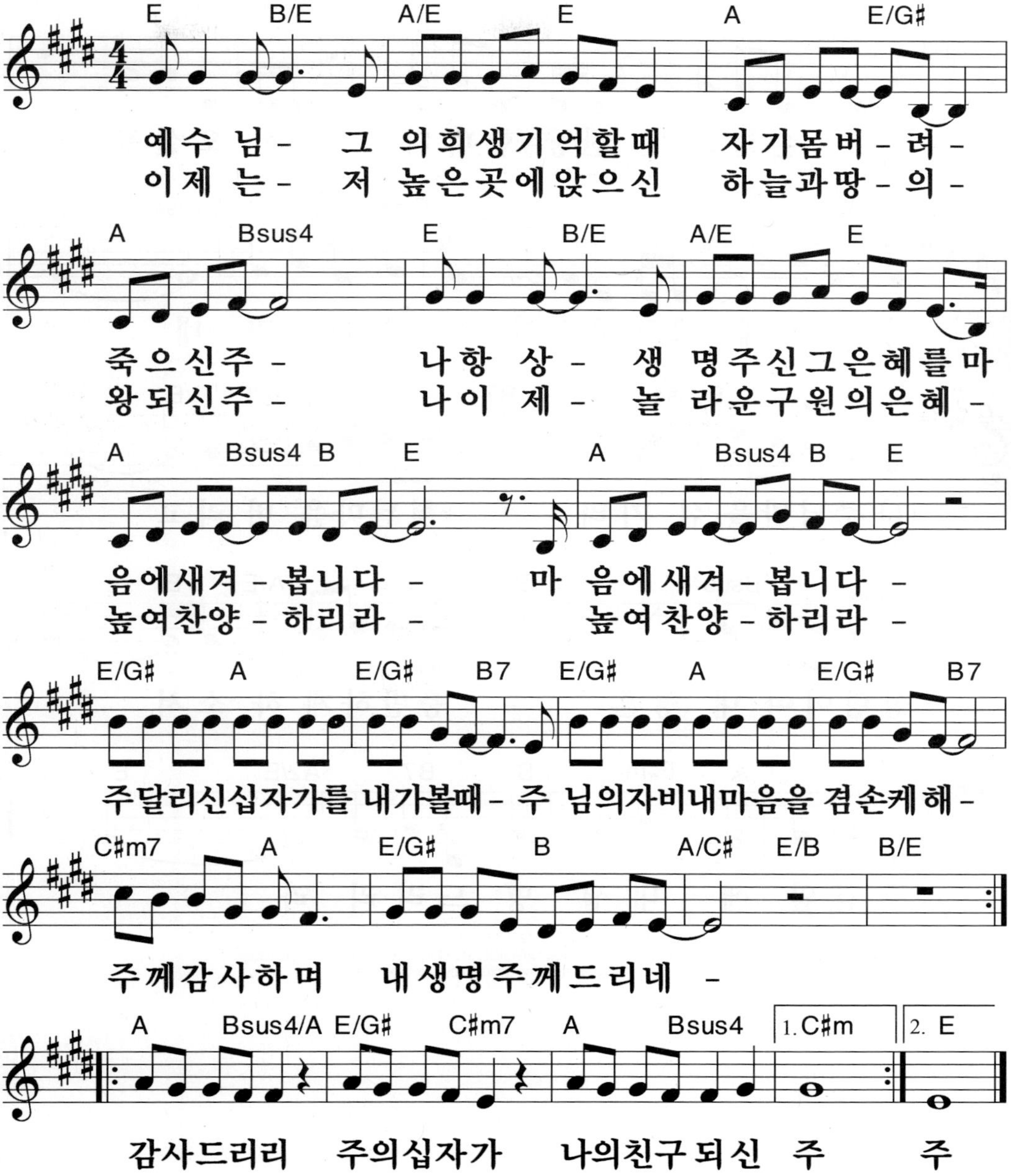

E   B/E   A/E   E   A   E/G#

예수 님 - 그 의희생기억할때 자기몸버 - 려 -
이제 는 - 저 높은곳에앉으신 하늘과땅 - 의 -

A   Bsus4   E   B/E   A/E   E

죽으신주 - 나항 상 - 생 명주신그은혜를마
왕되신주 - 나이 제 - 놀 라운구원의은혜 -

A   Bsus4 B   E   A   Bsus4 B   E

음에새겨 - 봅니다 - 마 음에새겨 - 봅니다 -
높여찬양 - 하리라 - 높여찬양 - 하리라 -

E/G#   A   E/G#   B7   E/G#   A   E/G#   B7

주달리신십자가를 내가볼때 - 주 님의자비내마음을 겸손케해 -

C#m7   A   E/G#   B   A/C#   E/B   B/E

주께감사하며 내생명주께드리네 -

A   Bsus4/A E/G#   C#m7   A   Bsus4 | 1.C#m | 2. E |

감사드리리 주의십자가 나의친구 되신 주 주

194 두 손 들고 찬양합니다

(I lift my hands)

Andre Kempen

매일 주와 함께 195

(Sweeter)

Israel Houghton, Meleasa Houghton &
Cindy Cruse-Ratcliff

196
바라봅니다
최선용, 김진호 & 김진호
완전한-사랑- 주를 바라봅-니다- 부르신-그곳- 내가
달려갑-니다- 가난한-영혼- 주 께드립-니다--
주품안-에서- 온전 히내삶-을드리네 닮아가-도록- 주님만을
사랑하-도록- 빛되신-주님을따르고그분을 바라봅-니다
- 영 원하신- 주님만-을 사랑하-는것- 날
향하신- 그사랑-을 경배하-는것- 내 삶의이-유되-신주-님을
- 노래하리 주 님 만을- 바라보며 - 나살기를
1. E E/G# A M7 A/B   2. E/D
-    -   어둠속-의

E/G# A E/B G#/C C#m7 F#/A# A m6
E/G# E m/G F#m7 A/B E/G# A E/B G#/C C#m7
F#/A# A m6 E/G# E m/G F#m7 A/B A M7 G#7(♭9)
C#m7 E/B F#/A# F#m7 E/G# A F#/A#
A/B E E/G# A M7 E/G#
F#m7 A/B B m7 D/E E/G# A M7 AmM7 A m6
G#m7 C#m7 F#7sus4 F#7 A m6 B sus4

바라봅니다

A/C#
C6
A/B
빛이되-시는- 완전 하신주-님을- 찬양해 - 영
E   E/G#   A M7   E/G# F#m7   A/B
원하신- 주님만-을 사랑하-는것- 날 향하신-그사랑-을
B m7   D/E E/G# A M7   AmM7 A m6 G#m7   C#m7
경배하-는것- 내 삶의이-유되-신주-님을 - 노래하리 주
F#7sus4   F#7   1. A m6   A/B   2. A m6
님 만을- 바라보며 - 내 - 나살기를
E   E/G#   A M7   A/B   E

197
부르심
이권희
내게말-씀하-신곳- -아버지의-마음- 향하신-그 곳에서-
예배-합니다 찬양합-니다- 그 곳에서- 그땅을만드 신 분을-
성령의 바람 - 나의눈을적-시네 - 내노래-주를 예배하네-
하늘가득히-주 의영광선포되네-주 님그땅- 회복시-키시 - - -네-
나 의노 - 래가- 주를 향한예 - 배가- 그 땅을회복시키네- 생
수의강이넘치네- 가라하-시네- 주님 명 하신-그곳- 내
겐두려 움전혀없네- 성 령이- -나를 - 인도- 하네 -
하늘의능력이 내몸을- 적 -시네-그의 나라와-영광- 나를

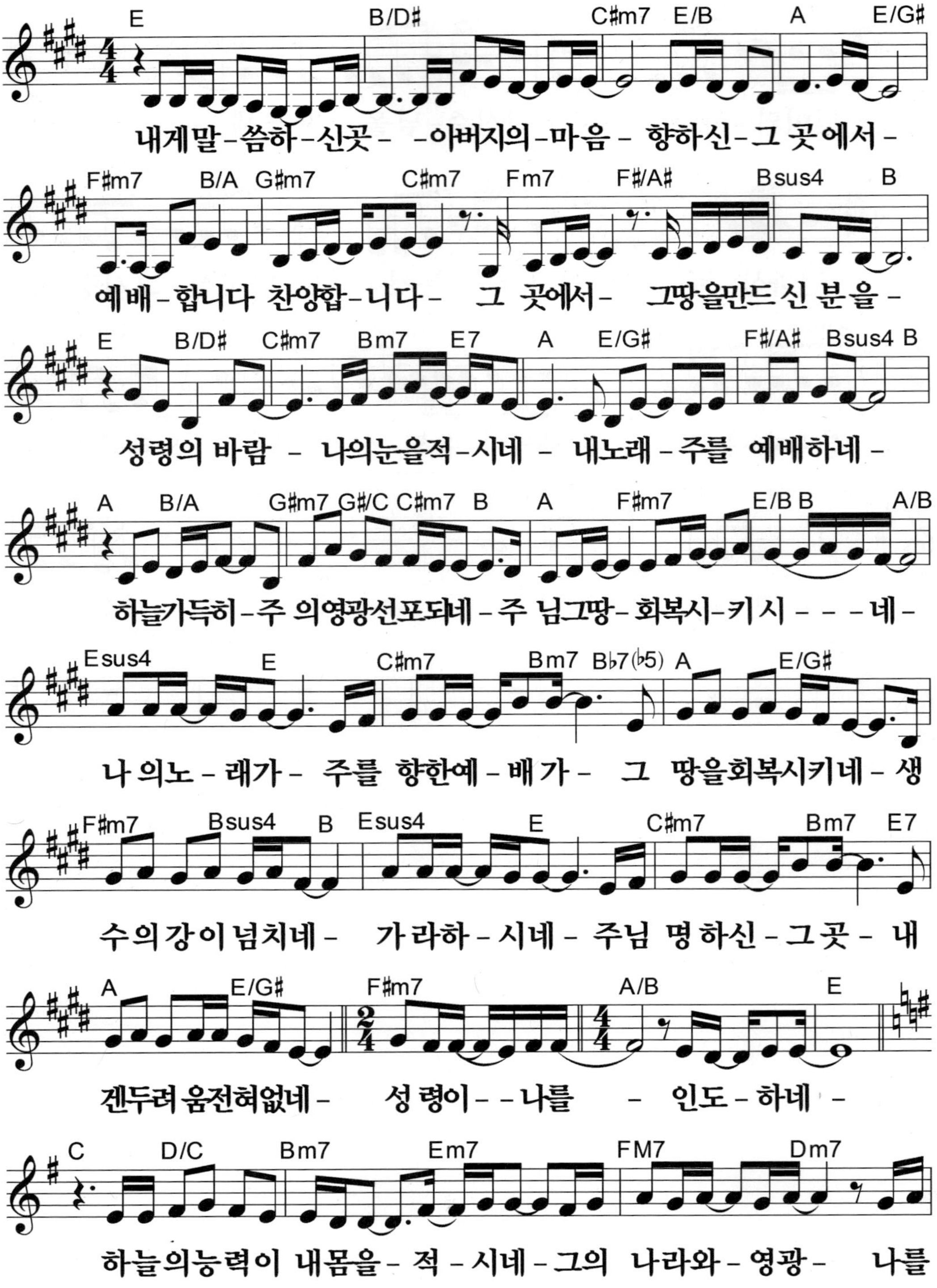

부르심

통 해 일 으 _ 키 시 네
나 의노 – 래가 – 주를 향한예 – 배가 – 그 땅을회복시키네 – 생
수의강이넘치네 – 가 라하 – 시네 – 주님 명 하신 – 그곳 – 내
겐두려 움전혀없네 – 성 령이 – –나를 – 인도 – 하네 –

198 빛 되신 주
(Here I am to Worship)

Tim Hughes

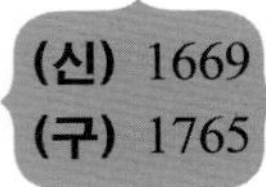

사랑 그 좁은 길

장진숙

사랑 그좁은길 - 누가그길을가려나- 겸손 그이름없는길
누가그길을가려나- 누가주-의마음알-아 자매의- 눈물닦아-주며
누가주-의마음알-아 절망에-잠긴사람-찾아
누가형-제의허물-사랑으로 - 덮으려나- 사랑 그좁은길-
위로의-손내밀어-사랑으로 - 안으려나-
누가그길을가려나- 겸손 그이름없는길 누가그 길을가려나-
누가주- 영광위해- 스 스로낮아지-며 - 세상의- 자랑도 - 즐
누가주- 영광위해- 내 자유를내려-놓고 십자가- 사랑안에즐
거이포기하려-나- 사랑 그좁은길- 누가그길을가려나-
거이 -매이려-나-
겸 손 그 이름없는길 누가 그길 을 가려나 -

200 산과 바다를 넘어서

(신) 1503
(구) 1904

(I Could Sing Of Your Love Forever)

Martin Smith

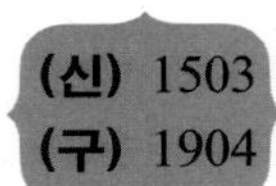

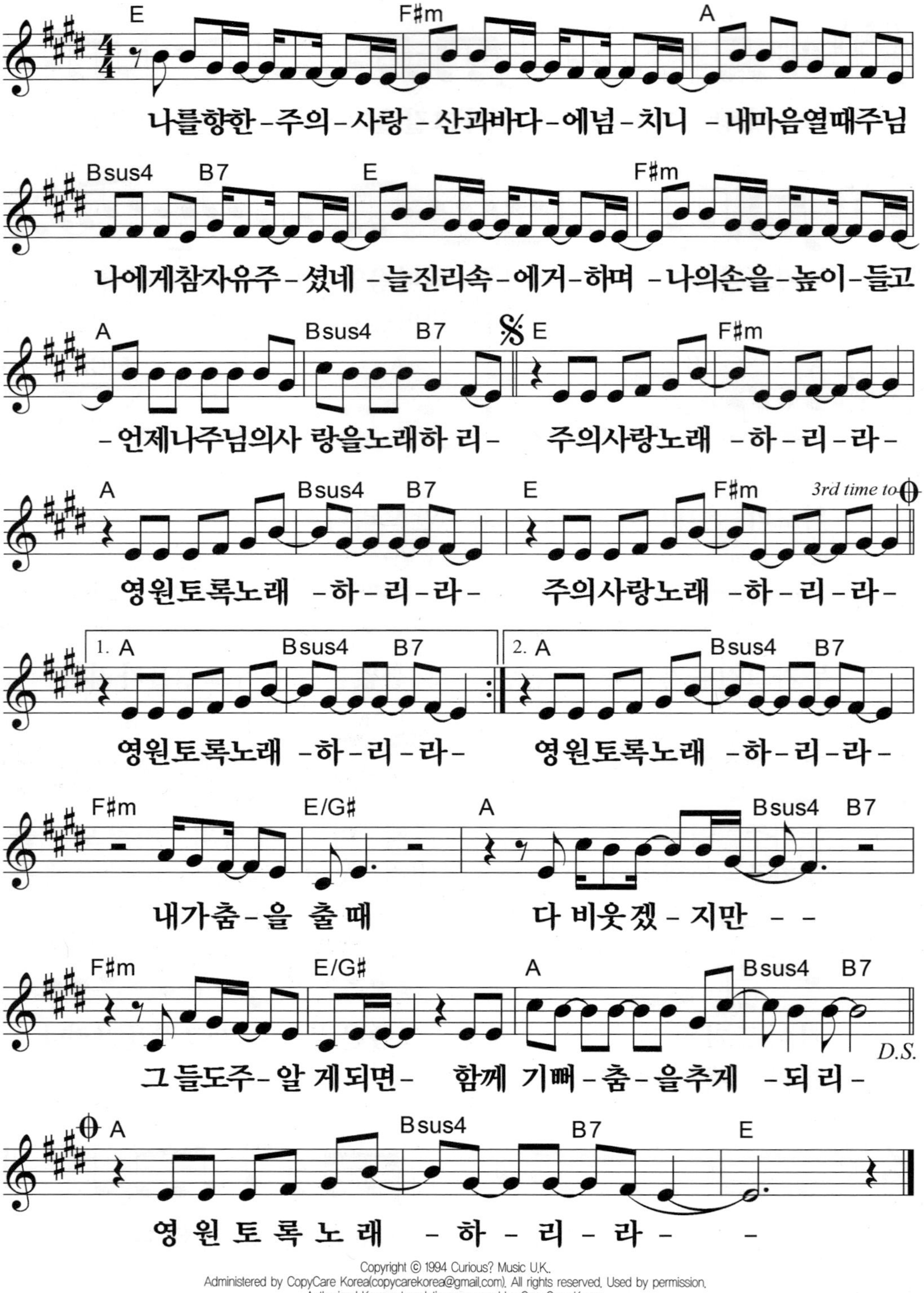

생명과 바꾼 주의 사랑을　201

장종택

202 선한 능력으로

Bonhoeffer Dietrich & Siegfried Rietz

성령의 불로
(Holy Spirit Fire)

203

Scott Brenner

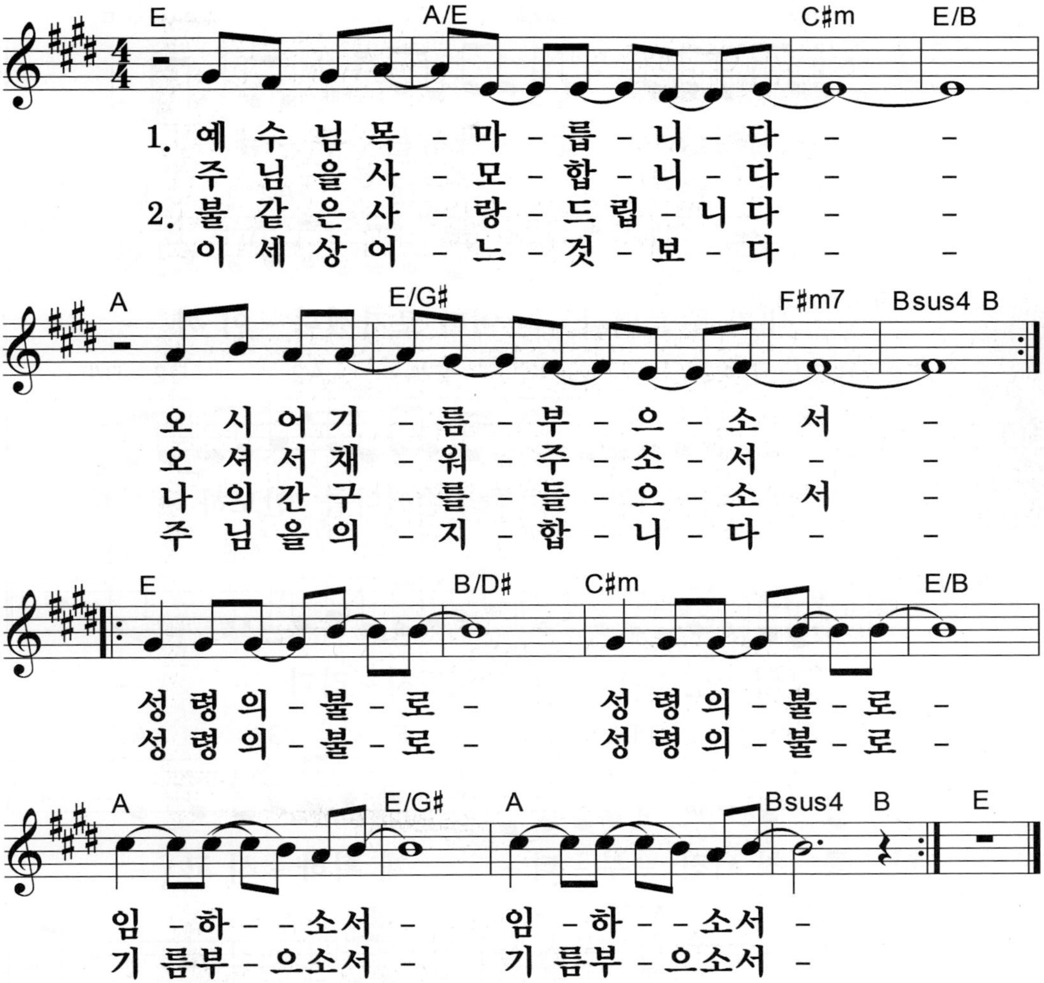

1. 예 수 님 목 – 마 – 릅 – 니 – 다 – – –
   주 님 을 사 – 모 – 합 – 니 – 다 – – –
2. 불 같 은 사 – 랑 – 드 립 – 니 다 – – –
   이 세 상 어 – 느 – 것 – 보 – 다 – – –

오 시 어 기 – 름 – 부 – 으 – 소 서 – –
오 셔 서 채 – 워 – 주 – 소 – 서 – – –
나 의 간 구 – 를 – 들 – 으 – 소 서 – –
주 님 을 의 – 지 – 합 – 니 – 다 – – –

성 령 의 – 불 – 로 –   성 령 의 – 불 – 로 –
성 령 의 – 불 – 로 –   성 령 의 – 불 – 로 –

임 – 하 – – 소 서 –   임 – 하 – – 소 서 –
기 름 부 – 으 소 서 –   기 름 부 – 으 소 서 –

시편 139편

(Psalm 139)

시편 139편

205
신령과 진정으로
심종호

주를찬 - 양해   나의맘 - 다해
찬양가 - 운데   임하시는주 -
우리맘 - 다해   주를높 - 일때 -
기쁨내 - 안에   흘러넘치네 - - - -
- 주를찬   흘러넘치네 - - - - - - 감사의
- 노 - - 래주 - 께 - 내게새 - 일행 - - 하시 - 네 - 주님의
- 은혜 - 크신사 - 랑찬 - 양하 - 네 -   주님을
- 경 - - 배할 - 때 주를더 - 욱알 - - 기원 - 해 - 거룩하

신령과 진정으로

A   E/G#   F#m7   /B   E   1.
- 신 주 - 전능하 - - 신하 - 나님 -   주를찬

2. E   D6   A/C#   Am/C
주를갈 - 망하 - 는것 -   주를예 - 배하 - 는것

E/B   F#sus4   F#7   Bsus4
- 주를기 - 뻐하 - 는 것   신령과진정으로 -

B   D6   A/C#   Am/C
주를갈 - 망하 - 는것 -   주를예 - 배하 - 는 것

E/B   F#sus4   F#7   D
- 주를기 - 뻐하 - 는 것   신령과진정으로 -

D   B
신령과진정으로 - - - - - - - 감사의

E   G#7(#5)   D.S.   E
- 노 - - 래주 - 께 - 내게새 -   거룩하

A   E/G#   F#m7   /B   E
- 신 주 - 전능하 - - 신 하 - 나 님 -

206 시선

김명선

C#m7   A
내 게로부 - 터눈 - 을들 - 어 주를보 - 기시 - 작할 - 때
성 령이나 - 를변 - 화시 - 켜 모든두 - 렴사 - 라질 - 때

F#m7   G#m7   C#m7
주의일을보 - 겠네 -   내 작은마 - 음돌 - 이키 - 사
주의일을보 - 겠네 -   황 폐한땅 - 한가 - 운데 - 서

A   F#m7   B 7sus4
하늘의 - 꿈꾸 - 게하 - 네   주님을볼때 -   모 든
주님마 - 음알 - 게되 - 리   주님을볼때 -   모 든

E   A/C#   B/D#
시선을 - 주님께드 - 리고 -   살아 계신하 - 나님 - 을느 - 낄때
시선을 - 주님께드 - 리고 -   전능 하신하 - 나님 - 을느 - 낄때

E   E/B B7/A E/G#   A
- 내 삶 은주의 - 역사가 - 되고 -   하나 - 님
- 세 상 은주의 - 나라가 - 되고

F#m7   B7   F#m7   E/G#   A
D.C. al Fine
이 일하기시작 - 하 - - 네 -

A   C#m7   E/G#   A   1.   2. A
D.S. al Fine
주님의영광 -   임하네 - 주볼때 -   주님의영광   모든

아바 아버지

김길용

(신) 1545
(구) 2258

208 예수 피를 힘입어

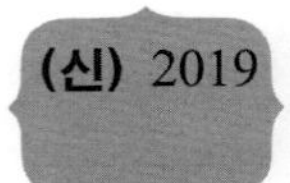 (신) 2019

양재훈

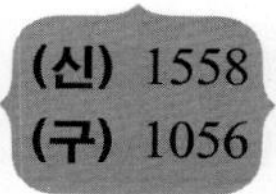

예수님이 좋은걸

이광무

210 우리 함께 기도해

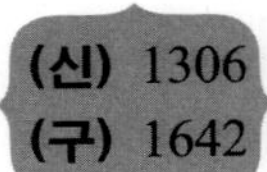

고형원

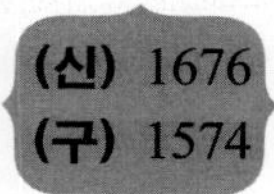

우리 함께 기뻐해
(Let us rejoice and be glad)

Gary Hansen

211

212
우린 이겼네
(We Have Overcome)
Meleasa Houghton & Israel Houghton
감사-하세 - 하나-님께 - 항상승리 -케하-시니
감 사-하세 - 승 리-주신 - 하 나 님께 - 예-
감 사-하세 - 하 나-님께 - 항상승리 -케하-시니
감 사-하세 - 하나-님께 ------ 우린이-겼네
- 할 렐루 -야 할렐루 -야 - 우린 이-겼 네
- 그 이름 -의 권-세로 --- 예수그-이름
- 할 렐루 -야할렐루 -야 우 리 길예-비하
- 셨네- 다승 -리하-도록 Oh-- Oh--- Yeah

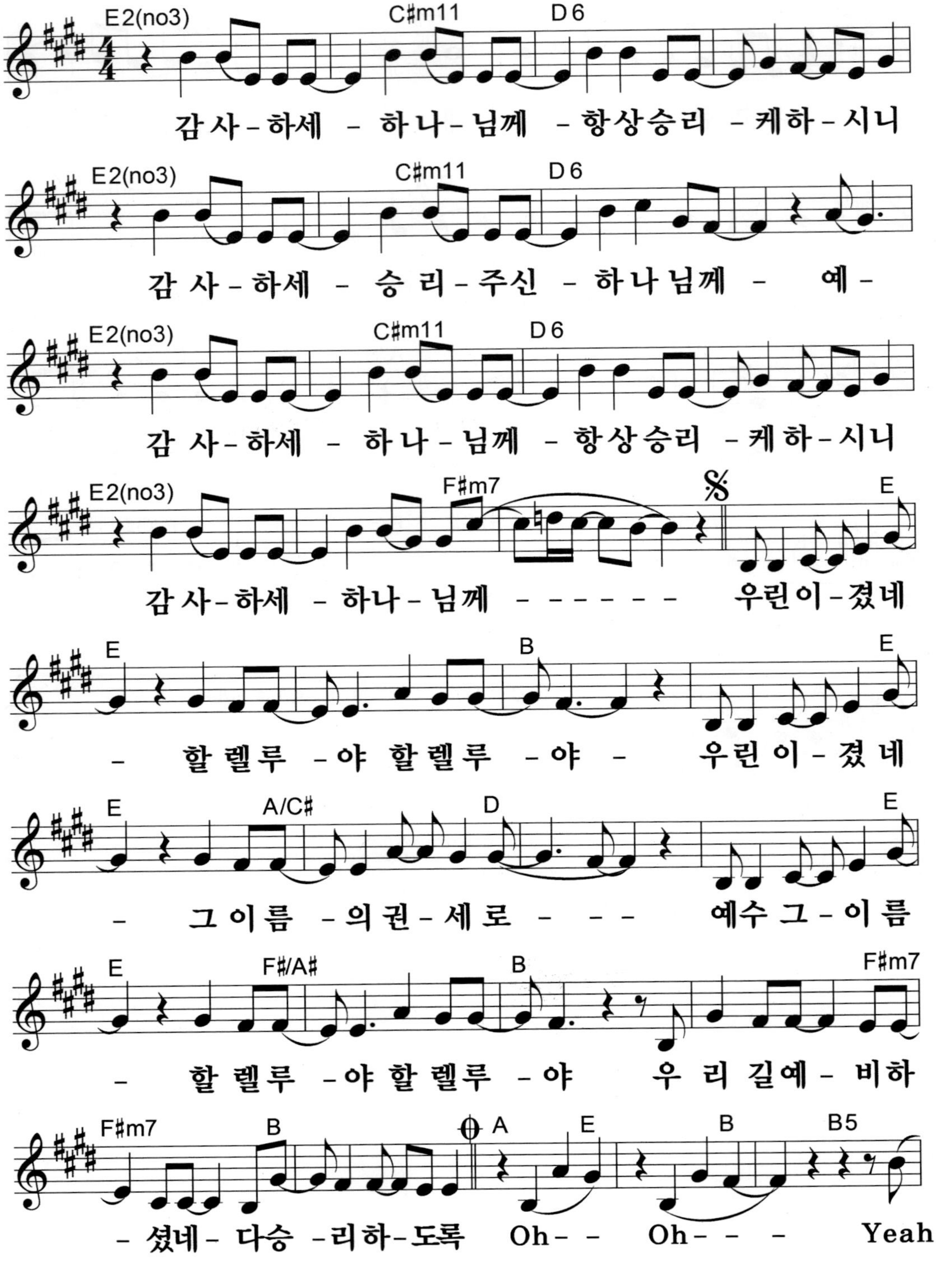

우린 이겼네

- Oh - - Oh - - - 감사 - 하세
우린승리했네 모든것 이다 주 께 있 - 네
우린승리 했네 모든것 이다 주께 오 승리는우 - 리것 -
승리는우 - 리것 - 승리는우 - 리 것 - - - -
D.S. al Coda
Oh - - Oh - - - Oh - - - - - - - - Oh - -
Oh - - - - - - - - - - - - - - - Oh - - Oh - -
- - - - - - - - - - - - - - - Oh - - Oh - - -
우 린 이 - 겼 네 - -

213 우리는 기대하고 기도하며

원하고 바라고 기도합니다 214

이현임, 김요셉, 민호기 & 민호기

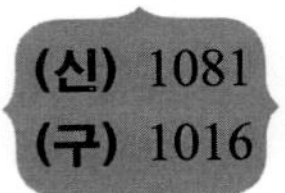

215 일어나 걸어라

최용덕

존귀 오 존귀하신 주
(Worthy is the Lord)

Mark Kinzer

217 좋으신 하나님

(You are good)

(신) 1555
(구) 1803

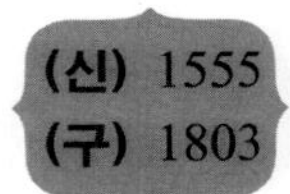

Israel Houghton

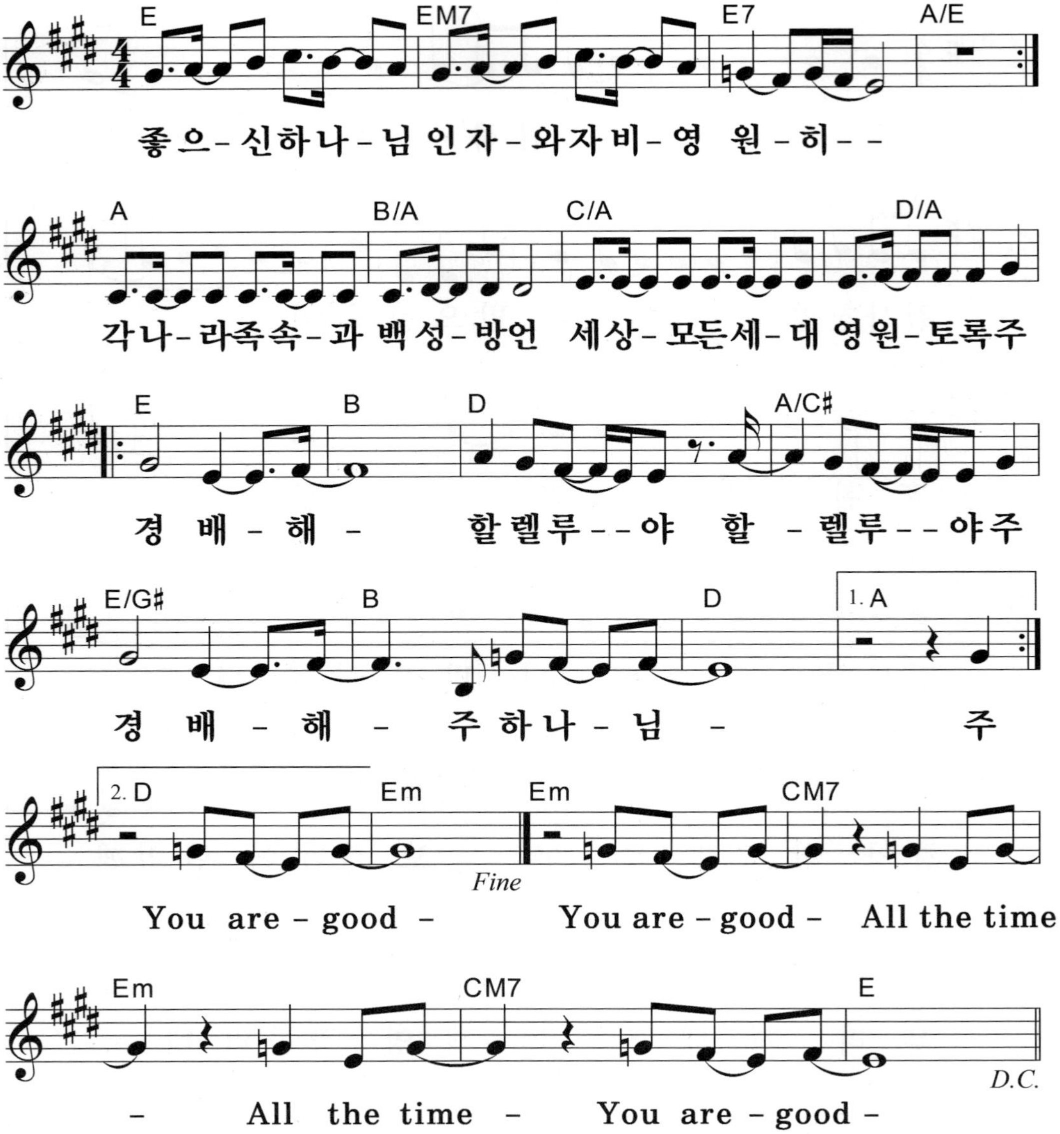

주 너를 지키리

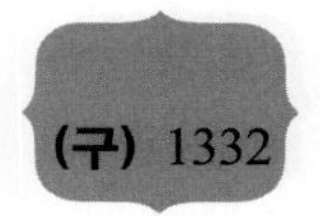
(구) 1332

너 근심걱정 와도- 어려운일당 해도-
걱정말 아 라 주너를지 키리 -
위 험한일당 해도- 슬픈일 이 와도-
걱정말 아 라 주너를지 키리 -
늘지켜주 시리 - 주 님 의 사랑속에거하 라
- 그 의 평화속에유하라 - 그분의 영원속에자유하라
- 주지 키 리 - 주지 키리 -

219 주 예수 나의 당신이여

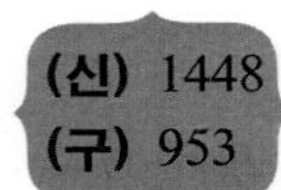

이인숙 & 김석균

주는 거룩
(You are Holy)

Reuben Morgan

축복의 통로

이민섭

222

주는 평화

(He is our peace)

(신) 1630
(구) 1141

Kandela Groves

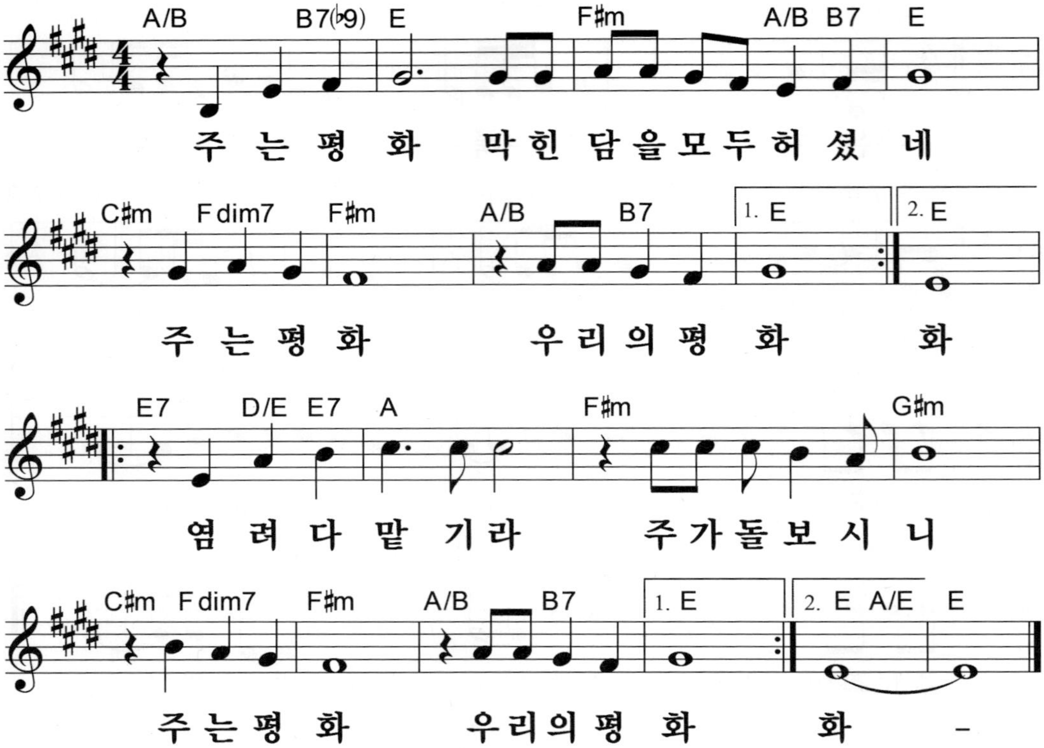

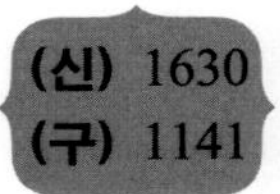

주님의 사랑

223

김준영 & 임선호
EM7 D/E
눈 부신 - 햇 살 - 저 하늘너
주 님의 - 사 랑 - 깊 어져가
AM7 A/B EM7 1. 2.
- 머 - 내게주어 - 진 - 나
- 네 - 나의마음 - 에 -
G#m7 C#m7 F#m7
얻 었네 - 변함없는그 - 사랑 내안에
D9 A/B B F#m7
기 쁨의 - 노 - 래 - 멈 출 수가 - 없 - 네 - 주님의사
F#m7 B G#m7 C#m7
- 랑 - 바람에실리듯내 - 게 찾 - 아 와 - 그 사랑
F#m7 B E9 F#m7
- 의 - 향기가 - 내 맘 - 가득해 - 주님의은
F#m7 B G#m7 C#m7
- 혜 - 굽이쳐흐르며내 - 게 다 - 가 와 - 그 사랑
F#m7 B E
- 의 - 열매로 - 내 맘 - 채우네 -

224 주님 안에서 기뻐하라

(Again I Say Rejoice)

Aaron Lindsey & Israel Houghton

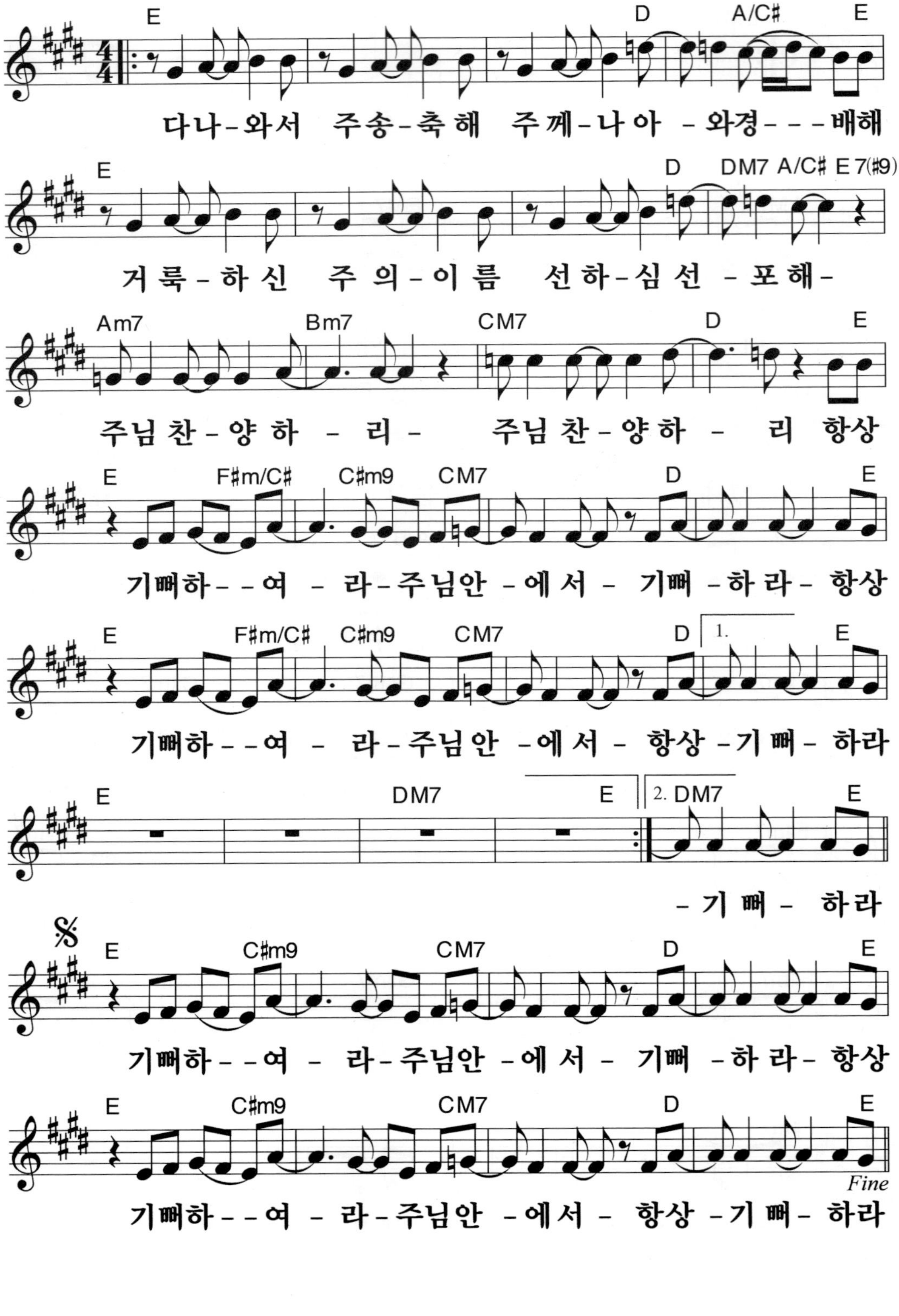

주님 안에서 기뻐하라

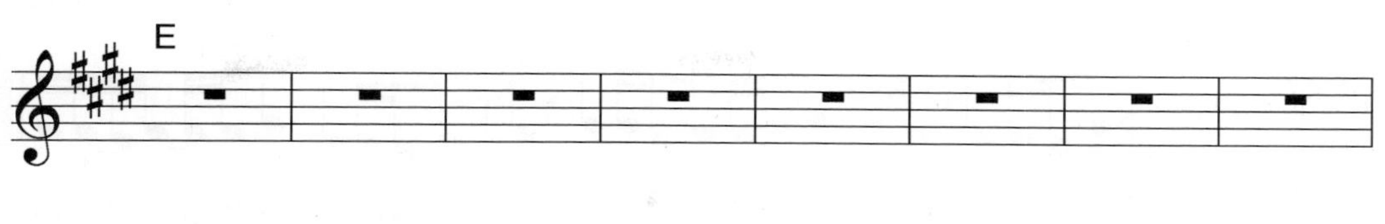

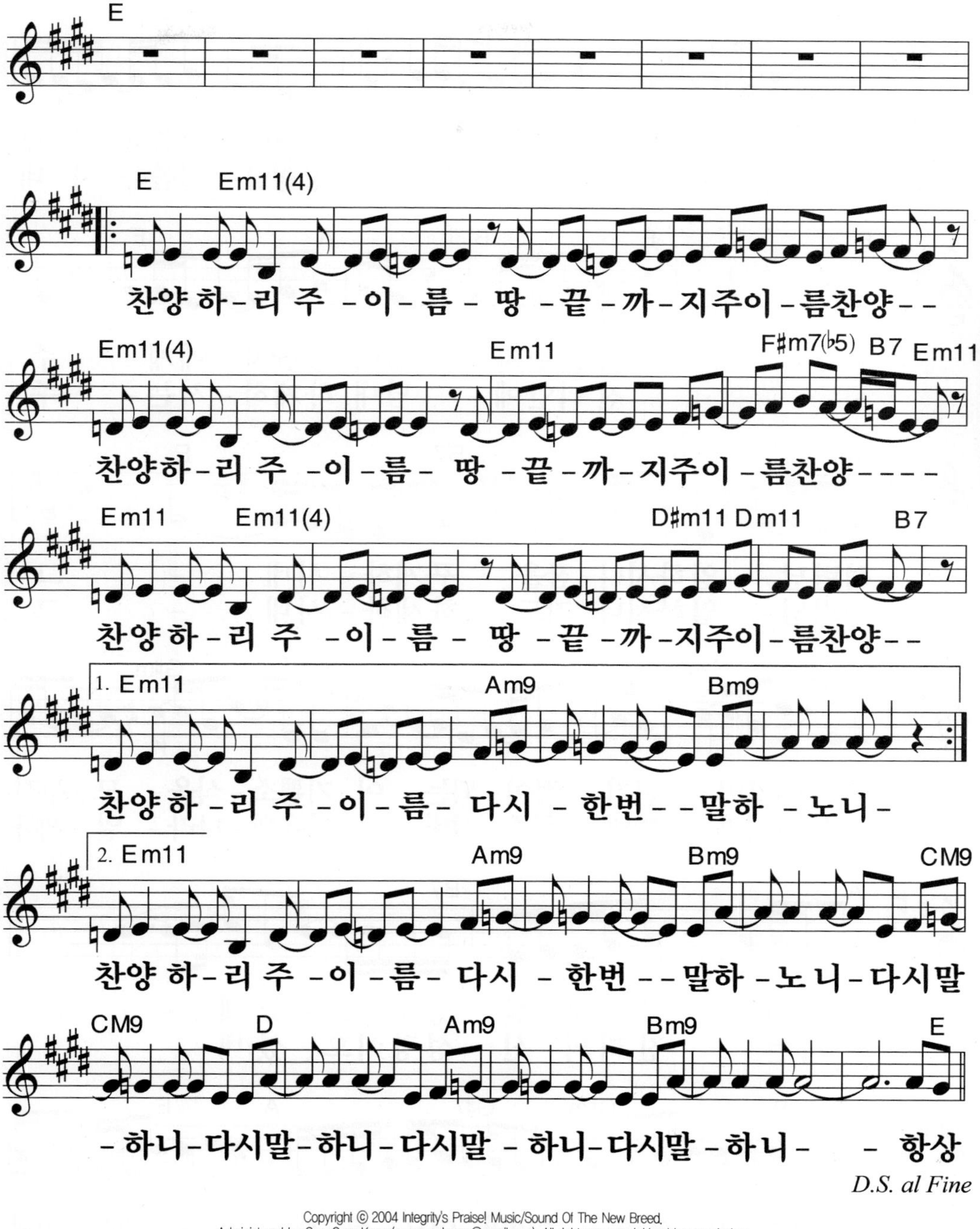
E
E Em11(4)
찬양 하-리 주 -이-름 - 땅 -끝 -까-지주이 -름찬양--
Em11(4) Em11 F♯m7(♭5) B7 Em11
찬양하-리 주 -이-름- 땅 -끝 -까-지주이 -름찬양----
Em11 Em11(4) D♯m11 Dm11 B7
찬양하-리 주 -이-름- 땅 -끝 -까-지주이-름찬양--
1. Em11 Am9 Bm9
찬양하-리 주 -이-름- 다시 - 한번--말하 -노니-
2. Em11 Am9 Bm9 CM9
찬양 하-리 주 -이 -름- 다시 - 한번 --말하 -노 니-다시말
CM9 D Am9 Bm9 E
-하니-다시말-하니-다시말 -하니-다시말 -하니- - 항상
D.S. al Fine

E

225 진리의 성령

윤석주

우리에게 - 밝은 빛을비 - 추는 - 주 성령님 - 말씀하 - 시 - 네
우리에게 - 기도 하게하 - 시는 - 주 성령님 - 말씀하 - 시 - 네

- 억 눌린자 - 맘이 상한자 - 에게 - 주
- 진 리안에 - 담대 하게하 - 시는 - 주

성령님 - 임하시니 꿈을 꾸게하 - 시네 - 그
성령님 - 임하시니 기도 하세하 - 시네 - 그

깊은슬 - 품이 - 큰기 - 쁨이 - 되는 - 이 기쁜소 - 식을 - 모 - 두전
영광의 - 나라 - 빛비 - 춰주 - 시네 - 그 자유의 - 나라 - 알 - 게하

- 하려 - 자 유주 - 실 성령이오 - 셨 네 - - -
- 시는 - 진 리되 - 신 성령이오 - 셨 네 - - -

성령이오 - 셨네 - 주의영 - 이오 - 셨 - 네 - 주보 - 내신 - 성령

채워주소서

226

이억수

227 주를 향한 나의 사랑을

(Just let me say)

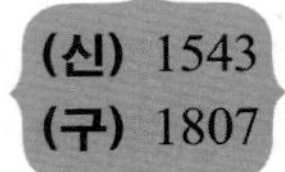

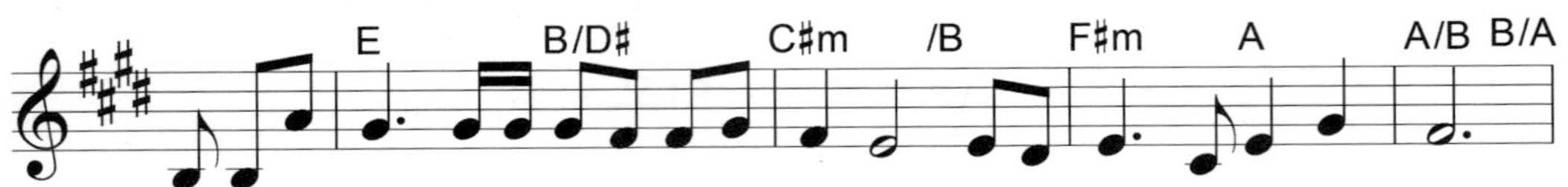

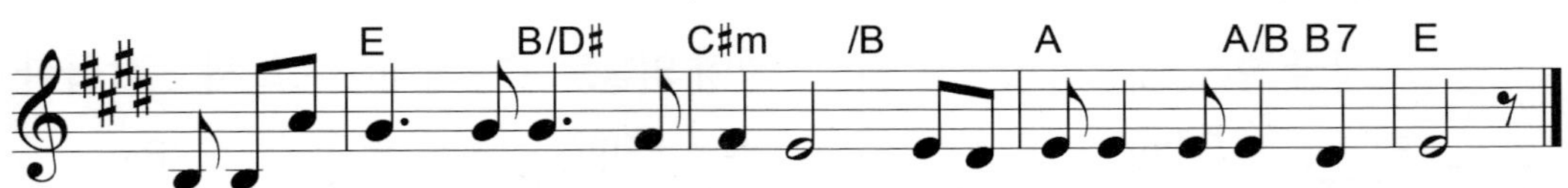

(신) 1626
(구) 2178

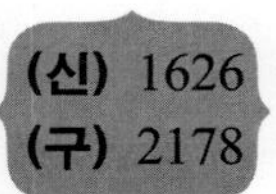

축복합니다 주님의 이름으로 228

이형구 & 곽상엽

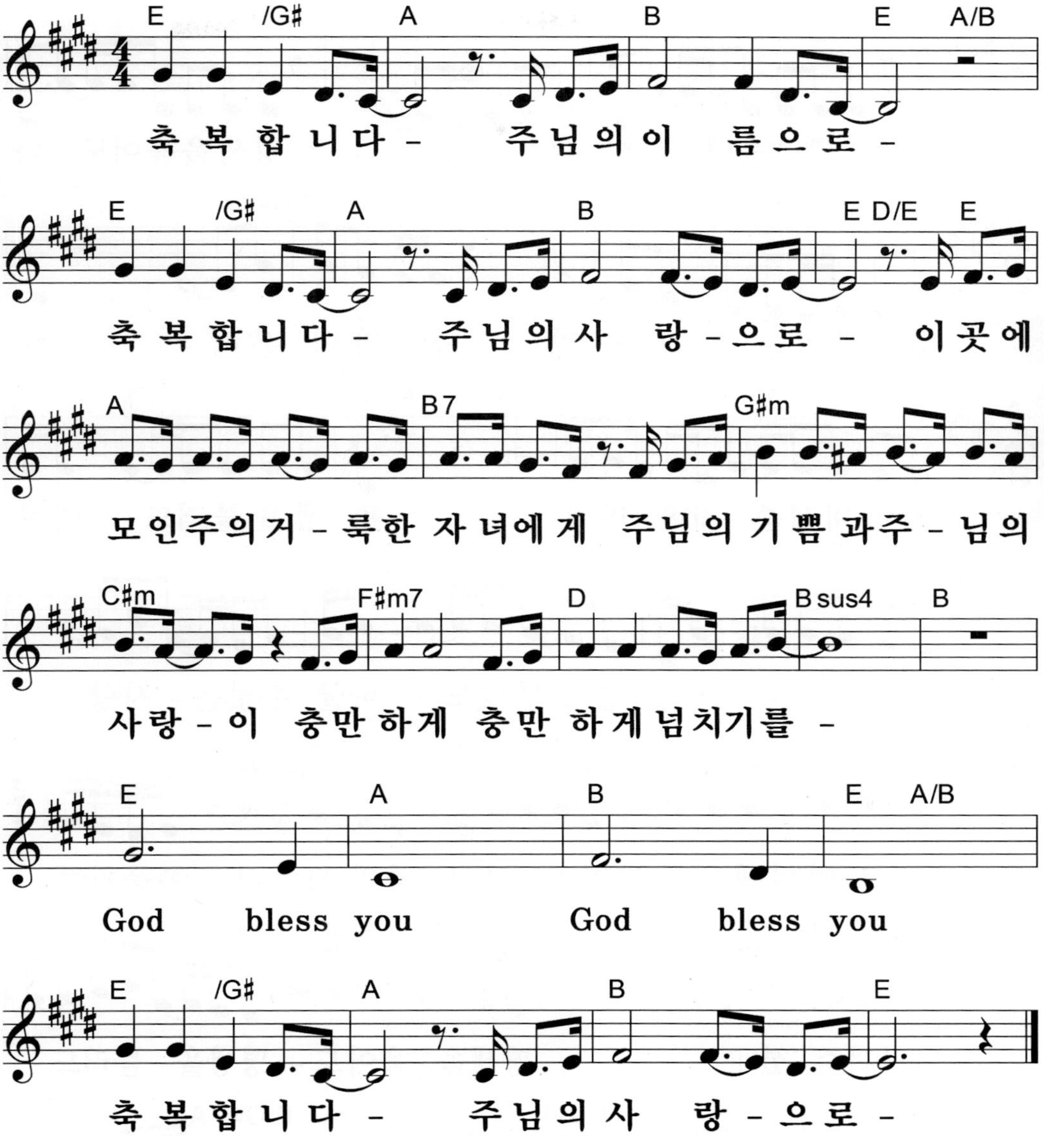

229 평생을 울어도

이권희
평생을울어도- 다 갚을수없는 - 평생을울어도- 다
채울수없는 - 그 사 랑 십자가의 은혜 - 하
늘이 내게준 - 귀한 - 비밀 - 평 생을 불러도- 아름
다운이름 - -세 상그무엇도- 바꿀 수없는 - 사랑-
그 언덕에 - 십 자가사 -랑이 나의 모든삶 - 폭풍처럼
바꿔주-셨네 - 평생을-울어도- 평생을-불러도-
내안에- 터질듯한- 감 격을주는그이름- 그사랑이 - 오늘
날있게- 했고 당신 을살게- 하 - 셨 네

평화 하나님의 평강이 230

김창석

하나님의 사랑이 231

박은총 & 전아림

232 하나님은 너를 지키시는 자

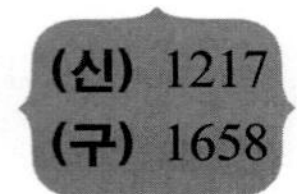

정성실

한 몸

233

장진숙

너는 - 너라서좋고 - 나는 - 나라서좋은 -
이건 - 이래서좋고 - 저건 - 저래서좋은 -
서로다 - 르기에 - 서로가소 - 중한 우리는한몸 우리는
있는모 - 습그대로 - 모두가소 - 중한
한몸으 - 로부르심 - 을받았나니 - 주께감 - 사찬양드리세 평강의
주님 - 우리와 - 함께하시니 - 평강 위에 - 흔들리지 말자 -
자비 - 겸손과온유 - 서로 - 오래참아주 - 며 -
하나님 - 의택하신 - 거룩한 - 자녀 서로 - 사랑 하자

234
함께 해요
김영석
힘 을 내세 요 용기를 -가지세 요
주님 은 약속 했어요 크신 뜻을 주겠노라 고
두려 워 말아 요 무-서 워 떨지말-아 요
주님 은 약속 했어요 내곁 을 떠나지않겠노라 고
이-처럼 주님 은 우-리를 버리지않-아 요
주님 을 -사랑하고 주님 을 -순종하면 - - -
이모든것 이 주님 안에- 항 상 뜻대로 되 요
어딜가든지주님 은 우리 와 함께-해 요

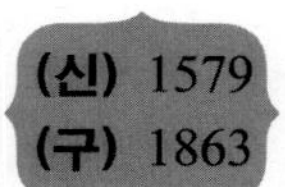

호흡있는 모든 만물

(Let everything that has breath)

Matt Redman

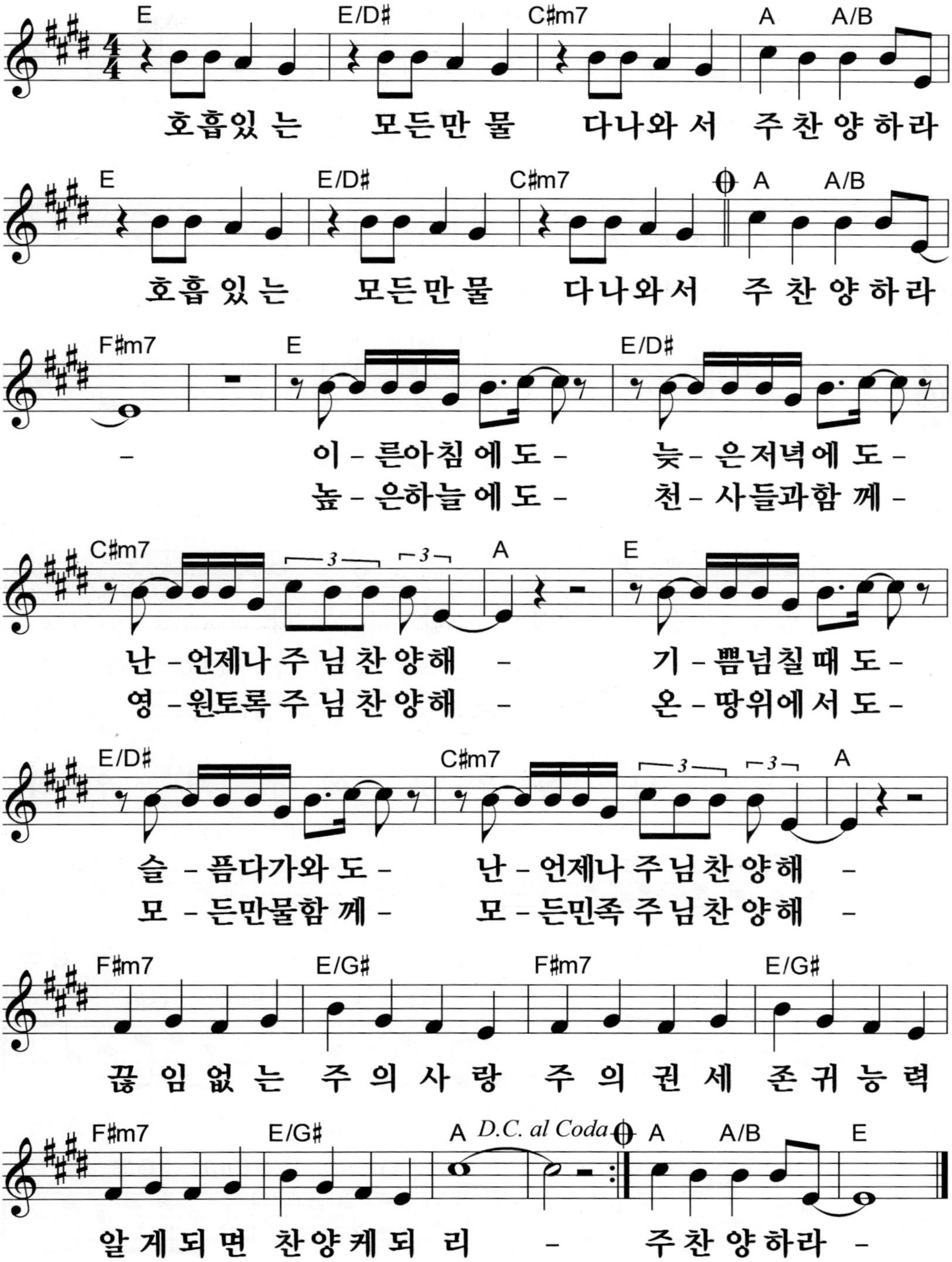

235

236 호산나 높은 곳에서

(Hosanna, Be Lifted Higher)

Israel Houghton

호산나 높은 곳에서

C   Am7   G   1. Em7   G/B
찬 - 양   찬 - 양 주님을 찬 - 양   예수이름높여
2. Em7 G/B   C   D   Am7   D
우 리 왕 께 영 - 광 을 -   호 - 산 - - - 나 -
G   D/G   Em7   C   G   B/D♯   Em7   G/B
호 산 - 나 높 은 곳 에 - 서 우 리
C   D   C/E
왕 께 영 - 광 을 - 우 리 왕 께 영 - 광 을
D/F♯   C   D   C   D   G
- 우 리 왕 께 영 - 광 을 - 호 - 산 - 나

237 가시

장진숙

어느- 날 내삶속에 가시- 가 돌아났네 불쑥
내 삶에 찾아 온가시는- 나 를찌르고- 또 넘어지게해- 완전
하 고 싶은나 를 절망 으로 이끄 는 가시를-
버릴수-도없-고 -또안을수-도없어서-나는수많 은 밤 을 이고통을
알기전- 으-로 되돌려- 주시기를-눈물 로 지 새 웠 지 가시를
빼 주시기를 나를 살려주시기 -를 - 가시- 가 날이끌고-간
고독한- 자리에서 - 주님과- 나만아-는그자리에-서 - 비로-
은혜의-
소 보게되는- 건 내가시 -를통해 -나를붙들고-계신-주님 -
내아픔- 이 아닌 -자기생명을-주신-사랑 -

그가 내게

(My Soul Magnifies The Lord)

239 내 삶을 깨뜨립니다

내 삶을 깨뜨립니다
Ab
Fm7
1. Bb
주님과 - 비할것은없 습니다 - 내손에남은
위하여 - 한방울도남
2. Bb
D.S. al Coda
김 없이 -

240 주의 선하심과 인자하심을

(신) 1509
주의 장막에서
(In His Sanctuary)
241
이새로미
주의장막에 - 서한 - 날이 - 궁정에서천날 - 보다- 좋사
-오니 -
주의성산에 -서한- 날이 - 궁궐에서천날 - 보다- 좋사
-오니 - 나의 -영혼-주님을 기 뻐-해- - 주의 -사랑
- 날완-전케 -하네 - 주의-사랑 - 날새-롭게 -하네 - 끝-이
없는 - 주의-사 랑 만이 - 내영혼 -자유케하-시네 -
혼 - 자유케하-시네 - 주의-사랑
- 날완-전케 -하네 -주의-사랑 - 날새-롭게 -하네 - 오-오
주님 - 나의-삶 을 통해 - 주영 광 나타내 -소서 -
Copyright © 2007 이새로미 Administrated by Soundrepublica, All right reserved. Used by permission

242 하나님 계획은

김석균
Eb Cm Ab Eb Bb7
하 나님계획은 오묘하셔서 우 리가측량할수없으 며
Eb Cm Ab Bb7 Eb Eb7
하 나님의뜻은 분명하셔서 우 리가거역할수없도 다
Ab Bb7 Eb Ab Bb7 Eb
하나님의은혜 는 너무크 셔 서
Ab Eb Ab F Bb7
우 리 를 상 하 게 아 니 하 시 네
Ab Bb7 Eb Ab Bb7 Eb Eb7
하나님의약속 은 변함없 어 서
Ab Eb Ab Bb7 Eb
우 리 를 -실망시 키 지 - 않 으 시 네

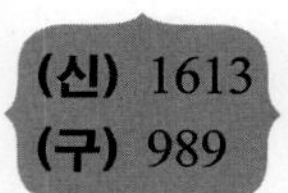

갈보리 십자가의 주님을

김석완

244 거룩하신 하나님

(Give thanks)

Henry Smith

(신) 2134
(구) 1936
그의 생각
245
조준모
하나- 님은- 너를 만드신--분- 너를 가장많--이-
하나- 님은- 너를 원하시-는분- 이- 세상그-무엇-
알고 계시며- 하나- 님은- 너를 만드신--분-
그누 구보다- 하나- 님은- 너를 원하시 -는분-
너를 가장깊--이- 이해하 신단다- 하나- 님은-
너와 같이있--고- 싫어하 신단다- 하나- 님은-
너를 지키시-는분- 너를 절대포--기- 하지 않으며-
너를 인도하-는분- 광- 야-에-서도- 폭풍 중에도-
하나- 님은-너를 지키시-는분- 너를 쉬-지-않고- 지켜보 신단다
하나- 님은-너를 인도하-는분- 푸른 초-장-으로- 인도하 신단다-
그의 생각 - 셀수 없고- 그의 자비 - 무궁하 며
그의 성실 - 날마다 새 롭고- 그의 사 랑 끝 이 없단 다

246 광야를 지나며

장진숙

광야를 지나며

그곳 - 광 - 야 성령이 내 영을 - 다시 태어나게 하 - 는 곳
- 광 - 야 광야에 서 있네 - 내
자아가 - 산산히 깨 - 지고 - 높아지려 - 했던 - 내 꿈도 - 주
님 앞에 - 내 어놓고 오직 주님 - 뜻만 - 이루어지 - 기를
- 나를 통해 - 주 님 만드러 나 시 기
를 광야를 지나며

247 기뻐해

현지혜 & 방민우

끝 없는 사랑
(Unendind Love)

Scott Brenner

F

249 나는 노래하네

김지은
나는노래-하--네 - 자유케하--신 주 -의사-랑- 모든
나는노래-하--네 - 날구원하--신 주 -의은-혜- 모든
것을 내-어주시 ---고- 우리를구-하셨-네 -
것을 주-께맡기 ---고- 내삶주께-드리-리 -
- 누가 우리-를- 주의 사랑에서- 끊을수있 - 으리
- 나이제 -주-만- 주만 위해살-겠네 그 어떤
-것--도- 막지 못하--네 주님의 -사-랑- 작은
나를감-싸네 오주의 영광안에 살겠-네 -

나는 예배자입니다

송세라 & 전종혁

251

나의 모습 나의 소유

(I offer my life)

(신) 2081
(구) 1517

Claire Cloninger & Don Moen

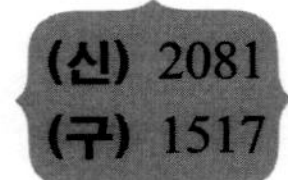

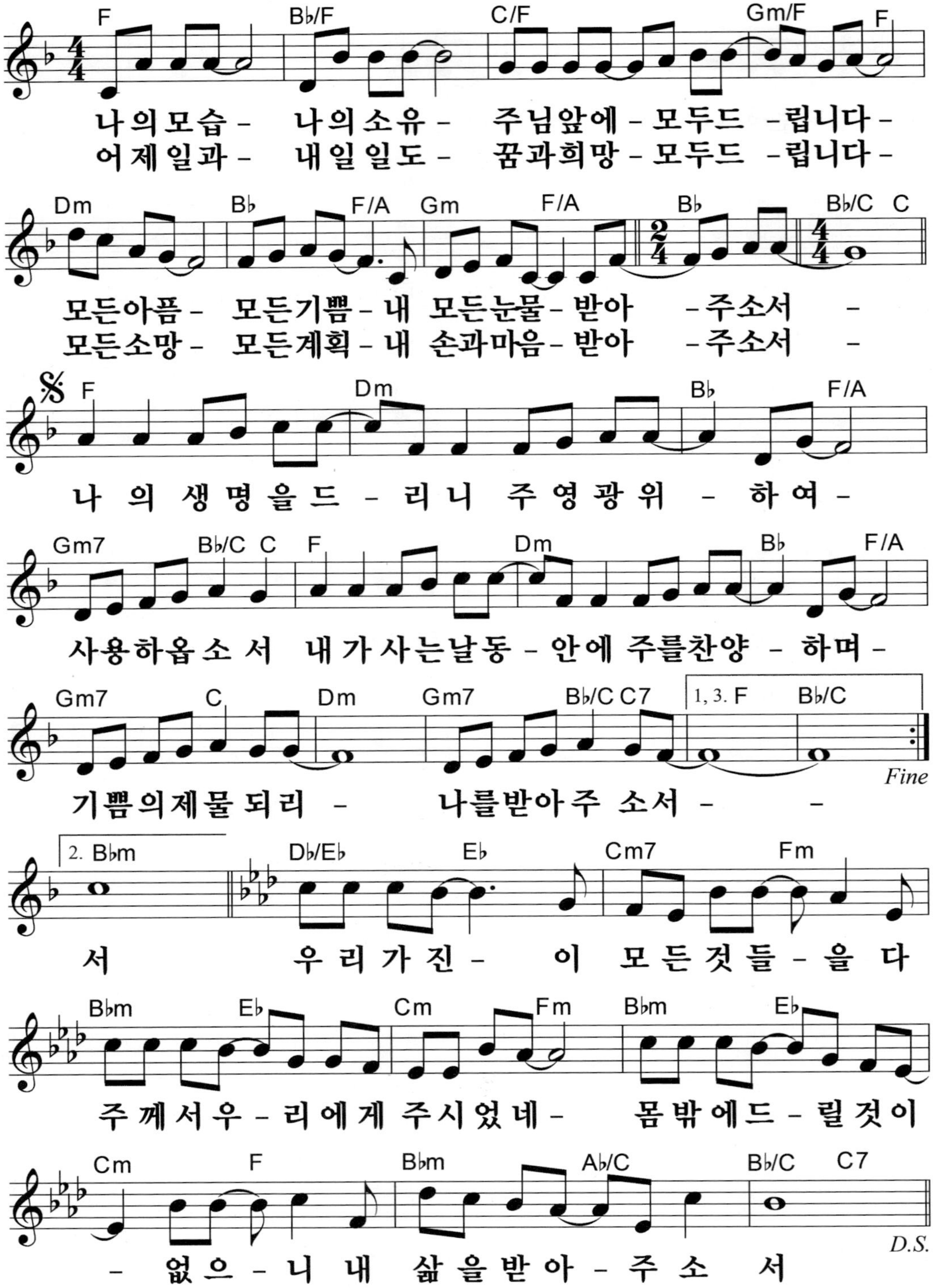

낮은 곳으로

252

김강현

253 날 기억하소서

Ana e Edson Feitosa

간절히 - - 불러봐도 - 침묵만이 - 다시내게되돌
아오네 검은구름 - - 빛을가리 -듯 - 밤과같이
- 어두움뿐이 지만 - - - 당신 손에내-이름-새겼--으니
- 결코 나를잊 -지못 -하시 --리라 - 내눈이
당신을 -볼수- 없다 --해도 - 그는 나의외-침듣-고계-시리
- 주 하나 님 날 기 억하 -소 -서 - 내
어떤죄악 -으로도 -끊을수없 -는 -주의사랑의언 -약 주 하나님 주
의 빛비 -추 -사 -다시한 -번 - 온세상 -이 -주사랑알게하 -소 -서

날 기억하소서

주의영광 – 이땅 –에보 – 이신 –주 – 님 –
능력으로 –기적 –베푸 –신것 – 처 –럼 –주의사랑 나로알게하 –소 –서
주 하나 님 날 기억하 –소 –서 – 내
어떤죄악 –으로도 –끊을수없 –는 –주의사랑의언 –약 주 하나님 주
의빛비 –추 –사 –다시한 –번 –온세상 –이 –주사랑알게하 –소 –서 –

254
내려놓음
이권희
나를버-리고- 그의 길을가-는-것- 세상 그무엇-보다- 어려
운내려-놓음- 내안에-예수- 그분 만생각- 할때- 하
늘 의그- 손이- 일하시네 - 그 분의-마음-
그분의-시-선- 그분 의원하-심을- 내 맘에두-는것-
십자가-그길- 그곳 에나설-때에- 주 님나를-통해- 일하시-
네 그사 랑 그사랑- 나 를살리- 신그사랑-
하늘의- 모든영광- 다 내려놓- 으신- 내삶 도 그렇게- 내
려놓습-니-다- 주님기- 뻐하시는-그 길가렵-니다 -
Fine

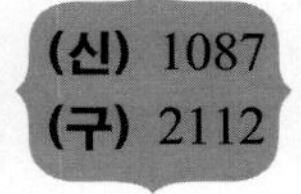

예배합니다
(I Will Worship You)

255

Rose Lee

F

256 내 안의 한계를 넘어
(Beyond my limits)

소진영

(신) 1882
(구) 1624

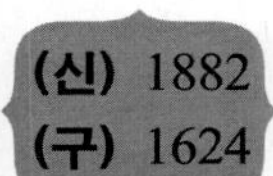

마음이 상한 자를

(He binds the broken-hearted)

Stacy Swalley

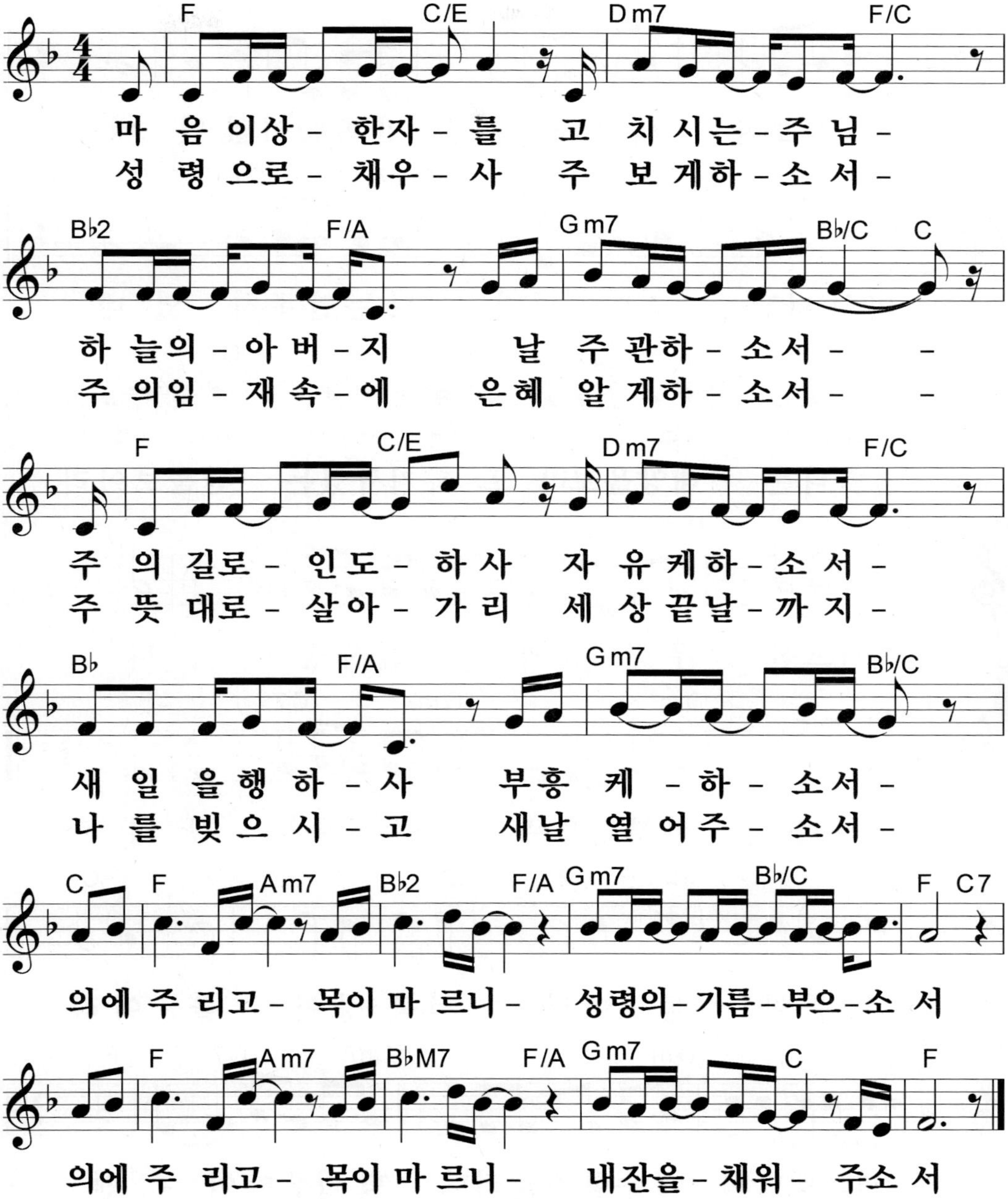

F

만족함이 없었네

(신) 1037
(구) 926

최영택

F　Dm　F　C7
사 람을보며　세상을볼땐　만족함이없었 네

F　Dm　Gm7　C7　F
나 의하나님　그분을뵐땐　나는만족하 였 네

1. F　Bb　C7
저기빛나는　태양을보라 또 저기서있는　산을보아라

F　Dm　Gm7　C7　F
천지지으신　우리여호와　나를사랑하 시 니

F　Dm　Gm7　C7　F
나 의하나님　한분만으로　나는만족하 겠 네

2. F　Bb　F　Bb　F　C
동남 풍아　불 어라　서북 풍아　불 어라

F　Dm　Gm7　C7　F
가시밭의백합화　예 수향기날 리니　할 렐루야아 － 멘

F　Dm　Gm7　C7　F
가시밭의 백합화　예 수향기날 리니　할 렐루야아 － 멘

밀알

(신) 1686
(구) 2147
259
천관웅

F C B♭ Dm Am B♭
세상을구 원하기위 - 해 흘려야 - 할피가필 - 요하 - - 다 - 면 -
길잃어 지 친양을찾 - 아 마음상 - 해이리저 - 리헤 - 매이 - 는 -

F C B♭ Dm Am B♭ Dm C
죄인을 대 신하기위 - 해 희생의 - 제물 - 필요하시다 면
한영혼 찾 아아파하 - 는 예수님 - 마음 - 내게주옵소 서

F B♭ Dm C F Am B♭
내 생명 - 제단위 - 에드리리 주 영 - 광 위해 사용하 - 소
십 자가 - 온 세상위 - 한그희생 눈 물 - 로 그길 가게하 - 소

C F Am7 B♭
서 생 명이 또다른 - 생명 - 낳고 주님볼 - 수있 - 다 면

Dm Am B♭ B♭/C C F
나의삶 - 과죽음도 아 낌없 - 이드 리 리 죽어야 - 다시 - 사 는

B♭ Dm Am B♭
주의말 - 씀믿 - 으 며 한알의밀 - 알되 - 어 썩어지 - 리니 -

Gm Dm B♭ C F
예 수 님 - 처 럼 살 아 가 - 게 하 소 서

260 반석의 길

조영준
반석위를 걸 으리라 주는나의영원 한 반석
주님이 - 있 기에 - 거친파 - 도 반 석되 리
라 반석위를 걸 으리라 주는나의영원 한 반석
반석이 - 될 길을 - 미리보 - 며 가 리라
나는무지개를 구 하리 나는주의약속 믿 으리 내삶
의 - 이해못 할 - 상황 이 나와주를멀어 지게 - 할때
가장깊은어둠 속 에서도 주의눈에내가 보 이리
나는가리라 - 깊은 바다로 - 물러 섬없이 - 반석이될저

반석의 길

Gb/Bb
바 다 향해 -
Gbm/A
넘 어 서 리 라 -
Db/Ab
거 친 파 도 를 -
Eb/G
Eb
C/D
D
C/D D
두려움없이 - 주가 계신곳으로 - - 반 석 위 를
C
B
Gm
D
Bm7
걸 으 리 라   주 는 나 의 영 원 한 반 석
E7(b9)
E
Am
C/D
D
G
주 님 이 - 있 기 에 -   거 친 파 - 도 반 석 되 리
F/G G7
C
B
Gm
D
Bm7
라 반 석 위 를 걸 으 리 라   주 는 나 의 영 원 한 반 석
E7(b9)
E
Am
C/D
D
G9
G
반 석 이 - 될 길 을 -   미 리 보 - 며 가 리 라

261
복음밖에 없습니다
손경민

Dm Am/C Bb F/A Gm7 C F
이 세 상에 참된 위로없으니 복 음만이 - 위로 입니 다

Dm Am/C Bb F/A Gm7 C Dm
이 세 상에 참된 위로없으니 예 수만이 - 위로 입니 다

Dm Am/C Bb F/A Gm7 C F
이 세 상을 우리 떠나갈때에 복 음만이 - 소망 입니 다

Dm Am/C Bb F/A Gm7 G/B C
이 세 상을 우리 떠나갈때에 예 수만이 - 소망 입니 다

F C/E A7 Dm7 Am/C
복음안 에 소망 있 네 복음안 에 생명 있 네

Bb C/Bb Am D7 Gm7 C F
우는자 의 소망 위 로는 오직 복음밖 - 에없 습니 다

Bb C/Bb Am D7 Gm7 C F

F A7 Dm7 Gm7 A7 Dm7 Bb F/A Gm7 Bb/C F
예 수 - 님 은 누 구 신 - 가 약 한 - 자의 강 - 함 - 과

눈 먼-자 의 빛 이 시-며 병 든-자 의 고 침 과
죽 은-자 의 부 활 되-고 우 리-생 명 되-시-
네 복음안 에 소망 있 네 복음안
에 생명있 네 우는자 의 소망 위 로는 오직
복음밖-에없 습 니 다 복음안 에 소망 있 네 복음안
에 생명있 네 우는자 의 소망 위 로는 오직
복음밖-에없 습 니 다 우는자 의 소망 위 로는
오직 복음밖-에없 습 니 다 내게 복음밖-에없
습 니 다

262
부르신 곳에서
(신) 1597
(구) 2256
김준영 & 송은정

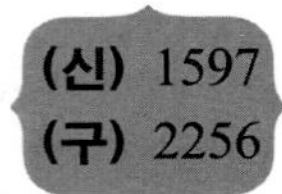

F   Fsus4   FM7   Eb/F
따스한 성령 -님- 마음으-로보네 - 내몸
사랑과 진리 -의- 한줄기-빛보네 - 내몸

BbM7   Am7   Dm7 Gm7   Bb/C   F   F7
을감싸며- 주어지는평-안함- 만족함-을느끼 네 부르신곳에서
을감싸며- 주어지는평-안함- 그사랑-을느끼

BbM7   Am7   Dm7   Gm7   Bb/C   F   Eb/F
- 나는예배하네 - 어떤상황에도 - 나는예배하네 - 부르신곳에서

BbM7   Am7   Dm7   Gm7   Bb/C   F
- 나는예배하네 - 어떤상황에도 -나는 예배 하네 -
Fine

BbM7   C/Bb   Am7   Dm7
내가 걸어갈- 때길- 이되-고 살아갈- 때삶- 이되-는그

Gm7   Bb/C   F   F7   BbM7   C/Bb
곳에서- 예배-하네 - 내가 걸어갈- 때길 -이되-고

Am7   Dm7   Eb   Csus4 C   F/A
살아갈-때삶-이되-는그 곳에서- 예배-하네 - 부르신곳에서
D.S.

사명선

조영준

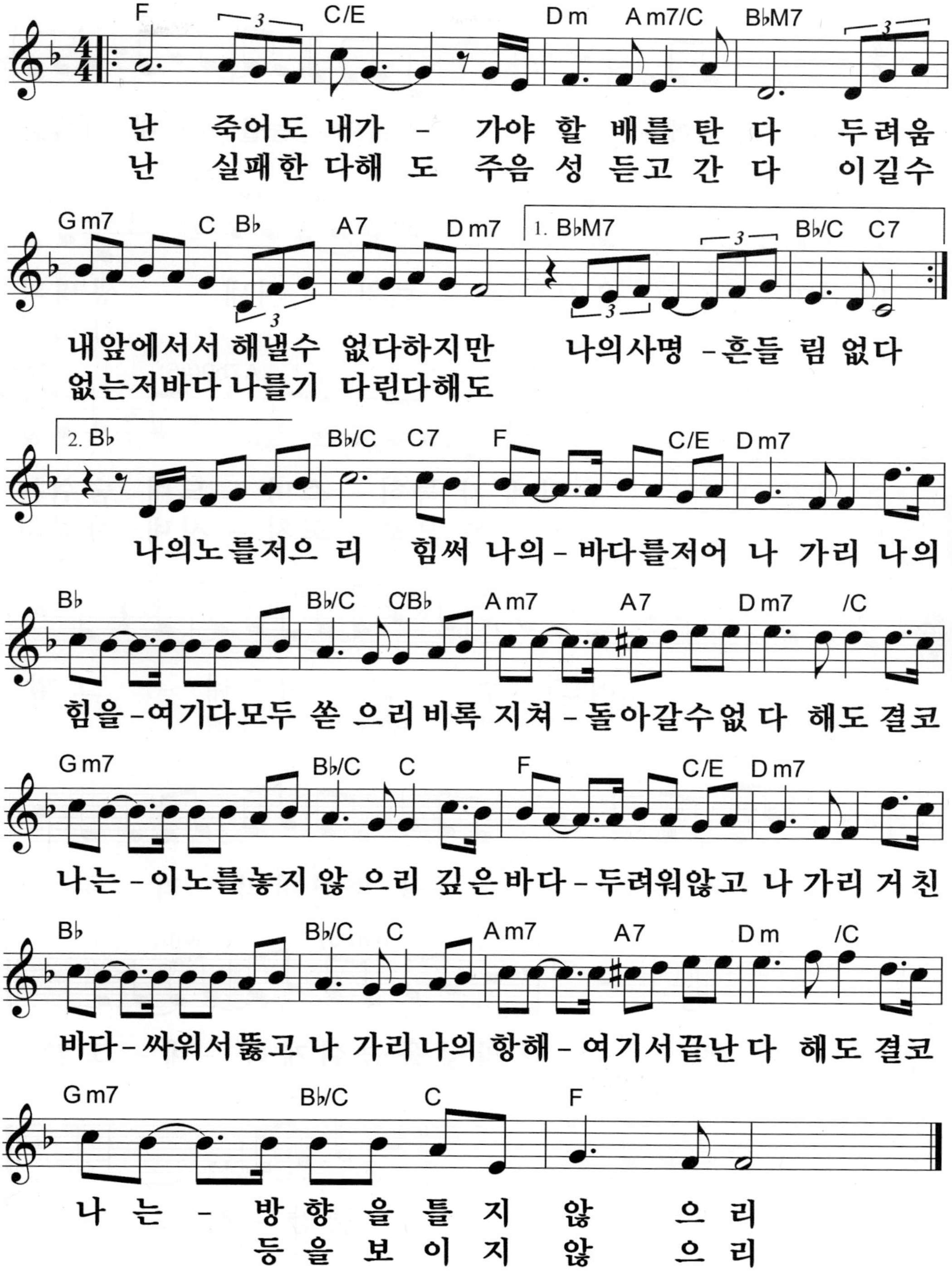
F C/E Dm Am7/C B♭M7
난 죽어도 내가 – 가야 할 배를 탄 다 두려움
난 실패한 다해 도 주음 성 듣고 간 다 이길수
Gm7 C B♭ A7 Dm7 1. B♭M7 B♭/C C7
내앞에서서 해낼수 없다하지만 나의사명 –흔들 림 없다
없는저바다 나를기 다린다해도
2. B♭ B♭/C C7 F C/E Dm7
나의노를저으 리 힘써 나의–바다를저어 나 가리 나의
B♭ B♭/C C/B♭ Am7 A7 Dm7 /C
힘을–여기다모두 쏟 으리 비록 지쳐 –돌아갈수없 다 해도 결코
Gm7 B♭/C C F C/E Dm7
나는–이노를놓지 않 으리 깊은바다–두려워않고 나 가리 거친
B♭ B♭/C C Am7 A7 Dm /C
바다–싸워서뚫고 나 가리 나의 항해–여기서끝난 다 해도 결코
Gm7 B♭/C C F
나 는 – 방 향 을 틀 지 않 으 리
등 을 보 이 지 않 으 리

F

264 생명의 주님

최려옥 & 이동희
F Fsus4 F A7b9(#5)
주님의 음성에 - 세상의 만물이 - 눈을 - 뜨네 새숨을
Dm7 Cm7 B7(b5) BbM7 Bb/C
내 쉬며 - 온전히새 - 로워 - - 지네 - 생명의
기적의
F Fsus4 F A7b9(#5)
온기가 - 온맘에 가 득히 - 스며 - 드네 숨쉬는
멜로디 - 흠없는 맘 으로 - 고치 - 시네 사랑의
Dm7 (C#m7) Cm7 B7(b5) BbM7 Bb/C
모 든것 - 빛되신주 - 께나 - 아가네 - 그 앞
치 료자 - 주앞에찬 - 양드 - - 리네 -
Bb9/D C/E F Dm7
에 - 나아와 - 어둠을 벗어버리 - 리 - 주님
Bb9 C Em7(b5) A7b9(#5) 1. Dm7
의 - 사 - 랑 - 나의삶을숨쉬게하 - 네 - 그 앞
2. Dm7 Gm9 C F
- 네 - 생명의 - 주 - 찬양 - 해 -

성령의 불길

김용기

참 참 참 피-흘리신 예 수 의 사 랑 안 에 서
참 참 참 들-려오는 구 원 의 큰 종 소 리 에
주 님 의 십 자 가 따 라 생 명 을 바 치 겠 느 냐
복 음 을 전 파 하 려 면 희 생 을 각 오 하 느 냐
복 음 의 불 길 오 른 다 다 같 이 일 어 나 거 라
구 원 은 성 도 들 의 것 진 리 로 거 두 리 로 다
영 광 의 주 님 의 나 라 다 같 이 참 여 하 여 라
우 리 는 천 국 에 가 서 영 생 의 꽃 이 되 리 라
성령의 성령의 불길 성령불이야 성령의 성령의 불길 성령불이야
온 천하 세계만방에 퍼치자 성령의 불 길 퍼치자 성령의 불 길

266 소원

(구) 1777
한웅재

F   C2/E   Dm   F/C   Bb2   F/A
삶의작 - 은일 - 에도 - 그맘을알 - 기원 - 하네 - 그길 - 그

Gm   Bb/C   F   C2/E   Dm   F/C
좁은길 - 로가 - 기원 - 해 나의작 - 음을 - 알고 - 그분의크 - 심을 - 알며

Bb2   F/A   Gm   Bb/C   F   BbM7   F/A C
- 소망 - 그 깊은길 - 로가 - 기원 - 하네 -

Gm7   BbM7/C   C7   Dm   Am7
저 높이솟 - 은산 - 이되 - 기보 - 다   여기

Dm   Am7   Dm
오름직 - 한동 - 산이 - 되길 - 내 가는길 - 만비 - 추기 - 보다

Am7   Bb2   G   Bb/C   C7
- 는   누군 가 의길 - 을비 - 춰준 - 다면 -

F   C2/E   Dm   F/C   Bb2   F/A
내 가노 - 래하 - 듯이 - 또내가애 - 기하 - 듯이 - 살길 - 난

아버지 사랑합니다

(Father, I Love You)

Scott Brenner

267

268
Sing, 주께 노래해
(Sing)
Israel Houghton & Aaron Lindsey
FM7   Eb/F   BbM9   Eb9
모든- 민족열- 방백성- 주께나-와-- 경배드-리-네
FM7   Eb/F   BbM9   Eb9
이제- 주를높- 이 리라- 나 가진-것-- 모 두버-리고
BbM9   A7(b9)   Dm9   F/Eb EbM7
존 귀 한 주 님 을 영 원 히 높 이-세-
F   EbM9/F   BbM9
Sing 주께노-래해 - 마음을-열고 - 기쁜소-리로
Eb9   F   EbM9/F
- 주의성소에-서 Sing 주께노-래해 - 넘치는- 사랑
BbM9   Eb9   F2 Bb2/D Eb2 F2/A
- 울려퍼-지게 - 주의성소에-서 Sing
F2/A Gm7 Bb/C F2 Bb2/D Eb2 F2/A Bb2 1. C7sus F 2. F2/A Gm7 Bb/C F
Fine
F2   Bb/D Eb2   F/A Bb2   F2/A Gm7   Bb/C F2
우리입을열어찬 양드 - 리세 마음열 어 찬 양드 - 리세

Sing, 주께 노래해

거룩한 손 높이 - 들 리 주의 성 소에 - 서
우리입을열어찬 양드 - 리세 마음열 어 찬 양드 - 리세
거룩한 손 높이 - 들 리 - Sing Sing SIng
D.S. al Fine

PRAISE THE LORD

269 소원

전은주
주님 내가주 - 의장 - 막을 - 사모합 - 니다 - 오직주 - 의임 - 재를 -
갈망합 - 니다 - 주의 집에서 - 의하 - 루가 - 다른곳의천 - 날보 - 다 좋으니
- - 주사랑안 에머 - 물며 - 사랑노 래합 - 니다 - 나의
평 - 생에 - 단 한가지 - 소원 - - - 주의 아름다우심보며 - 사랑
노래 하는것 - - 나의 왕 - 되신 - 주 님의 - 얼굴 - - 구하며
- - 주사랑안 에머 - 물러 - 사랑노 래합 - 니다 -

여호와는 나의 목자니 270

271
여호와의 유월절
조영준

F C/E Dm Am
지극히높은 주 님의   나지성소로 들 어갑 - 니 다

Bb F/A Gm7 C
- 세상의신을 벗 고서   주보좌앞에 엎 드 리 리

F C/E Dm Am
내주를향한 사 랑과   그신뢰가사 그 러져 - 갈 때

Bb F/A Gm7 Bb/C F Fsus4
- 하늘로부터 이 곳에 장 막 이덮 이 네 -

F Gm7 C7 F
이곳을덮으 소서   이곳을비추 소 서

Dm Gm7 C F F7
내안에무너 졌던모든소 - 망 다회복되리 - 니

F Gm C7 F
이곳을지나 소서   이곳을만지 소 서

Dm Gm7 C F
내안에죽어 가는모든예 - 배 다살아나리 - 라

예수 나의 중심 되신 주

(Jesus At the Center)

Israel Houghton, Adam Ranney & Micah Massey

273 예수 예수 예수

배지완
주님을 - 사랑하 - 는그기쁨을 - 그즐거움 - 을빼앗기
- 지않 - 게 - 하소 - 서 주님을 - 사랑하 - 는그기쁨을
- 그즐거움 - 을빼앗기 - 지않 - 게 - 하소 서 - - 예수
- 예수 - 예수 - 예수 - 주님을 - 사랑합 - 니 - 다 - 예수
- 예수 - 예수 - 예수 - 주님을 - 사랑합 - 니다 -
Fine
호 - - - 산 - 나 - 호 - - - 산 - 나 - 어 서 - 오소서 -
호 - - - 산 - 나 - 호 - - - 산 - 나 - 어 서 - 오소 서
1. C sus4
2. C sus4 D.S. al Coda
- 우 리왕 - 서 예수 - 오직

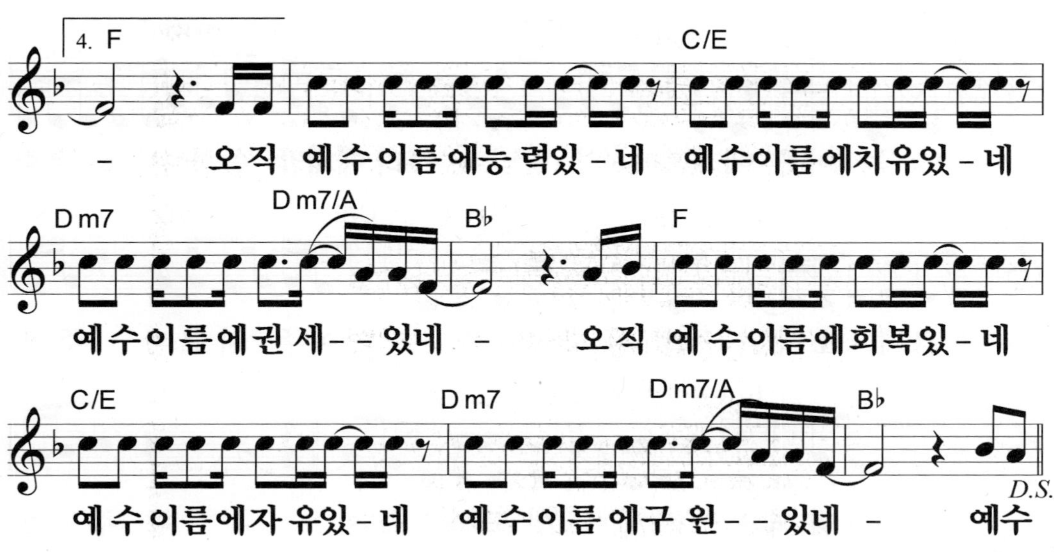
4. F
C/E
오직 예수이름에능력있 - 네   예수이름에치유있 - 네
D m7   D m7/A   B♭   F
예수이름에권세 - - 있네 -   오직 예수이름에회복있 - 네
C/E   D m7   D m7/A   B♭
D.S.
예수이름에자유있 - 네   예수이름에구원 - - 있네 -   예수

입례

274

박은총

F   C/E   B♭/D   F/C   B♭2   F/A
우 리 모두 - 예배 하는자 - 되어 - 온전히 영과진 - 리로 - 주를
G m7   C sus4 C   F   C/E   B♭/D   F/C
예배 하자 - 주가 - 우리 - 와함 - 께 해 영원히함께하 - 시고
B♭M7   F/A   G m7   C sus4 C   F
- 마르지않는샘 - 물로 - 우릴채우시 - 리라 -

275 오늘 이 곳에 계신 성령님

오직 믿음으로

276

고형원

F

277

온 맘 다해

(With all my heart)

(신) 1587
(구) 1951

Babbie Mason

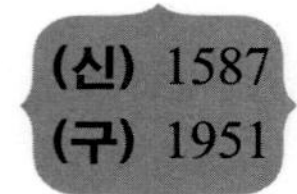

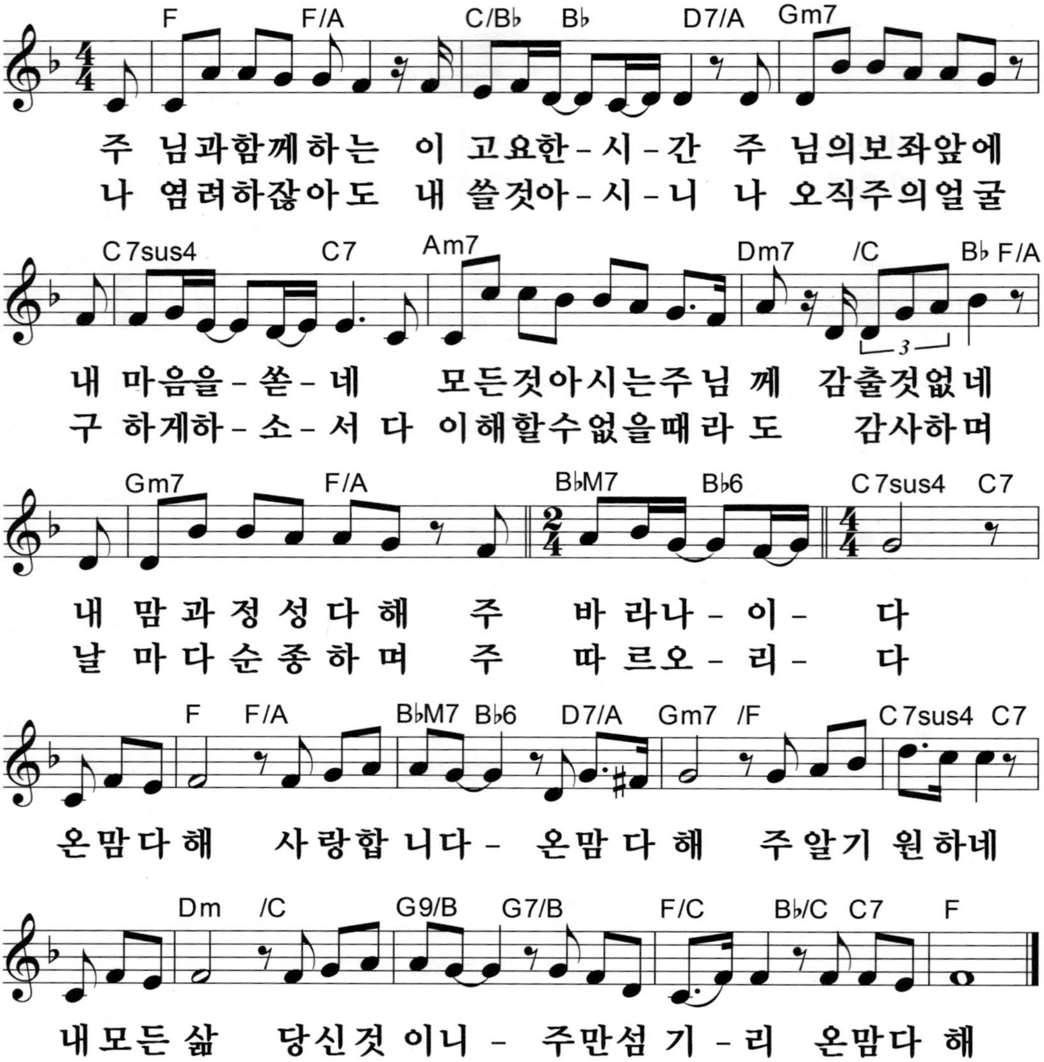

(구) 2204

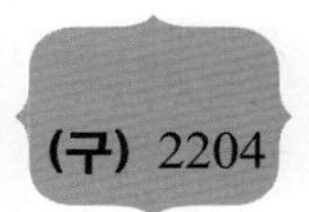

왕 되신 주 앞에 나 나아갑니다 278

(Offering)

Paul Baloche

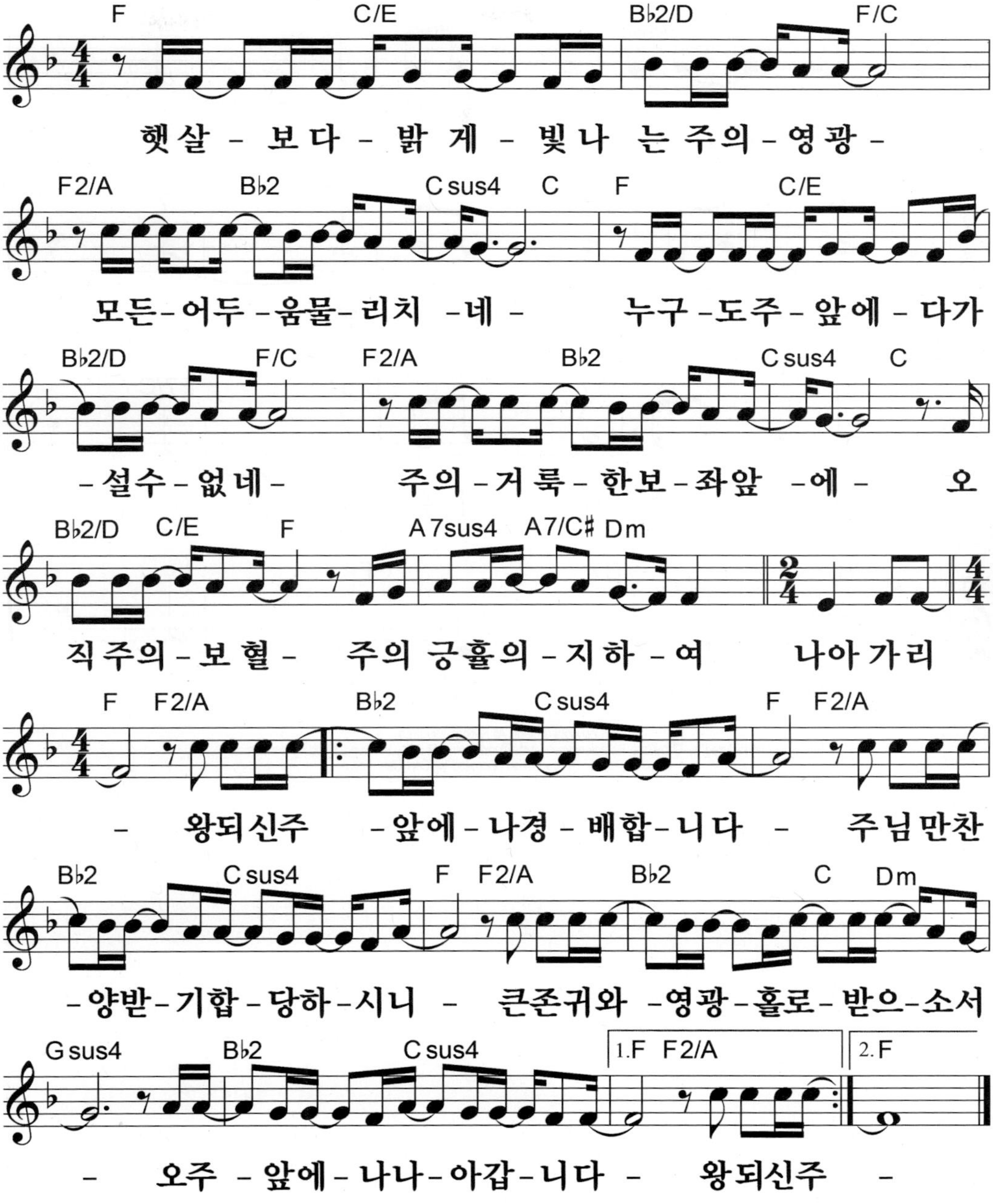

279 왕이신 나의 하나님

(Psalms 145)

(신) 1776
(구) 706

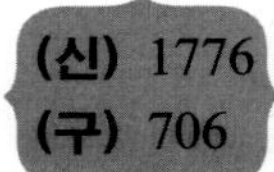

Stephen Hah

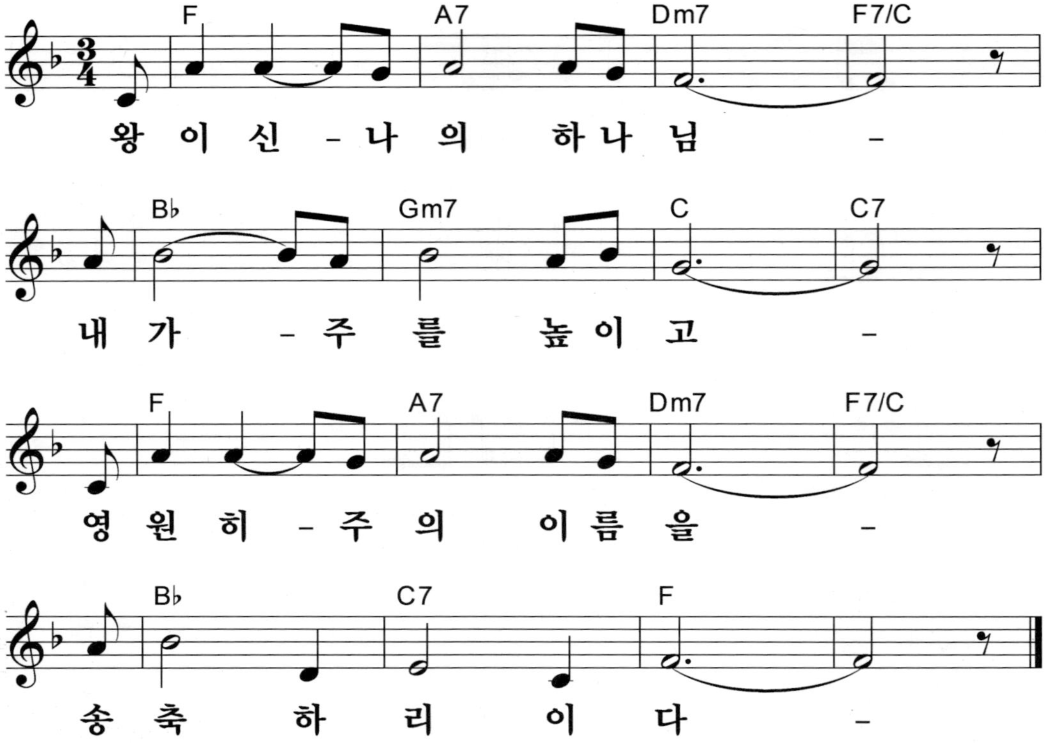

(신) 1610
(구) 704

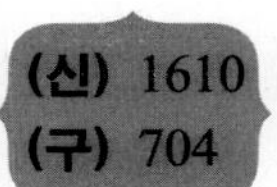

왕이신 하나님 높임을 받으소서 280

(He is exalted)

Twila Paris

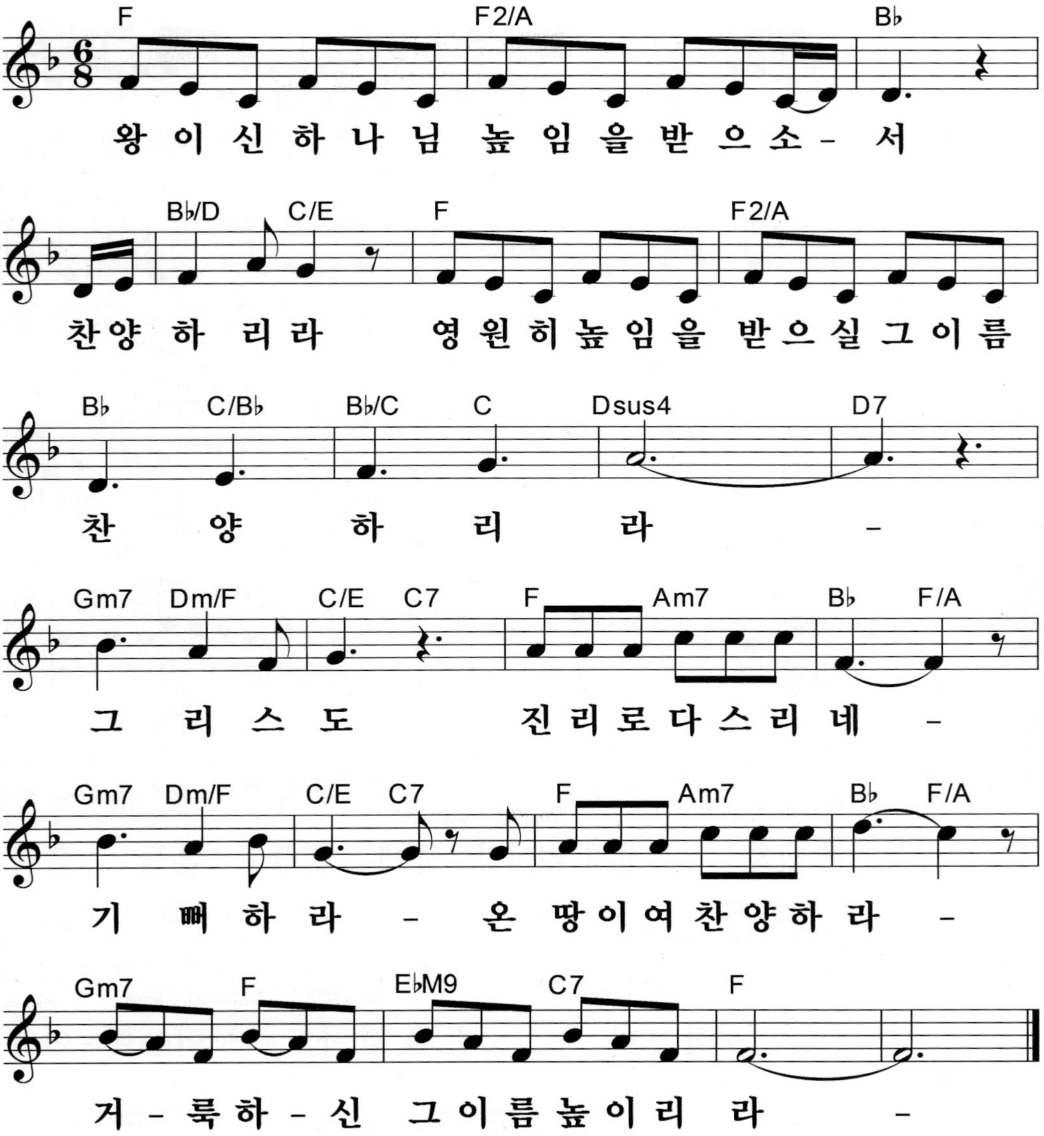

281 요게벳의 노래

염평안, 최에스더 & 염평안
작은갈대상자- 물이새지않-도록- 역청과 - 나무진-을 칠하
네 어떤 맘이었-을까- 그 녀의두-눈엔- 눈물
이 흐르고 흘러 - 동그란눈-으로- 엄 말보고-있는- 아이와
- 입을맞추고 - 상자를-덮고- 강 가에띄-우며- 간절
히 기도했겠지 - 정처 없이강-물에- 흔들- 흔들- 흘러
내려가- 는그 - 상잘보며 - 눈을 감아도- 보이는아 -이와
- 눈을맞-추며 주 저앉아 눈물을흘렸-겠지 - 너의삶 -의참
-주인- 너의참-부모 -이신 하나님그-손에- 너의삶을맡-긴다

요게벳의 노래

C m7   F7   G/B   C 9/B♭   A m7   D m7
너의삶 - 의참 - 주인 - 너를이 - 끄시 - 는주 하나님그 - 손에
G m7   C 7sus4   F   B♭M7   F/A
너의삶을드 - 린다 - Fine 그가 - 널구 - 원하 - 시 - 리 -
B♭M7   F/A   B♭M7
그가 - 널이 - 끄시 - 리 - 라 - 그가 - 널사 - 용하 - 시 -
F/A D m7 C/E D/F♯ G m7   C 7sus4   C7   D.S. al Fine
리 그가너 - 를 - 인도하시리 - 너의삶 - 의참
F

282 요한의 아들 시몬아

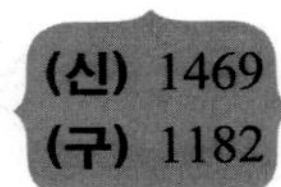

권희석

(신) 1872
(구) 698

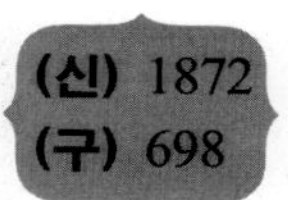

우리는 주의 백성이오니 283

(We are Your people)

David Fellingham

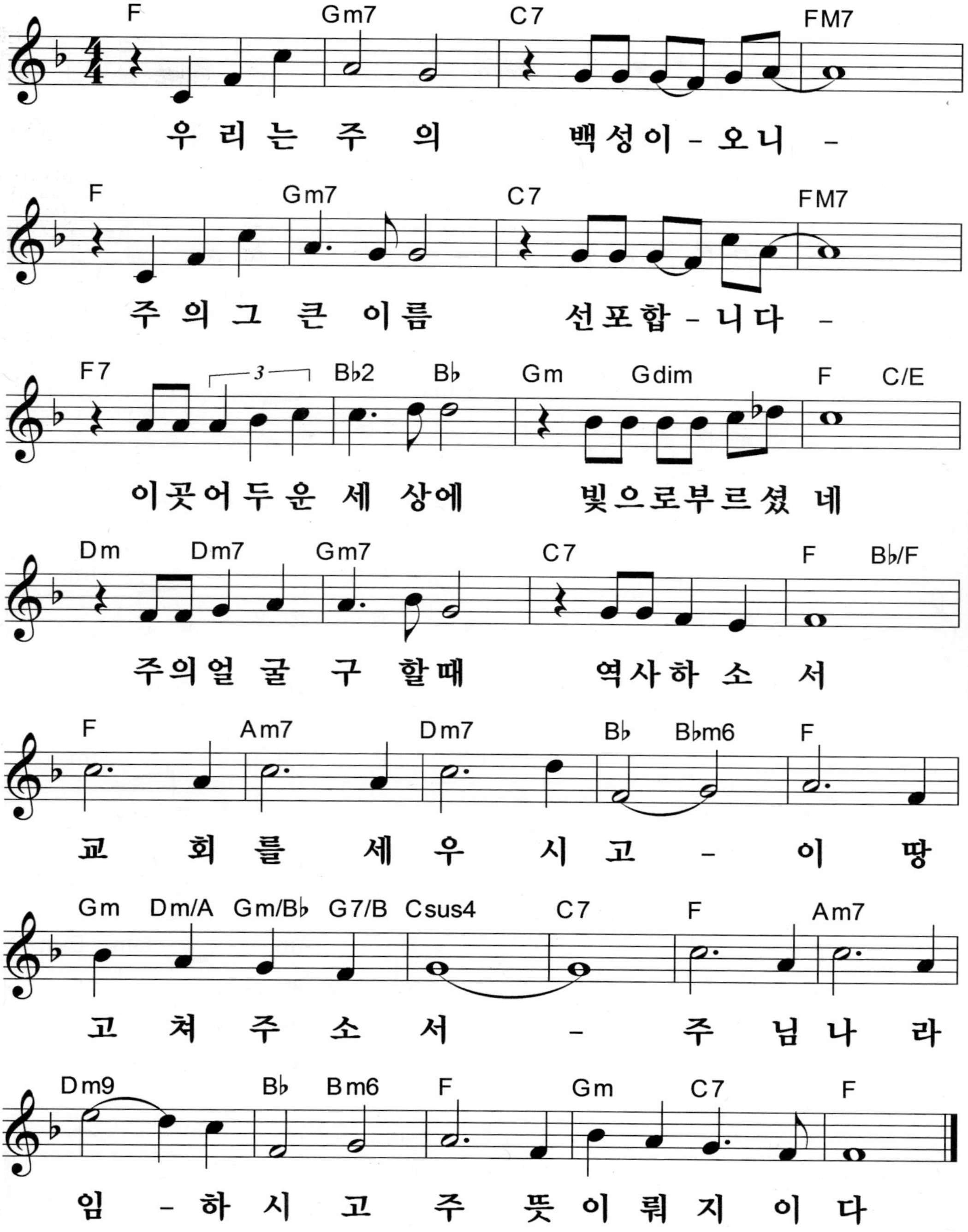

284 은혜의 강가로

오성주

은혜의 힘입니다
285
김석균

F C Bb F Bb G7 C7
내가 고난 - 중에도 - 찬송 할수있음은 - 은혜의 - 힘입니다 -
내가 가진것없어도 - 행복 할수있음은 - 은혜의 - 힘입니다 -

F C Bb F Bb C7 F
내가 실패했어도 - 감사 할수있음은 - 은혜의 - 힘입니다 -
낮고 천한나에게 - 주의 능력있음은 - 은혜의 - 힘입니다 -

F C Bb F Bb G7 C7
나를 대적 - 하는자 - 사랑할수있음은 - 은혜의 - 힘입니다 -
값진 옥합을깨뜨려 - 헌신할수있음은 - 은혜의 - 힘입니다 -

F C Bb F Bb C7 F
내게 고통주는자 - 품어 줄수있음은 - 은혜의 - 힘입니다 -
나의 생명다하여 - 사명 감당한것도 - 은혜의 - 힘입니다 -

F FM7 Dm Gm C7 F C7
주님의 은 혜가내안에 들어오면 - 나는 날마다 - 기뻐집니다 -
주님의 은 혜가내안에 들어오면 - 모든 염려가 - 사라집니다 -

F FM7 Dm Gm C7 F
은혜위 에은혜가 - 더하여 질 수록 - 오직 주님만 - - 바라봅니다 -
은혜위 에은혜가 - 더하여 질 수록 - 견디 고이길 - 힘이생깁니다 -

286 이 땅에 오직

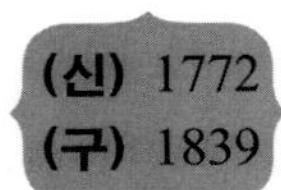

정종원

(신) 1572
이런 교회 되게 하소서
287
김인식
진정 한 예배가 숨쉬는교회 주님 이 주 인 되시
는 교회 - 믿음 의 기도가 쌓이는교회 최고 의 찬 양을드리
는 교회 - 말씀 이 살 - 아 움 직이는교회 성도 의 사 랑이넘치
는 교회 - 섬김 과 헌신이 기쁨이되어 열매 맺 는아름다운교
회 주님 의 마음닮아 서 이웃 을 사랑하는교 회 주님
의 - 영광을위해 서 빛되신 주 님 전하는교 회 사랑
의 불꽃이 활짝피어나 날마 다 사 랑에빠지 는 교회 - 주께
서 사 - 랑 하는 우리교회가 이런 교 회되게하소서 -

288 주 말씀 향하여

(I will run to You)

Dalene Zschech

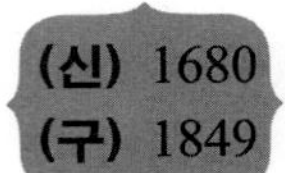

주 은혜임을

정선경 & 소진영

290 주 임재하시는 곳에

(I love to be in Your presence)

(구) 1978

Paul Baloche & ED Kerr

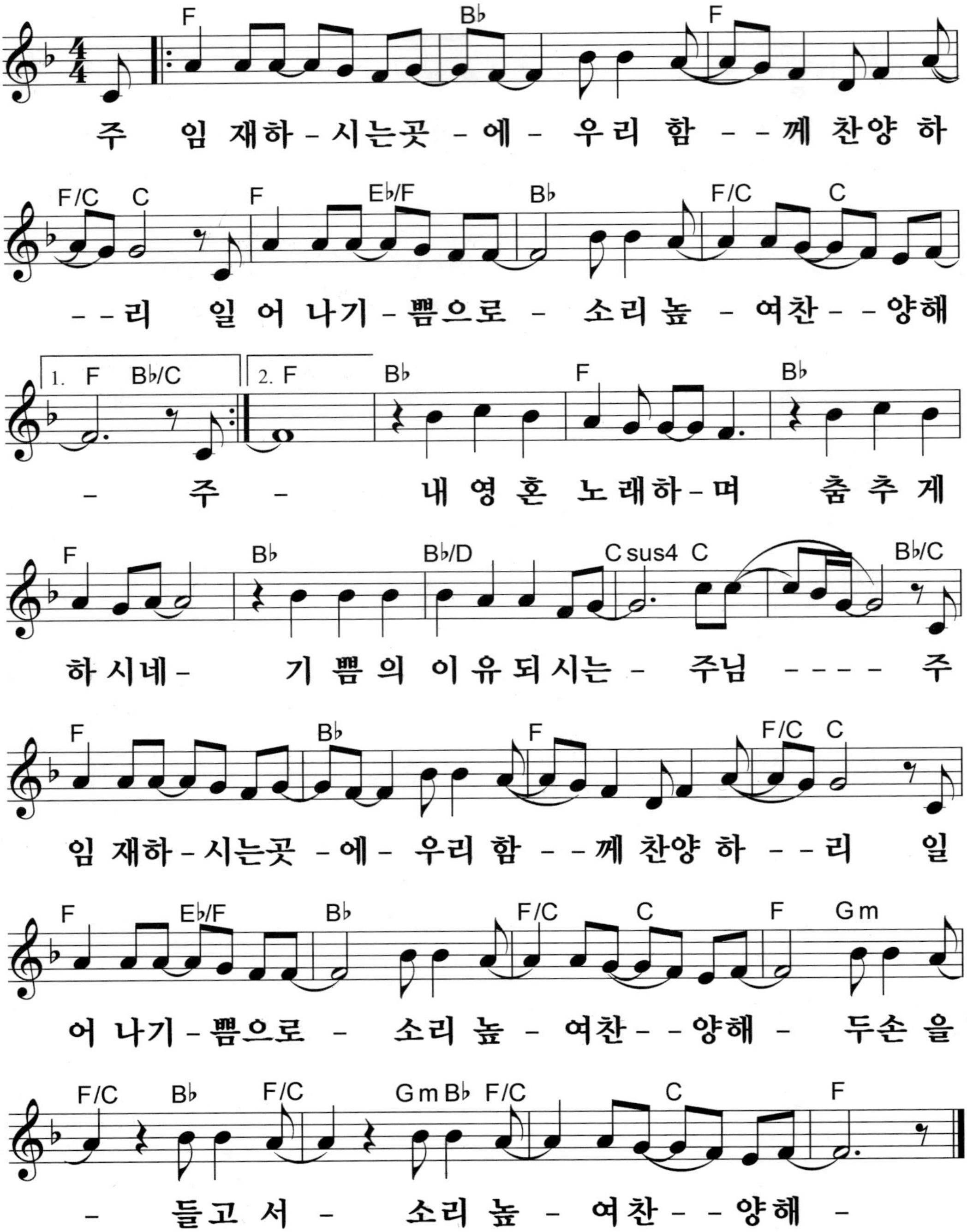

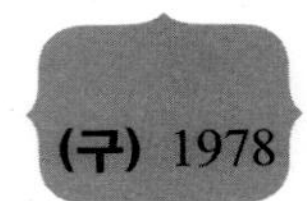

주님께 드려요

(Give them all to Jesus)

Bob Sr. Benson & Pill Johnson

292 주님의 시선

박지영, 박혜진, 허다은, 김민찬 & 전혁, 남재선

흐르는 시 간 이 한숨만 남 기 고 반복된 실 패
속 지쳐갈 때 - 내맘에 소 망 이 눈물조
각 될 때 내곁에 다 가 와 부르시 네
- 주님의 시 선 - 나를비 추 시 고 상처난
내 맘 - 만지시 네 - 말씀하 시 고
- 회복케 하 시 네 주의사 랑 이 - 다시살게
하 시 네 - 흐르는 -

주님의 시선

주를봅
니 다 - - 지금이곳에 서 - 주를봅 니 다 -
- 지금이곳에 서 - 주를봅 니 다 - - 지금이곳에
서 - 주를봅 니 다 - - 지금이곳 에 서
- 주를봅 - 주님의 - 주님의 시 선 - 나를비
추 시 고 상처난 내 맘 - 만지 시 네
- 말씀하시 고 - 회복케 하 시 네 주의사
랑 이 - 다시살게 하 시 네 -

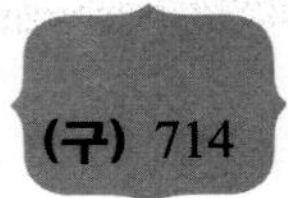# 293 주님만 사랑하리

293
주님만 사랑하리
(It is You)
Pete Sanchez
(구) 714
F   C/E   B♭/D   F/C
주님 만 주님 만 주님 만 사 랑 하 리
B♭   F/A   Gm7   B♭/C C7 B♭/C C/E
나의왕 나 의 주님 주 님 을 더 욱 알 기 원 해
F   F/E♭   B♭/D   D♭   C7
나 주 님 께 오 직 주 께 경 배 하 네
Fsus4 F   F/C C   C7/B♭ Am7   Dm7
거 룩 거 룩 존 귀 존 귀 하 신 주
B♭   F/A   Gm7   C7   B♭/F   F
사 랑 합 니 다 -

주의 밝은 빛으로

(His shining light)

295 주의 사랑을 입어

(Rest On Us)

지금 이 자리에서

김남국, 강균성 & 강균성

297 토기장이

조영준

F
BbM7
BbM7 Gm C Bb F
F BbM7
BbM7 Gm C F
BbM7 Gm C F
F BbM7
BbM7 Gm C Bb F

내가 너를 빚 었 - 단다   나 는 너의 토 기 - 장이
너 의 손을 빚 으 - 면서   하 나하나세 어 - 봤지

내가 너를 만 들 - 면서   얼 마나기뻐 했 - 는지
이 세 상너밖 엔 - 없는   지 문을넣어 주 - 면서

너 의 눈을만 들 - 면서   너 에게눈을 못 - 뗐지
너 의심장을 빚 - 으며   호 흡을불어넣어 - 줬지

얼 마 나사랑 스 - 럽던지 -   지 금도기억 한 - 단다

너 의 첫심장 소 - 릴들은   그 날을잊을 순 - 없지

너 를다빚은 그 - 날에   누 구에게널 맡 - 길지

한 참 을돌아 본 - 후에   너 를보낼수 있 - 었지

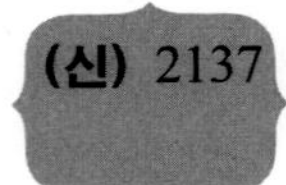

F

하늘의 복이 함께하리 298

최광희 & 조미진

299
하나님 내 삶에
염평안

B♭M7 C/B♭ F/A C/D Dm
하나님내삶 에 역사하시 네 실수없는손
에 말씀하시 네 변함없는사

Gm7 B♭M7/C FM7 F B♭M7
길 날어루만지 네 그어떤고난 도
랑 내삶을적시 네 그어떤고난 도

C/B♭ Am7 C/D Dm Gm7
그어떤상황 도 실수없는주의손 에 계
그어떤상황 도 변함없는주의사 랑 내

B♭/C 1.D♭M7 E♭ Fsus4 F
획안에있네 - 하나님내삶
삶에넘치네 -

2.FM7 F B♭M7 C/B♭ Am7 C/D Dm
- 그어떤고난 도 그어떤상황 도 변함없는주

Gm7 B♭ /C F/A C/D D7
의사랑 주의은--혜- 내삶 에 가득 넘 치네- 변

Gm7 B♭/C E♭2 F
함 없 는 주의사랑 내삶 -에-

하늘 보좌

300

한정수

내 하나-님   서신발 앞-에- 무릎꿇-고   경배하리 -
하나님-의   그크신 사랑이- 우리죄-를   사하셨네 -
큰권능- 과   영광이 가득한- 내아버- 지   계신이곳 -
어린양- 의   보혈이 은혜로- 나담대- 히   나아가리 -
오하-나-님   그빛난얼굴뵈오며-두손-들-고   나아가-리
찬송과 존귀와- 영광과능력을-   그 하늘보좌위의주님께 -

301 할렐루야

(Hallelujah)

(구) 1837

Scott Brenner

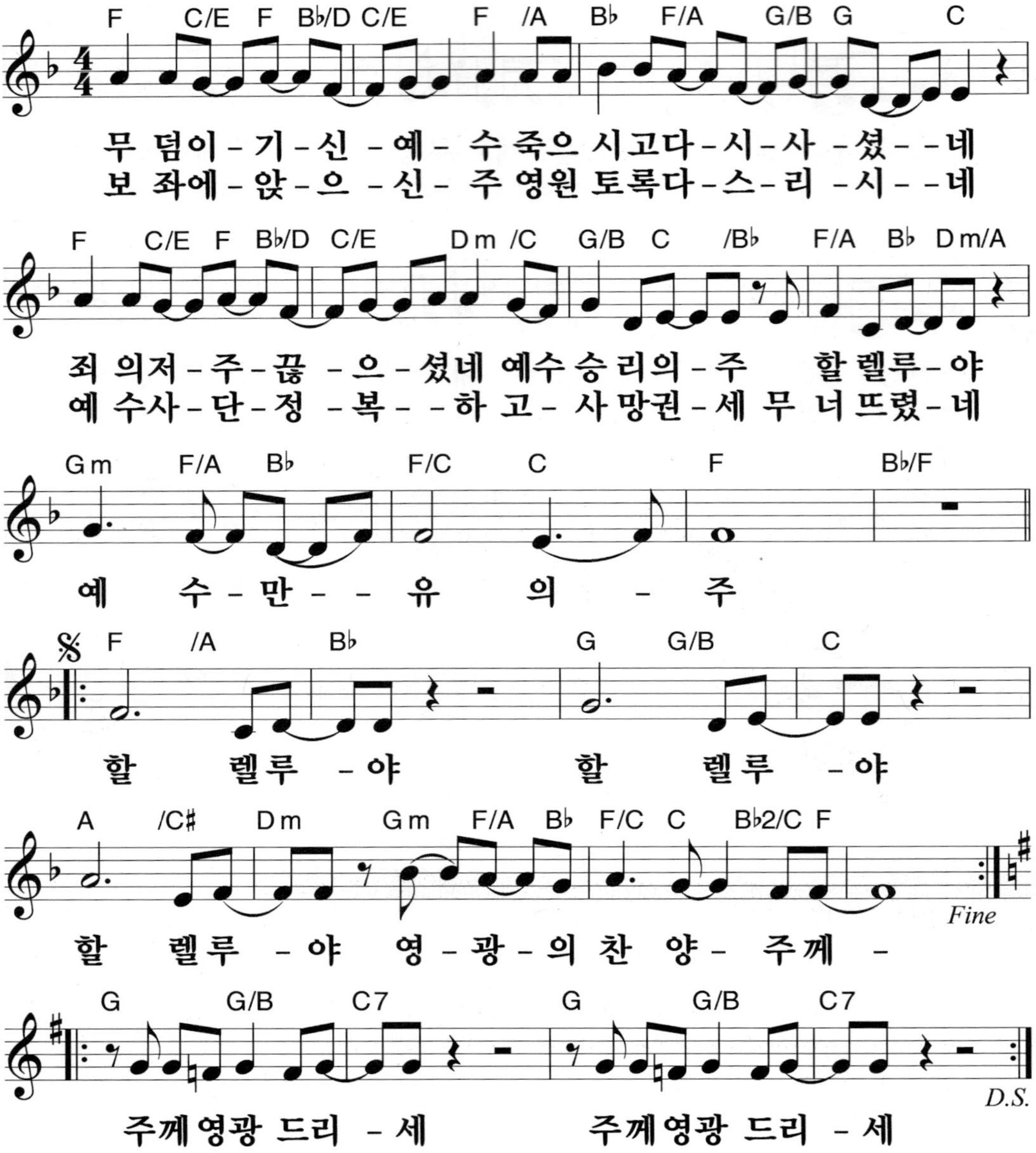

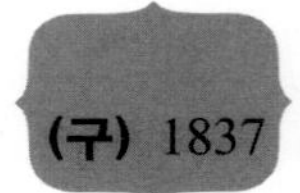

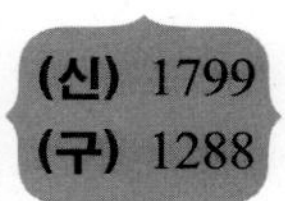

(신) 1799
(구) 1288

반드시 내가 너를

302

박이순

Dm   A7   Dm   C7   A7
반 드시내가너를 축복하리라   반 드시내가너를 들어쓰리라

Dm   A7   Dm   A7   Dm
천 지는변 해도 나의약속은   영 원히변치않으 리
세 상의소 망이 사라졌어도   온 전히나를믿으 라

F   B♭   C7   F   B♭   C7   F
두 려 워 말 라 강하고 담대하 라   낙 심 하며 실망치말라
두 려 워 말 라 강하고 담대하 라   인 내 하며 부르짖으라

B♭   C7   F   B♭   A   Dm   A   A7
낙 심 하며 실망치말라 실 망 치 말 라   -
인 내 하며 부르짖으라 부 르 짖 으 라   -

Dm   A7   Dm   F   A7
네 소원이루는날 속히오리니   내 게 영광돌리 리
영 광의그 – 날이 속히오리니   내 게 찬양하리 라

Dm   Gm7   A7   Dm
네 소원이루는날 속히오리니   내 게 영광돌리 리
영 광의그 – 날이 속히오리니   내 게 찬양하리 라

303 사막에 샘이 넘쳐 흐르리라

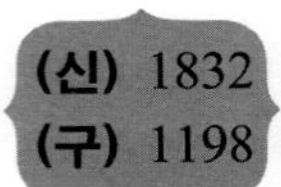

히브리 민요

약한 나그네

Dm　Gm　A7
오 나는 약 한 나그 네요 이 슬픈 세 상을 가 며
Dm　A7　Dm　Gm　C7　Dm
수 고도 병도 위험도 없는 내가 가 는 그 밝은 곳
Bb　C7　F　Bb　C7　F
나 는 가 네 내 아버 지께 더 이상 방 황 없는 곳
Dm　Bb　Gm　C7　Dm
나 는 가 네 십 자가 앞에 주 님품 에 돌 아 가 네

305 가장 높은 곳에서

현지혜 & 주민정
가장 높은곳에 - 서   가장 낮은곳으 - 로 - 찾
아오셨네   날살리려 - 고 -   영원한죽음에 - 서   영원
한생명으 - 로 - 구원하셨네   크신은혜 - 로
그 사랑으 - 로   그의 상함으 - 로 -   나의 영혼
죄 사함받 - 았 네   그 구원으 - 로   그의 희생으 -
로 -   나의 영혼 주 안에서 - 자 유 해
할렐 루 야 -   할렐루 야 -   가장 높으신 - 주그
영광을 - 찬양하 네 -   할렐 루 야 -   할렐 루 야

가장 높은 곳에서

G/B
1. C2   Em7   Dsus4   D2
- 가장 높으신 - 주 그 영광을 - 찬양하 네   할렐
2. Am7   Em7   Dsus4   D2   G
높으신 - 주 그 영광을 - 찬양하 네   그 사랑으 -
D/F♯   Em7   G2/B   C2   G/B   Am7
로 그 의 상함으 - 로 - 나 의 영 혼 죄 사함받 -
C/D D2   G   D/F♯   Em7   G2/B
았 네 그 구원으 - 로 그 의 희생으 - 로 -
C2   G/B   Am7   C/D D2 C2   Em7   D2
나 의 영 혼 주 안에서 - 자 유 해

G

306 각이 뜨인 사랑

조영준

감사해

(Thank You Lord)

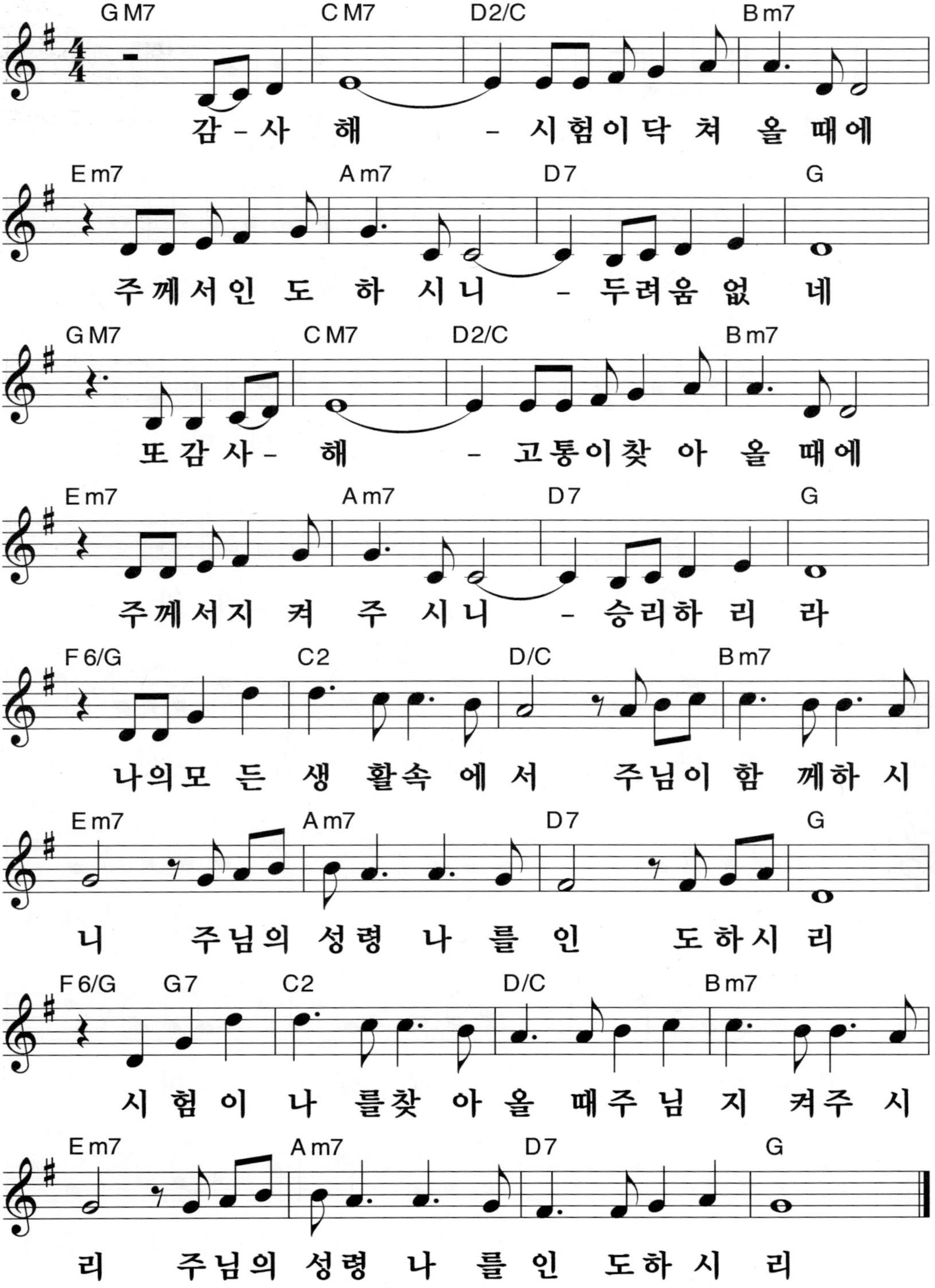

307

Daniel L. Burgess

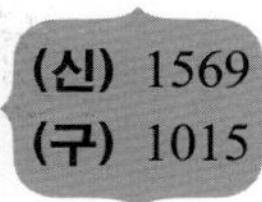

308
거룩하신 전능의 주
(You are holy(Prince Of Peace))
Mark Imboden & Tammi Rhoton
거룩 하 -신- 전 능 의 -주-
찬 양 받 -기- 합당하-신 주
나의 평 -생- 주님 만 -을-
사랑 하 -며- 따르리 라
찬양 하 -며- 경 배 하리- 귀 하-신- 만
왕 의-왕 주님 앞 -에- 엎 드 -려- 사랑
하 -며- 높 이 --리 찬양 하 -며- 경
배 하리- 귀 하 -신- 만 왕 의-왕 주님

거룩하신 전능의 주
C9 D Em A7sus4
앞 - 에 - 엎 드 - 려 - 사 랑 하 - 며 - 높
A7sus4 A7 C9 Dsus4
이 - - 리 나의 일생 - 을 - 주만 위 해 살 리
1. G C D 2. G
D.S. al Coda
라 거룩 라
G D/E Em7 C9 Dsus4
라 나의 일생 - 을 - 주만 위 해 살 리 라
D/E Em D9/F# C G C
repeat 4 times
워 - - 워 - - 워 - - -

G

309 경배하리 내 온 맘 다해

경배하리 내 온 맘 다해

C   G   Am7 Dsus4 D/F#

님 의 길 을 -   나 따 라 - 가 리   -
의 지 하 리 -   주 만 의 지 - 하 리   -

주 님 의 길 을 -   따 라 가 - 리 -
주 의 지 하 리 -   의 지 하 - 리 -

G   D/F#   C/E C   Am7   Dsus4 D/F#
주 님 만 을 경 배 - 하 - 리   주 님 만 을 찬 양 - 하 - 리 -

G   D/F#   C/E C   Am7 Dsus4 D   G
찬 양 받 기 합 당 - 하 - 신   존 귀 하 신 주 만 높 - 이 - - 리 -

G

310
그 사랑
박희정

G2 C/G G C/G
아버지사랑내가노래 해 아버지은혜내가노래 해
상한갈대꺾지않으시 는 꺼져가는등불끄지않 는

D/F# Em E♭aug G/D C#dim7 Am7
그사 랑 변함없으 신 거짓없으 신 성실하신그-사

1. Am/D 2. Am/D Dsus4 G D/F#
랑 랑 사 랑 -그사 랑 -날위해

Em Dm G7 CM7 G/B
죽으신 - 날 - 위 해 다 시사신 - 예수그리스도 -

Am7 Am/D G D/F# Em Dm7 G7
다시오실그사랑 - 죽음 도 -생명도 천사도- 하 늘의어떤

CM7 G/B Am7 C/D G
권세 도 - 끊을수없는 - 영원한- 그사랑-예 수

그 사랑 얼마나

311

설경욱
다 표현못해도 - 나 표현하리라 - 다 고백못해도 -
나 - 고백하리라 - 다 알수없어도 - 나 알아가리라 -
다 닮지못해도 - 나 - 닮아가리라 - 다 닮아가리라
- 그 사 랑 얼마나 - 아름 다운지 - 그 사 랑 얼마나 - 날
부요케하 는지 - 그 사 랑 얼마나 - 크고 놀라운지를 -
그 사 랑 얼마나 - 나를 감격하게하 는 지

312
그가 오신 이유
김준영 & 임선호
이세상 - 가장아 - 름다운 - 순종의눈 물 -
온세상 - 다시빛 - 나게한 - 생명의눈 물 -
그가이 - 땅에오 - 신이유 죽어야 - 살게 - 되 고 -
져야만 - 승리하는 - 놀랍고영 - 원한신 - 비 - 지으신
그대로 회복시킨 우 리의창조주 그리스도 - 십자가
의길로 - 아버지 뜻이루셨 - 네 그가이땅에 오신이 - 유 이제우
리에게 맡겨진 그 소망그사랑 그생명 - 아름답 고 눈부신
십 자가의 - 길 우리가 - 이땅 - 에살 - 아갈 - 이유 -

그럼에도 불구하고

313

조영준

314 그리 아니하실지라도

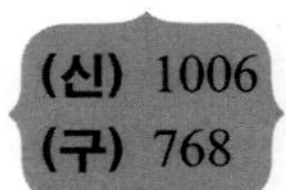

안성진

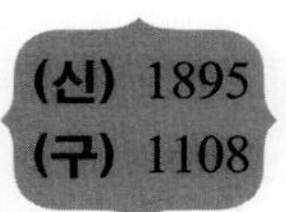

기도하자 우리 마음 합하여 315

316 기도할 수 있는데

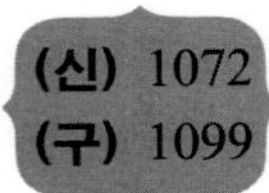

고광삼

(신) 1670
(구) 767

기뻐하며 왕께 노래 부르리 317

(Shout for joy and sing)

David Fellingham

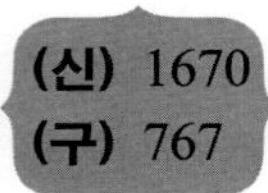

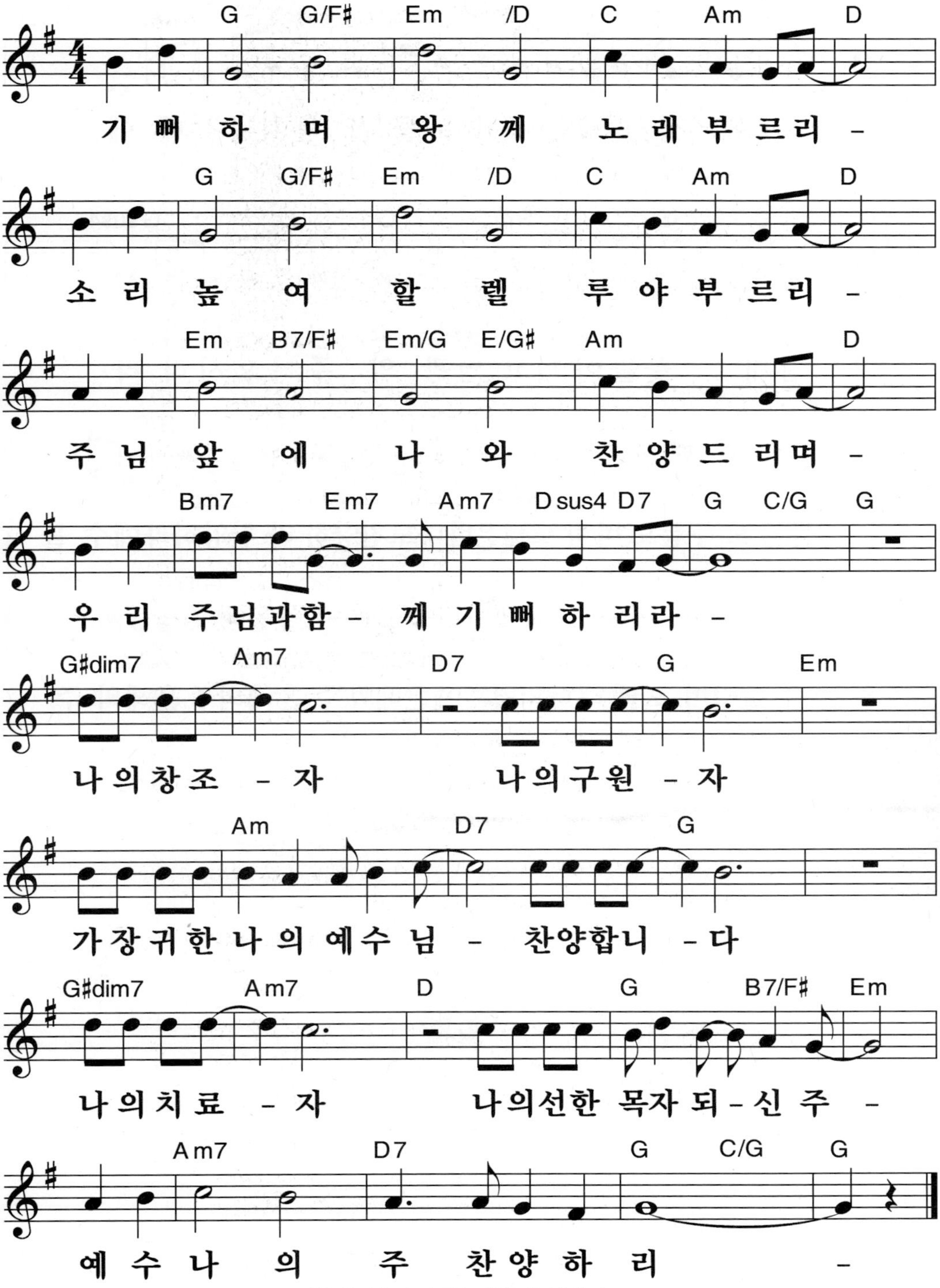

G

318 꽃들도

Mebig

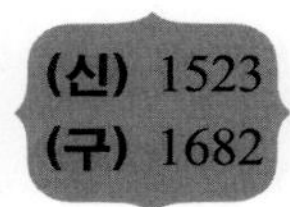

나 기뻐하리
(I will rejoice)

Brent Chambers

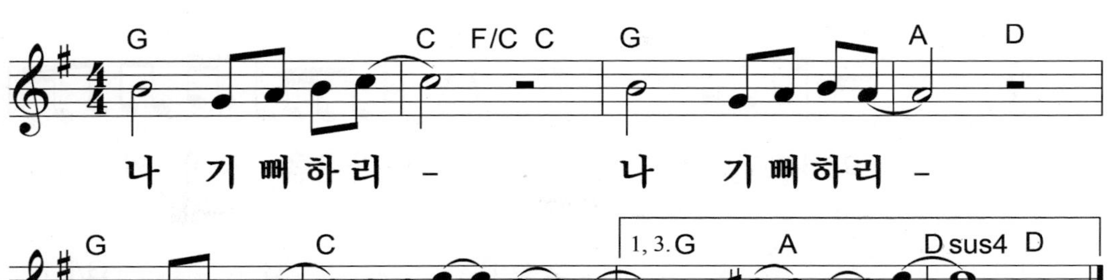

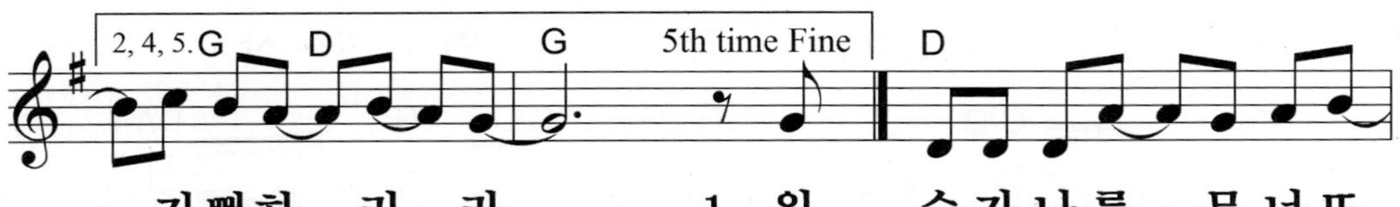

320 나 주님의 기쁨되기 원하네

(To be pleasing You)

Teresa E. Muller

(신) 1550
(구) 1284

나는 오늘을 살리
321
박은종
빛이없는바-다에 - 홀로 - 남겨진-채로 -
나는주를바-라네 - 예수 - 내손잡아주-시네 -
빛으로오신-그가 - 내삶 - 밝혀주-시네 -
나는주를따-르리 - 내평생 - 주사랑하-리라 -
세상은날버-리고 - 소망하나없-어도 - 나의사랑주-날안
- 아주-시-네- - 그가함께하-시니 - 나는오늘을-살리
- 나의모든소-망오 - 직주 - 예수 오 - - - - - -
오 - - - - - - 오 - - - - - -

322 나는 주님께 속한 자

나는 주님을 찬양하리라 323
(I Will Celebrate)

Rita Baloche

324
나는 주만 높이리
(Only A God Like You)
Tommy Walker
(신) 1506
(구) 2159
나는 주 만높 - 이 리 - 결코 내 맘변 - 치 않 - 네 -
세상 모 든권 - 세모 - 든영 - 광십 - 자가앞에 다버 - 리고 -
나의 충 성과 - 내헌 - 신 - 내모든 소 망오 - 직예 - 수
나무 에 달려 - 죽으 - 신그 - 분 께 -
오직우리주 - - 께 - 내믿음 - 소망찬양 받기 - 합당한분 또
오직만왕 - 의왕께 - 엎드려 - 경배하며 모 - 두드리리
- 두드리리 나 를지으시 - 고아버 - 지되시 - 며나 를구 원하 - 사
하늘 - 의상주 - 실 오 직우리주 - 님 께 - 나찬양하리 - -
오직우리 주 - 께 오직우리 주 - 께 오직우리주 - 께 -

나는야 주의 어린이

최지형 & 송세라

326 나를 통하여

이권희
지금 서있는 - 이곳에서 - 높임 을받으 - 소서 - 내가
밟는땅 - 주님 의땅 - 이니 - 하늘 이 주의이름 - 높이
올리 - 며 - 넓은 바다 - 가 - 주를 노래 - 해 -
모든만물주를경배 해 모든입술주를찬 양 해
천 지를만드신 - 만 물의통 - 치자 - 높임 을 받으소서
- 내평생 에 주의이 름 높이며 - 어느
곳에서 - 든지 - 주님을 예배하 - 리라 - 내 가 밟는모든땅 - 아
버지 - 의 - 영광 이 - 선포 되야 - 하리 - 찬 양하

나를 통하여
G /B C G/B Am7 D
머 주님을 예배할때 - 하늘 가득한-주의 - 영광보
G /B C/E D/F# B7/D# Em7
리라- 나를통하 여 -나의입술을 인 하여---주의
Am7 C/D 1.G /B 2.G
이 름높-임을-받으-소서 - 나를통하 서

G

327 나의 가는 길

(God will make a way)

Don Moen

나의 끝 예수의 시작

328
정신영
어두움 가운데서도 - 여전히 빛이 되신 주 -
바랄수 없는 중에도 - 바라고 믿게 하시는주 -
주님만 나의빛 - 주님만 내 소망
주님만이 생명의빛 - 주님만이 산 소망
모 든고난과고 통중에 - 주 가함께하시 니
끝모를절 망의 바닥이 - 소망의반석되게 하 시네
나 를둘러싼두 렴보다 - 크 신주의사랑 이
소망없 는내삶덮으시니 - 나의끝은 - 예수의시작되 네

329
나의 슬픔을 주가 기쁨으로
(Mourning into Dancing)
Tommy Walker

나 의 슬 픔 - 을 주 가 기 쁨 - 으 로 변 화 시 - 키 시 네
잠 잠 할 수 없 - 네 기 뻐 춤 추 며 찬 양 해
상 처 뿐 인 내 - 영 - 혼 위 로 해 주 - 셨 - 네
고 통 중 에 있 - 을 - 때 주 님 평 안 주 - 셨 - 네
주 사 랑 어 둠 이 - 김 - 을 나 는 - 느 끼 네 - 주 의 빛
비 춰 주 - 시 - 니 내 마 음 기 뻐 - 주 찬 양 하 네
때 론 주 님 - 분 노 하 실 지 라 도 - 주 의
은 혜 와 사 랑 - 나 의 평 생 에 내 게 임 하 네

Bridge
Fine
D.S. al Bridge
D.C.

나의 예수님

330

최대성

331 나의 한숨을 바꾸셨네

(He changed my sigh)

소진영

날 사랑하신

박철순

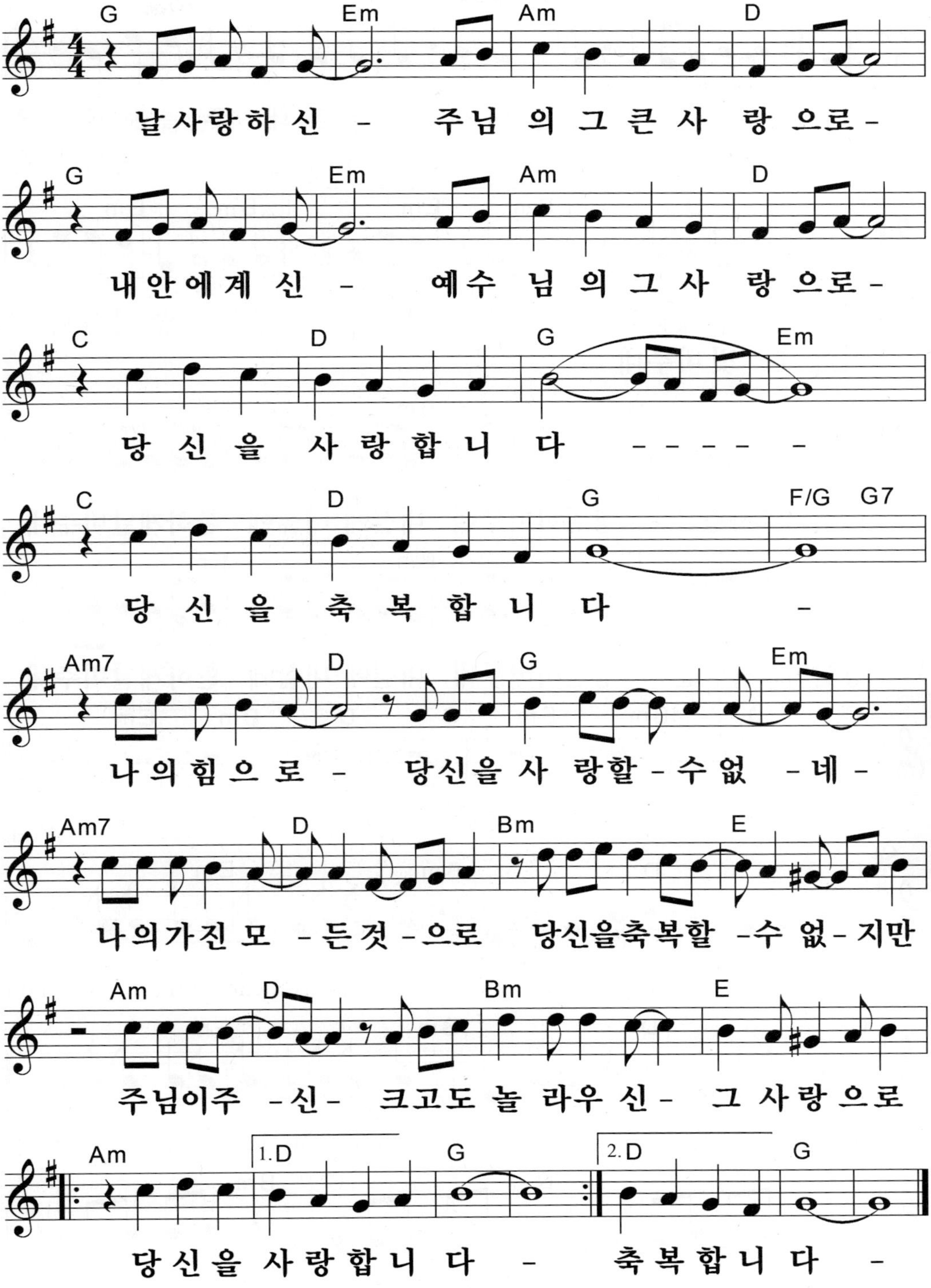
G Em Am D
날사랑하신 - 주님 의 그 큰 사 랑 으로-
G Em Am D
내안에계 신 - 예수 님 의 그 사 랑 으로-
C D G Em
당 신 을 사 랑 합 니 다 - - - - -
C D G F/G G7
당 신 을 축 복 합 니 다 -
Am7 D G Em
나 의 힘 으 로 - 당신을 사 랑할 - 수 없 - 네 -
Am7 D Bm E
나의가진 모 - 든것 - 으로 당신을축복할 -수 없- 지만
Am D Bm E
주님이주 -신- 크고도 놀 라우 신- 그 사랑으로
Am 1.D G 2.D G
당 신 을 사 랑 합 니 다 - 축 복 합 니 다 -

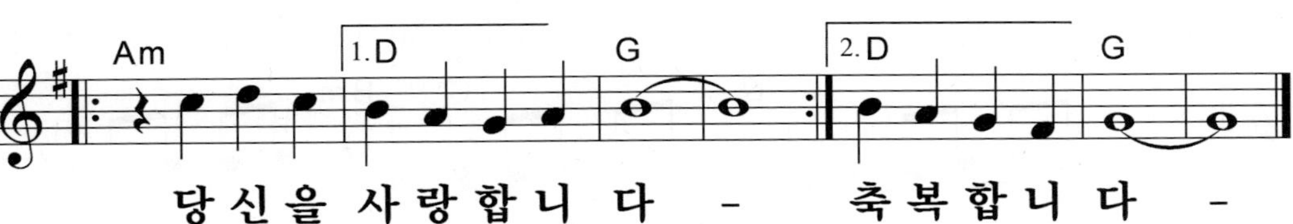

333
날 세우시네
(Wake)
Alexander Pappas, Hannah Hobbs & Joel Davies
C D Bm Em
새 아 침-에 희망되신 주부르네 주를보네 우
내눈의등불 내삶비춰 주의사랑 타오르네 거
C D 1.Bm Em 2.Bm Em
리마-음 주께맞춰 늘함께 걸으리 주의영광 나타나
리마-다 빛비추네
C D Bm Em
당신의그사랑은 영원히머무네 내곁에 내삶에 환하게날비추네
C D Bm Em
당신의그사랑은 영원히머무네 내곁에 내삶에 환하게날비추네
C D Bm Em C D Bm Em
You
C D Bm Em
wake with-in me wake with-in me You're in my heart for - e - ver You
C D Bm Em
wake with-in me wake with-in me You're in my heart for - e - ver
Fine
C D Bm
For - e - ver For - e - ver For - e - ver

날 세우시네

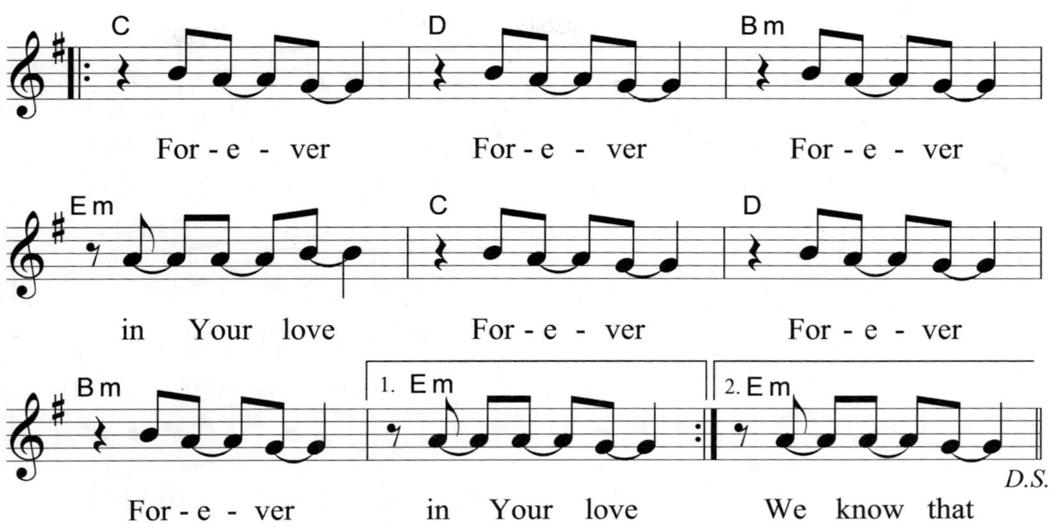

Words and Music by Alexander Pappas, Hannah Hobbs, Joel Davies
© 2013 Hillsong Music Publishing Australia (admin in Korea by Universal Music Publishing / CAIOS)

G

334 날 향한 계획

김준영 & 임선호
내앞에 - 주어진 - 매 일의삶을 - 살다가 - 보면
매순간 - 나에게 - 요 구하시는 - 작은믿 - 음들
그곳에 - 날 향 한 계획 - 섭리가 - 있다네 -
지금여 - 기 - 계 시며 - 말씀해 - 주시는 - 하나님 -
내삶에 - 역사 하 시는 - 신실한 - 나의하
- 나님을 - 찬양해 -
D.C.
변함이없 는 - 영원한그사 - -랑
어두운내삶 - 의 빛으로 -
지금여 - 기 - 계 시며 - 말씀해 - 주시는 - 하나님 -
내삶에 - 역사하 시는 - 신실한 - 나의하 - 나님을 - 찬양해 -

낮엔 해처럼 밤엔 달처럼

최용덕

336 내 길 더 잘 아시니

(You Know better than I)
David Campbel
길을안-다고- 그 렇게생-각했- 죠 다 이해할-수 없지만 그
길을따랐죠- 하지만- 이곳- 절 망의창-살안- 에 주
내 맘의-문 을열 때 진 실을 깨닫죠- 주 는- 다
-아시죠- 나 -의-길-을 - 내삶 -을- 다맡
-깁니다- 내길 -더-잘-아 시니 - 해
답도모 -르는- 시험문-제처- 럼 주 님의뜻-을찾지 만 다
알수 없었죠- 시 련의세- 월이 - 내게준 -한가- 지 다
이 해하 -지 못해도 주 신뢰 하는 것- 내주 - 는- 다

내 길 더 잘 아시니

아시죠- 나 - 의-길-을 - 내 삶 -을-다맡
깁니다- 내길 -더-잘-아 시 니 -
하늘나- 는새-를바- 라볼 -때 - 그 렇게나- 도날- 수있-을거
-야 - 소 망의날- 개펼- 수있- 도록 - 나를이 끄소
-서- 가르치 - 소서-내주 - 는- 다 -아시죠- 나
- 의-길-을- 내삶 -을-다맡 -깁니다- 나 비
-록 알-지못 - 하나- 주 님더 -잘-아 시 니 -

337 내 모든 삶의 행동 주 안에

(Every move I make)

David Ruis

내가 주인 삼은

전승연

G　D/F#　Em　/D　C G/B Am
내가　주인삼은 - 모든것 내려놓고 - 내 주 되 신
G/D　D2　G　D/F#　Em　Em2/D
주앞 에 나가 - 내가 사랑했던 - 모든것 내려놓고 -
C　D7　1. G　2. G　D　G
주 님 만 사 랑해 - 내가 - 주사 랑
D/F#　Em7　C　G/B　Am7　D7　G
거친 풍랑에도 - 깊은 바다처럼 - 나를 잠잠케해 - 주사 랑
D/F#　Em7　Am7　D7　G
내영 혼의반석 - 그 사랑위에 - 서 리 -

G

339 내게 강 같은 평화

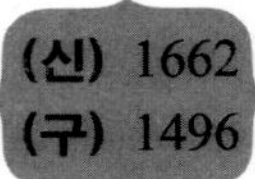

(신) 1662
(구) 1496

내게 강-같은 평화 내게 강-같은 평화
내게 바다같은 사랑 내게 바다같은 사랑
내게 샘-솟는 기쁨 내게 샘-솟는 기쁨
내게 믿음소망사랑 내게 믿음소망사랑

내게 강-같은 평화 넘치네 -
내게 바다같은 사랑 넘치네 -
내게 샘-솟는 기쁨 넘치네 -
내게 믿음소망사랑 넘치네 -

내게 강-같은 평화 내게 강-같은 평화
내게 바다같은 사랑 내게 바다같은 사랑
내게 샘-솟는 기쁨 내게 샘-솟는 기쁨
내게 믿음소망사랑 내게 믿음소망사랑

내게 강-같은 평화 넘-치네 -
내게 바다같은 사랑 넘-치네 -
내게 샘-솟는 기쁨 넘-치네 -
내게 믿음소망사랑 넘-치네 -

내게로 와서 마셔라

권재환

341 너무 늦은 건가요

고형원

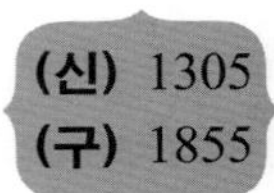

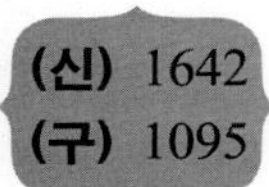

(신) 1642
(구) 1095
누군가 널 위해 기도하네
(Someone Is Praying For You)
342
Lanny Wolfe

당신이 지쳐서 -기도 할수 없고 눈물이 빗물 처럼-
당신이 외로이 -홀로 남았을 때 당신은 누구 에게-

흘 러내릴 때 주님은 우리 연약 함 을 아시 고
위 로를얻나 주님은 우리 상한 맘 을 아시 고

사랑으로 인 도하 시 네 - 누군가

널 -위하 여 - 누군가기 -도하 네

- 네가홀로 외로워서 - 마음이 무너질 때

누군가 널위 - 해기 도하 네 -

O.T. : Someone is Praying for You / O.W. : Lanny Wolfe
O.P. : Lanny Wolfe Music / S.P. : Universal Music Publishing Korea, CAIOS
Adm. : Capitol CMG Publishing / All rights reserved. Used by permission.

343 누가 끊으리요

Luix Ellen

누가 끊으리요

G   Bm7   Am7   D
끊을 수 없네 - 하 나 님사 - 랑에 -서 - -
G   Bm7   Am7   D
그 아 무 - 도 끊 을수 - 없으 - 리라 -
G   Bm7   Am7   D
그 아 무 - 도 끊 을수 - 없으 - 리라 - 주안
G   Bm7   Am7   D
에 있는 - 하 나 님사 - 랑에 -서- 결코
G   Bm7   Am7   Dsus4   D
끊을 수 없네 - 하 나 님사 - 랑에 -서 - -

G

344

다 와서 찬양해

(Come on and celebrate)

(신) 1535
(구) 1216

Trish Morgan & Dave Bankhead

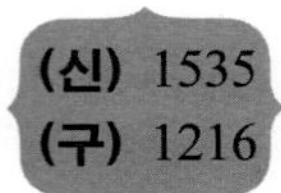

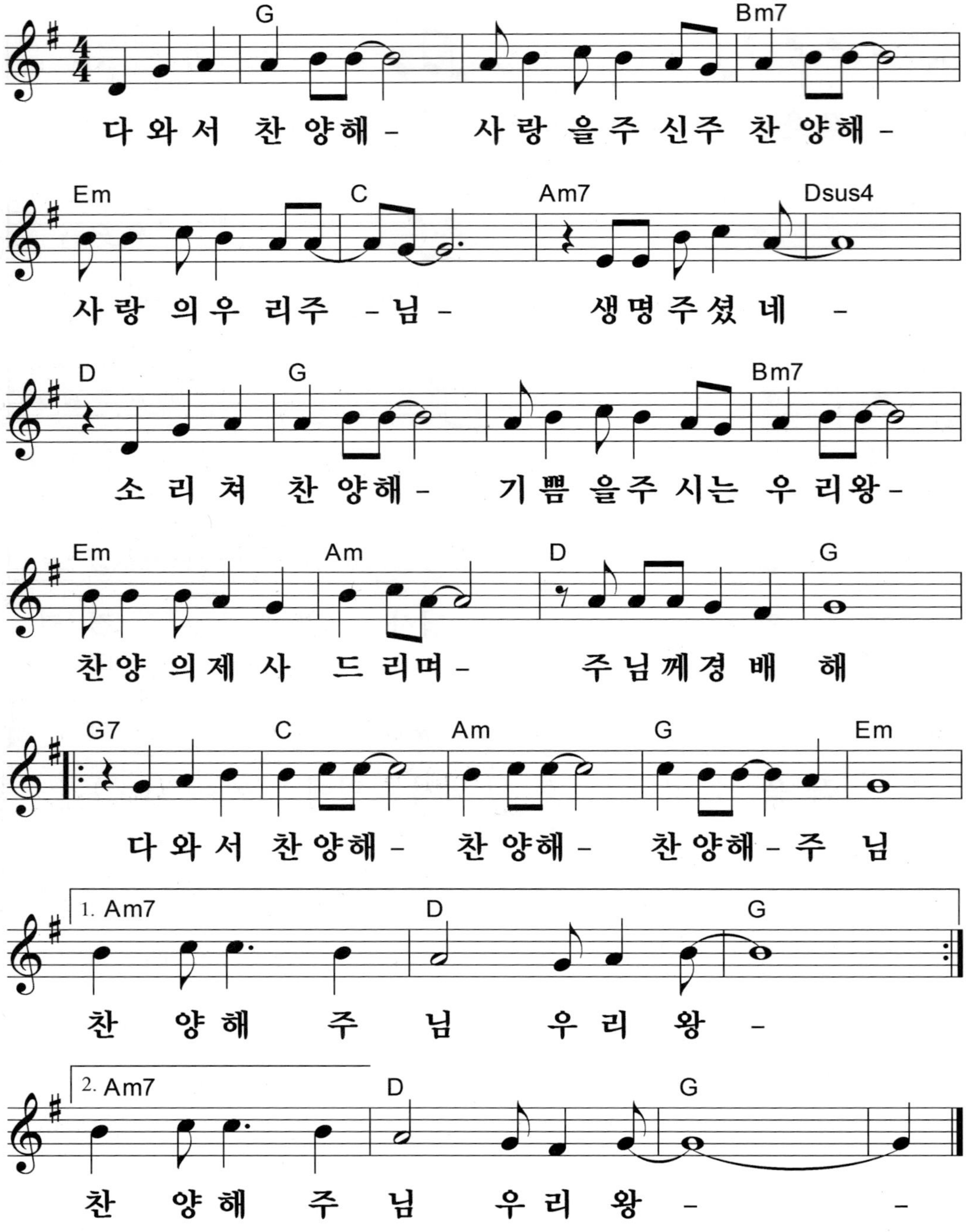

(신) 1699
(구) 742

당신은 영광의 왕

345

(You are the King of glory)

Mavis Ford

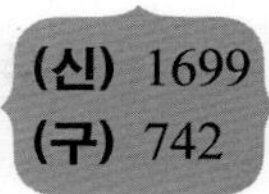

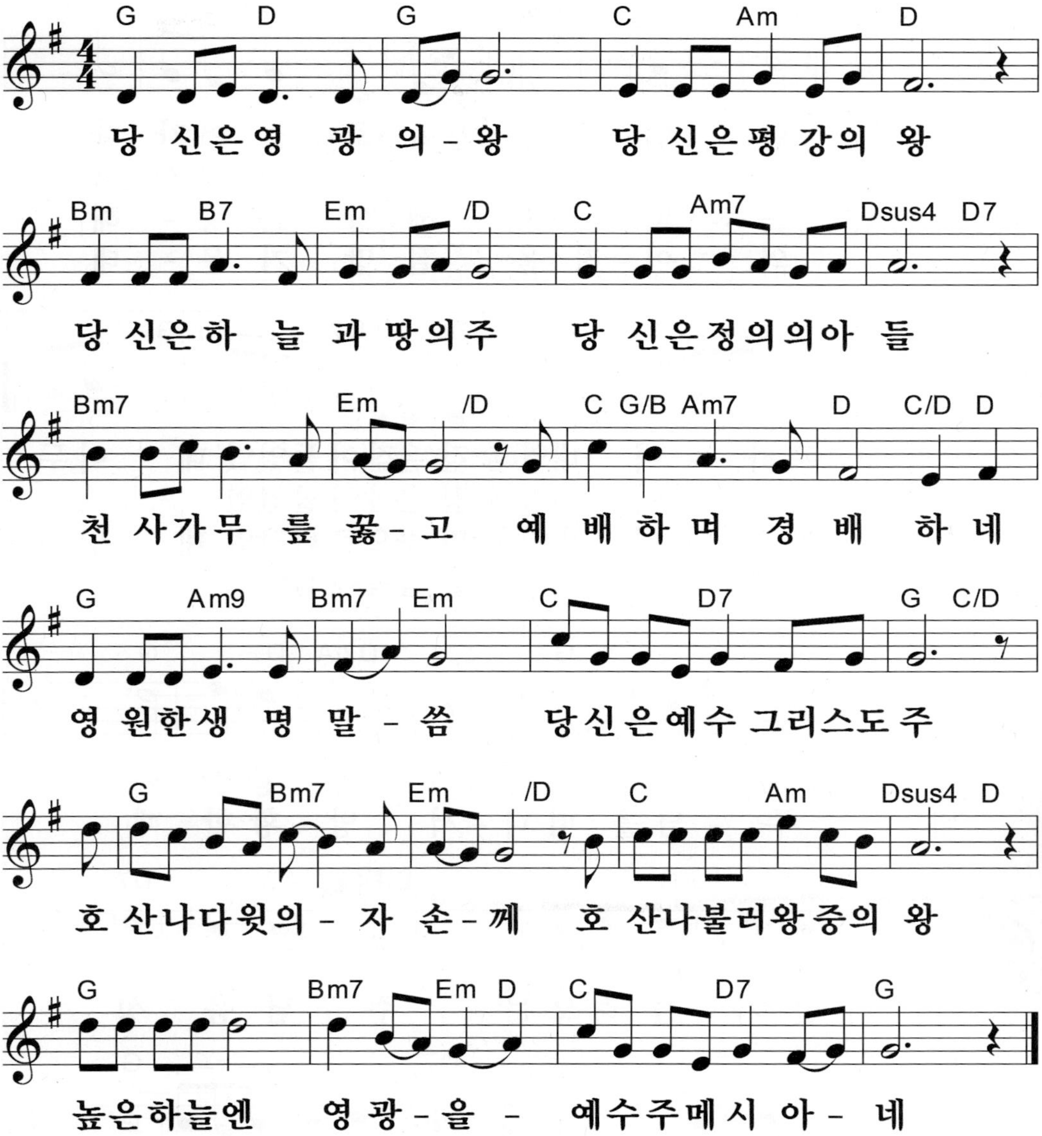

346
달리다굼
(신) 1430
(구) 963
현윤식

1. 캄 캄 한 인-생 길 홀 로 걸 어 가 다
운 죄-악 의 길 을 걸 어 가 다
2. 주 님 을 떠-나 서 세 상 을 향 - 해
의 어-려 움 절 망 가 운 - 데

지 치 고 곤 하 - - 여 내영혼 깊 은잠이 들었었 네 어두
상 하 고 찢 기 - - 어 내영혼 깊 은잠이 들었었
맘 대 로 고 집 - 하 며 내영혼 먼 곳으로나갔었 네 인생
눈 물 과 한 숨 - - 과 내영혼 슬 픔속에 잠이드

네 내 - 영혼 어둠속에 방 황할 때
네 주 - 님을 떠나-서 방 황할 때

어 디 선 가 들 려 오 는 주 님 음 성

깨 어 라 일 어 나 라 달 리 다 굼 일 어 나 라

일 어 나 라 죄 악 에 잠 자 던영혼 - - 아

달리다굼

G   Em   D7   G   C
달   리다굼   깨어라   일 어 나걸-어 라
G   D7   G   C
어 둠 은 물러가 고   새 날 이   다가오 네
G   D   G   C   G
주님 오 실날멀잖았 네 어둠속 에   잠자 던 영혼일어나라
C   G/D   D7   G
일 어 나걸-어 라   달 리 다굼 일어나 라

G

347 마지막 날에

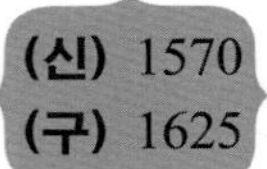

(신) 1570
(구) 1625

이 천

마 지 -막- 날 - -에 - 내 -가 -
나의 -영 - 으 로 모 -든- 백 성
에 게 - 부 -어 - 주 리 라 - -
자녀들은 예 언할-것이요 청년들은 환 -상-을보고
아비들은 꿈 을꾸- - 리라 주의영이임하 -면 - -면 -
성 령 - 이 여 - 임 - 하소 서 -
성 령 - 이 여 - 우리에게 임하소 서 -

멈출 수 없네

심형진

348
G   Em
주 날 구 원 했 -으니-   어 찌 잠 잠 하 -리-
주 내 죄 사 했 -으니-   어 찌 잠 잠 하 -리-
C   G
기 쁨 의 -   찬 송 드 - 리 리
기 쁨 의 -   경 배 드 - 리 리
Am   G/B
주 를 향 - 한 -   나 의 사 - 랑 -
C   D
멈 출 수 없 - 네 -   멈 출 수 없 - 네 -
G   Em
나 -   기 쁨 의 춤 추 리 - - 내
1. C   D
모 든 슬 - 픔 바 꾸 셨 네 - -
2. C   D   G
모 든 삶 - 주 안 - 에 - 있 네

349 메마른 뼈들에 생기를

(신) 1993
(구) 1635

고형원

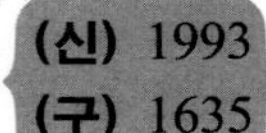

Fine

더 원합니다   350

Takafumi Nagasawa

351 모든 것 아시는 주님

모든 열방 주 볼 때까지

고형원
내 눈 주의 영광 을 보네　우리가운데 – 계신주 님
그 빛 난영광　온하늘덮고　그찬송온땅가 – 득 해　내
눈 주의 영광 을 보네　찬송가운데 – 서신주 님　주
님의얼굴은 온 세상향하네　권능의팔을드 – 셨 네　주의
영광 이곳에 – 가득 해　우린 서네 주님과 함 께 – – –
찬양하 며 우리는 전진 하 – 리 –　모든열 – 방주볼때까 지
하늘　아버지 – 우릴 새롭게 하사　열방 중에서 – 주를
섬기게 하소서 –　모든 나라일어나 –　찬송부르며 –
영광의 주님을 – 보게하 – 소 서　주의

353 모든 민족과 방언들 가운데
(Hallelujah to the Lamb)
(신) 2082
(구) 1578
Debbye Graafsma & Don Moen

모 든민 족과방언들 가운데 수 많은주-백성 모였- 네
어 린양피로씻어진 우리들 은 혜로주- 앞에 서있- 네

주의-보 혈과 그사랑-으 로 친백-성 삼 -으셨네
주이-름 으로 자녀된-우 리 겸손-히 구 -하오니

주를향 한 감사와-찬 양-을 말로다 표현할수 없네- -
주의능 력 우리게-베 푸-사 주를더 욱닮게하 소서- -

다만- 내 소리높여- 온 맘을다해- 찬 양 -하리라-
그때- 에 모든나라- 주 영광보며- 경 배 -하리라-

할렐 루야 할렐루야 할렐 루야 어린양 할렐 루야 할렐루야

주의 보혈덮 으사- 모든 족속 모든방언 모든 백성 열방이

모든 영광 모든존귀 모든 찬양주께드 - 리네 -

G

354 모든 전쟁은 주께 속했네
(The Battle is the Lord's)
Tom Brooks/Don Moen & Martin J. Nystrom

Em D/E Em D/E Em C M7 A sus4
유다 지 파의 - 강한 용 사들 - 이 원 수 와맞 - 설 때 -
원수 마 귀가 - 너를 대 적하 - 여 두 려 움줄 - 때 에 -

A7 Em D/E Em D/E Em C M7 G/B
두 려 워 말라 - 승리 주 리라 - -주님 말 씀하 -셨 네 -
주를 믿 으라 - 그가 언 제나 - -너와 함 께하 -시 리 -

Am Bm7 C M7 G/B
검을 내 려놓고 - 소리높 - 여라 - --- -
전쟁 - 중에는 - 소리높 - 여라 - --- -

Am Bm7 C/D D7 C/D D
전쟁은 나에게 - 속했으니 - --- -

G Em9 F M7 Am C/D
기뻐춤추 며 - 소리높여 서 - 주를찬양 승 리 의 노래

G Em9 F M7 Am C/D
- 시험당할 때 - 기뻐노래 해 - 모든전쟁 은 주 께 속 했네

G Em9 F M7 Am C/D
- 기뻐춤추 며 - 소리높여 서 - 주를찬양 승 리 의 노래

G Em9 F M7 Am7 C/D G
- 시험당할때 - 기뻐노래 해 - 모든전쟁 은 주 께 속 했네 -

목마른 자들
(All Who Are Thirsty)

355

Brenton Brown & Glenn Robertson

목 마 른 자 - 들   약 한 자 - 들
생 수 의 근 - 원   되 신 주 님 께 나 오
라 모 든 고 통 과 슬 - 픔   사 라 지 네
주 의 자 비 의 물 결   안 에 서 외 치 네 - 찬 양
주 여 오 소 - 서
주 여 오 소 - 서
성 - - 령 오 - - 소 - 서
소 리 쳐 외 치 네 - -   소 리 쳐
외 치 네 - - 찬 양 - 서

356 문들아 머리 들어라

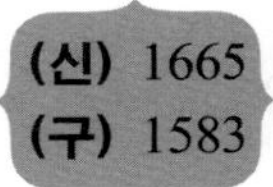

물이 바다 덮음 같이

357

358 믿음으로 서리라

정선경, 황귀희 & 이동희, 송명아
이 곳에임하-신 하나님나라- 가난한맘으-로 바라보리라-
먼저그나- 라 그 뜻구하며 - 나의삶드-리 리 -
주 님이맡기- 신 하 나님나라- 믿음의눈으- 로 바라보리라-
하늘의뜻- 이 - 이땅가운- 데 - 완성될그- 날까-지 -
믿음 다하여 - 그 위에 서리라 - 하나 님 의나- 라는-
무너 지지않- 으리 - 믿음 다하여 - 그나라 세워가리라 -
주 - 님 곧오실때 까 지
이
지 믿음 지

믿음으로 서리라

C/D D G D/F♯ Em7 G/D Am7 G/B
믿음 다하여 - 그 위에 서리라 - 하나 님의나 - 라는 -
C D G/B C G/D C/E
무너 지지않 - 으리 - 믿음 다하여 - 그 나라 세워가리라 -
Am7 C/D D 1.G C/D 2. G
주 - 님 곧 오실때까 지 믿음 지

G

359 바다 같은 주의 사랑

(Here Is Love)

Matt Redman

바다 같은 주의 사랑

리
더 높은 사랑
더 넓은 사랑   더 깊은 사랑   진실한 사랑   더 높은 사랑
더 넓은 사랑   주 같은 사랑   없 - 네 -   없 - 네 - 바다
같   은 주 의 사 랑 -   바 다
같   은 주 의 사 랑 -   바 다

360 보라 너희는 두려워 말고

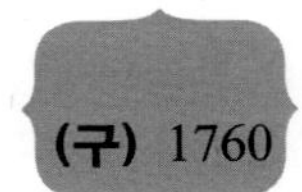

이연수

보혈을 지나

361

(신) 1272
(구) 1623
김도훈 & 송정훈

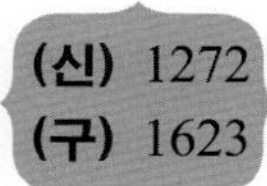

보 혈을지-나 - 하 나님품으로- 보 혈을지-나 -
아버 -지 품으로- 보 혈을지-나 - 하 나님품으로-
한걸 음씩 나 - 가네 - 보 - 존귀 한
주보 혈이 - 내영 을 새롭게-하 시 -네 존귀 한
주보 혈이 - 내영 을 새롭게 - 하네 -

362 사랑이 나를 부르네

박기범 & 정성권

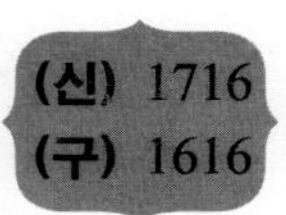

사랑합니다 나의 예수님

김성수 & 박재윤

364 새 노래로

김준영 & 박찬민
G
거룩한 주님의성 – 전에모 – 인백 – 성 – 들 –
보좌에 앉으신어 – 린양께 – 찬송 – 하 – 라 –
D
Em7
와서경 – 배 – 해 – 주님께 – 영광돌 – 리리 – 라 –
모든민 – 족 – 이 – 그분께 – 영광돌 – 리리 – 라 –
C2
G
주님의 일들은놀 – 랍고길 – 은참 – 되도다 –
수금과 비파로공 – 교히주 – 를높 – 이어라 –
D
Em7
1.
모든자 – 녀 – 들 – 기뻐즐 – 거워하 – 네 –
소리높 – 여 – 서 –
C
2. Em7
새 노래로찬 – 양 –
C
D
찬 양해 한 – 목 – 소리로 – 새 노래로
F
G
찬 양하 – 라 모인주 – – 의백 – 성들 – 아
D

새 노래로

천 사들 -아화- -답하 -라   온세상 듣 도록주찬양하 -라
구 원자 되 신 주 -를   모든눈이 다 보 게되 -리
열 방이 -다찬- -양하 -며   전능하신 - 주께- -엎드 -려
영 광 돌 리 -네 -
Fine
찬 송과 - 영광 -과 지 -혜 와 -감 -사 -
주님 께 - 영원무 -궁토 -록있 -으리라 - - -   알 렐 루
-야 주하나 -님 -이 - 통 - 치하 -시네 -   새노래로
아 - 멘

365 새롭게 하소서

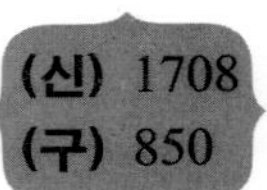

이종용

(신) 1687
(구) 1553

생명 주께 있네

(My life is in You Lord)

Daniel Gardner

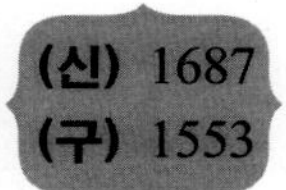

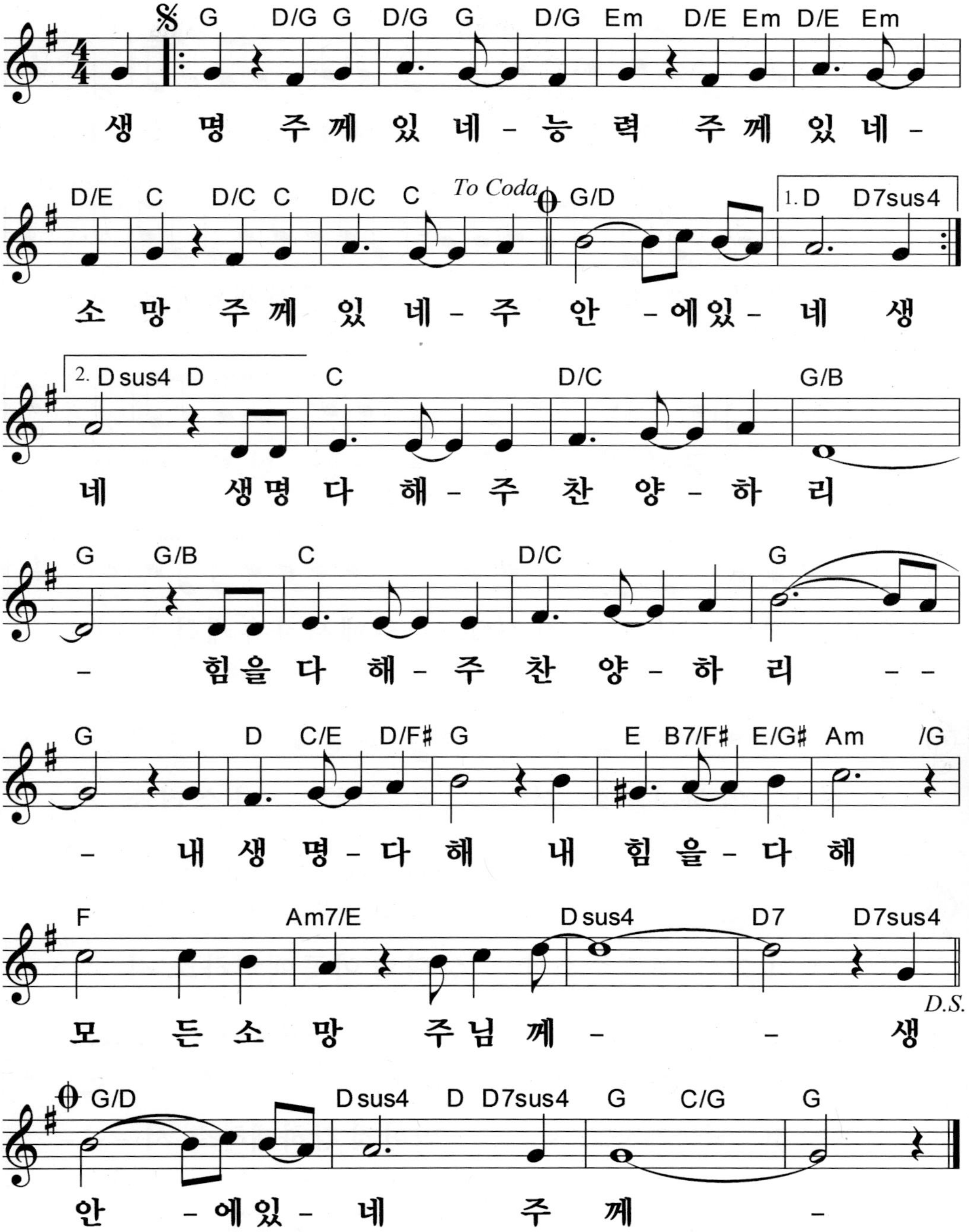

G

367 성령님 일 하시옵소서

송축해 내 영혼 **368**

(10,000 reasons(Bless the Lord))

Matt Redman & Jonas Myrin

369 승리는 내 것일세

(There is victory for me)

Harry Dixon Loes

*| 믿음, 소망, 사랑
| 구원, 응답, 축복

승리하였네
(We have overcome)

Daniel Gardner

370

G

371 시간을 뚫고

김강현

당신은 시간을 -뚫고 - 이땅가 운데오 -셨네 - 우리
없 는하 - 늘원 - 치않 - 아우 리삶에 -오셨 - -네 자신의
편 안버 -리고 - 우리게 평안주 -셨네 - 가장
낮은자 -의모 -습으 -로우 리삶에 -오셨 - -네 -
하나님우 -리와 - 영원히함 -께하 -시네 꿈없는우 -리게 -
그나라보 -여주 -시네 연약한자 -들의 - 친구가되 -어주 -시고
힘없는우 -리의 - 인생을위 -로하 -시네
예 수 - 이곳 - -에 - 우리 와함께 - 영원히 -

십자가 그 사랑

(The love of the cross)

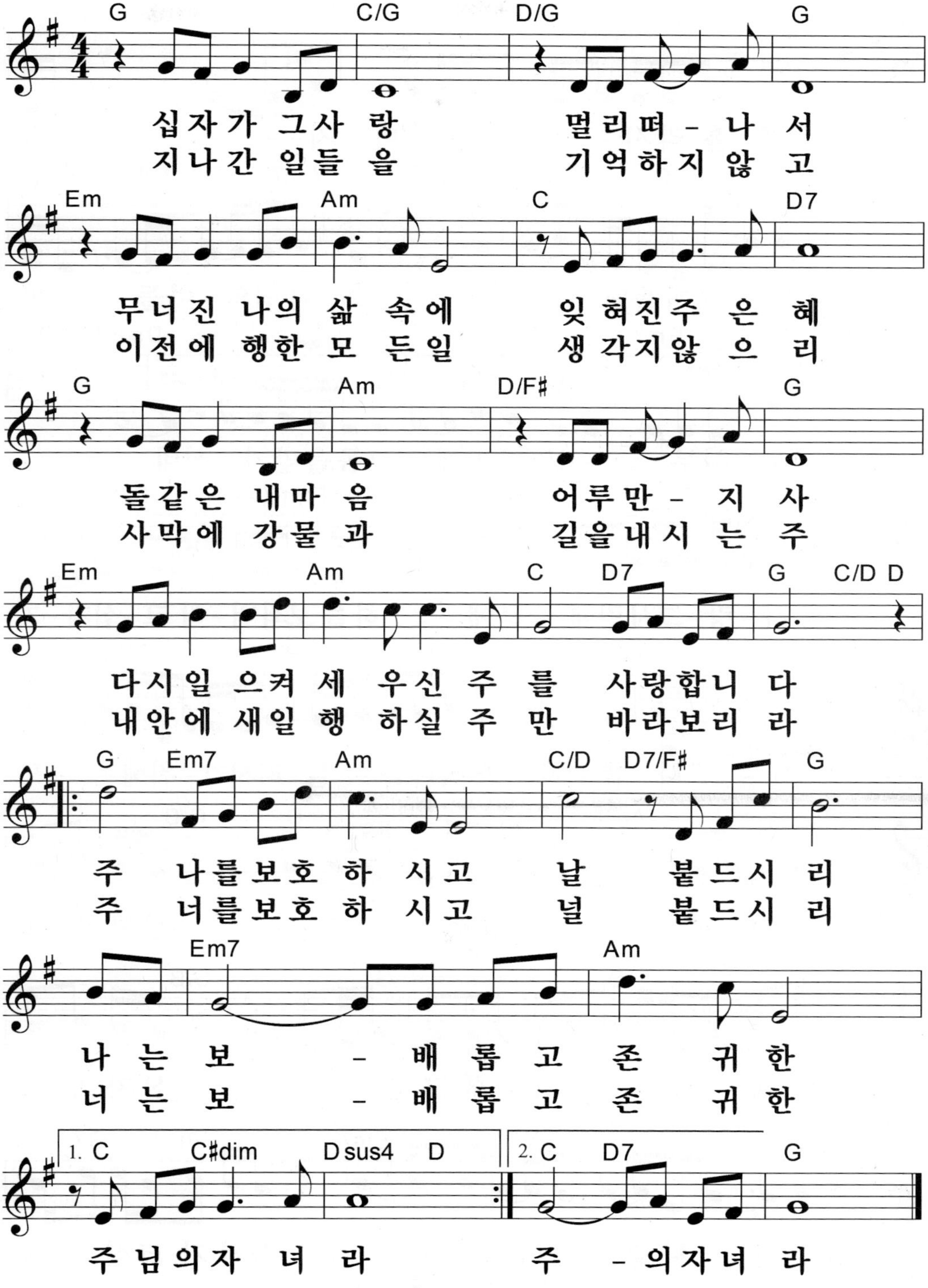

372

Stephen Hah

373 십자가 그 사랑이

이권희

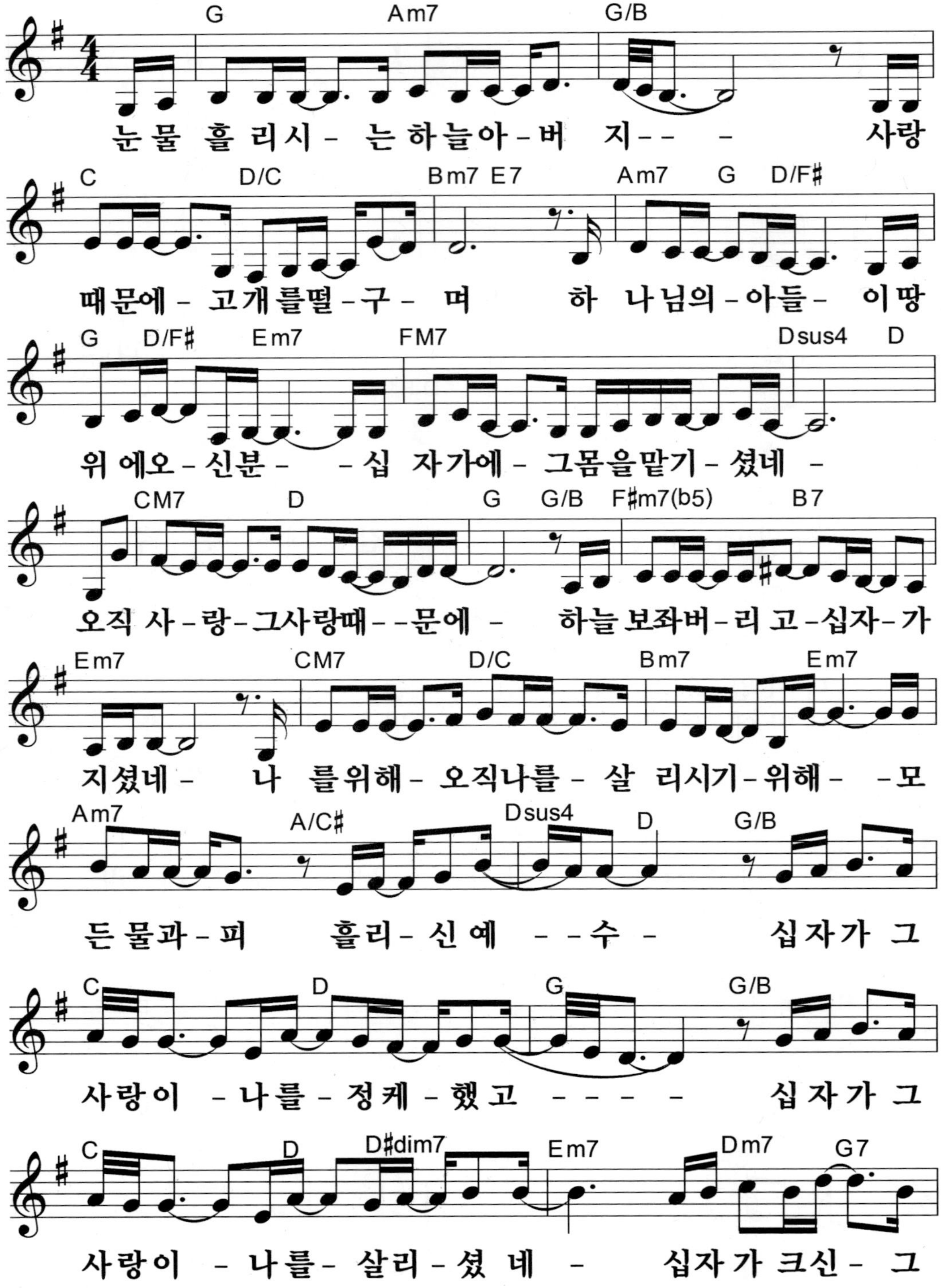
G Am7 G/B
눈물 흘리시 - 는하늘아 - 버 지 - - - 사랑
C D/C Bm7 E7 Am7 G D/F♯
때문에 - 고개를떨 - 구 - 며 하 나님의 - 아들 - 이땅
G D/F♯ Em7 FM7 Dsus4 D
위 에오 - 신분 - - 십 자가에 - 그몸을맡기 - 셨네 -
CM7 D G G/B F♯m7(b5) B7
오직 사 - 랑 - 그사랑때 - - 문에 - 하늘 보좌버 - 리 고 - 십자 - 가
Em7 CM7 D/C Bm7 Em7
지셨네 - 나 를위해 - 오직나를 - 살 리시기 - 위해 - - 모
Am7 A/C♯ Dsus4 D G/B
든 물과 - 피 흘리 - 신 예 - - 수 - 십자가 그
C D G G/B
사랑이 - 나를 - 정케 - 했고 - - - - 십 자 가 그
C D D♯dim7 Em7 Dm7 G7
사랑이 - 나를 - 살리 - 셨 네 - 십자 가 크신 - 그

십자가 그 사랑이

능력이 - 죽음 - - 이기 - 셨 - 고 - - - 그
십 자가 - 나를 - 일으키 - 네 -
나를 향한 크 신 사랑 - 생명을 내어 주 신 주 - 그
사랑이 - 나를 - 감싸네 - 못박히신 주님의 그두손 이 - - - - -

G

374 십자가로 나는 충분합니다

십자가로 나는 충분합니다

375 아무것도 염려치 말고

(신) 1502
(구) 1799

아버지 주 나의 기업 되시네 376

(My delight)

Andy Park

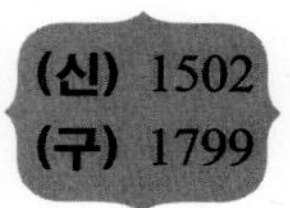

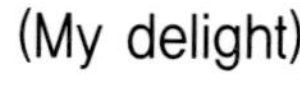

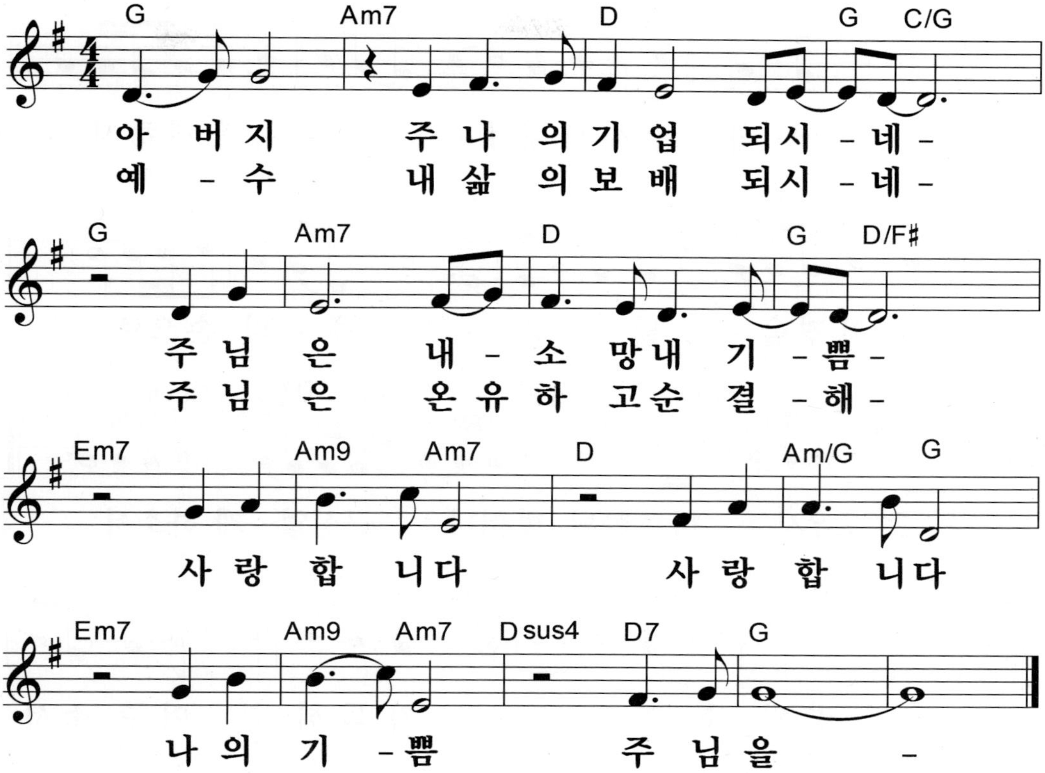

G

377 야베스의 기도

(The Prayer of Jabez)
이은수
원 컨 대 주께서내게 - 복 - 에 복을더하사 -
나의 지경을 - 넓 히 시 고 - 주 - 의 손으로 -
나 - 를 도우사 - 나로환난 벗어나 - 근심없 - 게 하소서 -
성령의 충 만을 - 가득히 부 어주 소서
- 오늘내 삶 속에 - 능력의 주 님손 길로
- 나 의 사 는날 - 그모든 순 간을
- 주님의 - -힘으로 - 채우소 서 원 컨 대

여호와 주님

378

G   D   Em   C
주 께서 지으신 모 - 든 세 - 계   그 영광 볼 때에 -
아름다우신 주님 - 의 성 - 품   겸손하신 사랑 -

G   D   C
감 출 수 없는 그 아 - 름 다 - 움   나의 노래 되네 -
비 교할 수 없는 그 - 의 이 - 름   영원히 노 래 해 -

Am   Bm   C   D
주 얼 - 굴 대 - 할 때 - 에   내 영 - 혼 송 - 축 해 -

Am   Bm   C   D
아 름 - 다 운 - 그 이 름 -   내 영 - 혼 선 - 포 해 -

C/D   G   D/F#
여 호 와 주님 - 주의 이 름이 - - 온 땅 가운데

Em   C   G
- 어찌 아름 다운지 - 요 여 호 와 주님 - 주의 이름이

D/F#   Em   C
- - 온 땅 가운데 - 어찌 아름 다운지 - 요 -

G

379 Again 1907

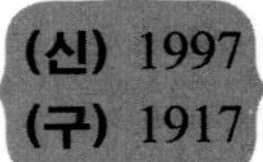

이 천

Again 1907

G   C/G   G   C/G D/F#
gain   이 땅 의 부 - 흥 이 여 -   천
Em   D/F#   G   G/B
구 백 -   칠 년 의 부 - 흥 이 여 -   이
C   D7   Bm   Em
나 라 - 주 의 법 앞 에 - 다 시 세 워 - 지 도 록
나 라 - 열 방 을 향 해 - 다 시 일 어 - 나 도 록
C   Am7   1.Dsus4   D7
부 흥 - 이 여 -   다 시 - 오 라 -   A
2.Dsus4   D7   G
라 -   이 나 라 - 위 에

G

380 예배

김영표

주의 십자가 지고 - 나 그곳 에 가리니 - 모든
영광을 위해 - 나 그곳 에 가리니 - 주님
땅의 끝 - 이 - 기근이라 도 주님 그곳에 - 나 보내 - 셨
의손이 - - - 보호하시 네 내삶 은 - - - 나그네 - 삶
으 니 - 주님의 뜻 구하며 - 찬 양 하 리 라
이 니 - 주오실날 바라며 - 선 포 하 리 라
- 주의 - 주의 십자가 - 그땅에 - 꽂 으며 - 주의
이름으로 세례를 - 주 고 내 영혼 살아도 - 주를
위함 이며 죽어도 주를위한것 - 이 니 성
령이여 - 임하소서 이땅 위에 임하소서

예배할 때 가장 행복합니다 381

382 예수 살아계신 주

정성권
예 수 - 살 아 계 신주 지금도
예 수 - 살 아 계 신주 모든 것
역 사 하 시 네 -
다 스 리 시 네 -
죽 음 - 이 기 신 - 주 사 망
영 광 - 존 귀 능 - 력 다 시
권 세 물 리 치 - 셨 - 네 -
사 신 주 께 드 - 리 - 세 -
어둠 - 속 - 에 - 갇 힌 우 리 들
주 의빛 - 으 - 로 - 부 르 셨 - 네 -
할 렐 루 야 살 - 아 - 계 - 신 - 예 수 님 -

예수 살아계신 주

그 무 - 엇 - 도 - 비교할수없 - 네 -
할렐루 야부 - 활 - 하 - 신 - 어 린 양 -
나 영원히주 - 찬 - 양 - 하 - 리 -
부활하신생명의주 - 님 - 나의 삶에 - 승 - 리주시 네 주를
찬 양 - 주 를 찬 양 - -
Fine
D.S. al Fine

383 예수 이름 높이세

최덕신

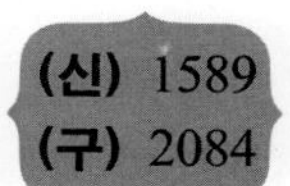

(신) 1589
(구) 2084
384
예수보다 더 큰 사랑
(No greater love)
Don Harris & Martin Nystrom 
B+7　F/C　C　C/D　Gsus4　G
예수보다더큰 사 랑 - 그누구도줄수 없 네 -
B+7　F/C　C　C/D　G
Fine
우리에게자유 주 신 - 그 큰사 - 랑 -
G　D　G/B　C　G/B　Am7　C/D　G　Em7
세상의헛된보 - 화 - 곧사 라지 - -지만 -
D　G/B　C　G/B　Am7　C/D　G
영원한주의사 - 랑 - 나의 맘 에남 - 으 - 리 -
G　D/F#　G/F　E+7(b9)　Am7
찬 양하 세 영원 히 변치 않는그사 랑 위대 - 한
G/B　G/F　F　C/E　D　G　D/F#
- 그사 랑 내죄 씻 었 - 네 세 상모 든 능 력
G/F　E+7(b9)　Am7　G/B C　C/D　B+7
D.C.
과 권세 보다강하 신 영원 한 그 - 사 랑

385
예수의 이름으로
(I will stand)
Chris Bowater
(신) 1538
(구) 1245
예 수 의 이 름 으 로 나 는 일 어 서 리 라
주 가 주 신 능 력 으 로 - 나 는 일 어 서 리 라
원 수 가 날 향 해 와 도 쓰 러 지 지 않 으 리
주 가 주 신 능 력 으 로 주 가 주 신 능 력 으 로
주 가 주 신 능 력 으 로 일 어 서 리 -

오라 우리가

최용덕

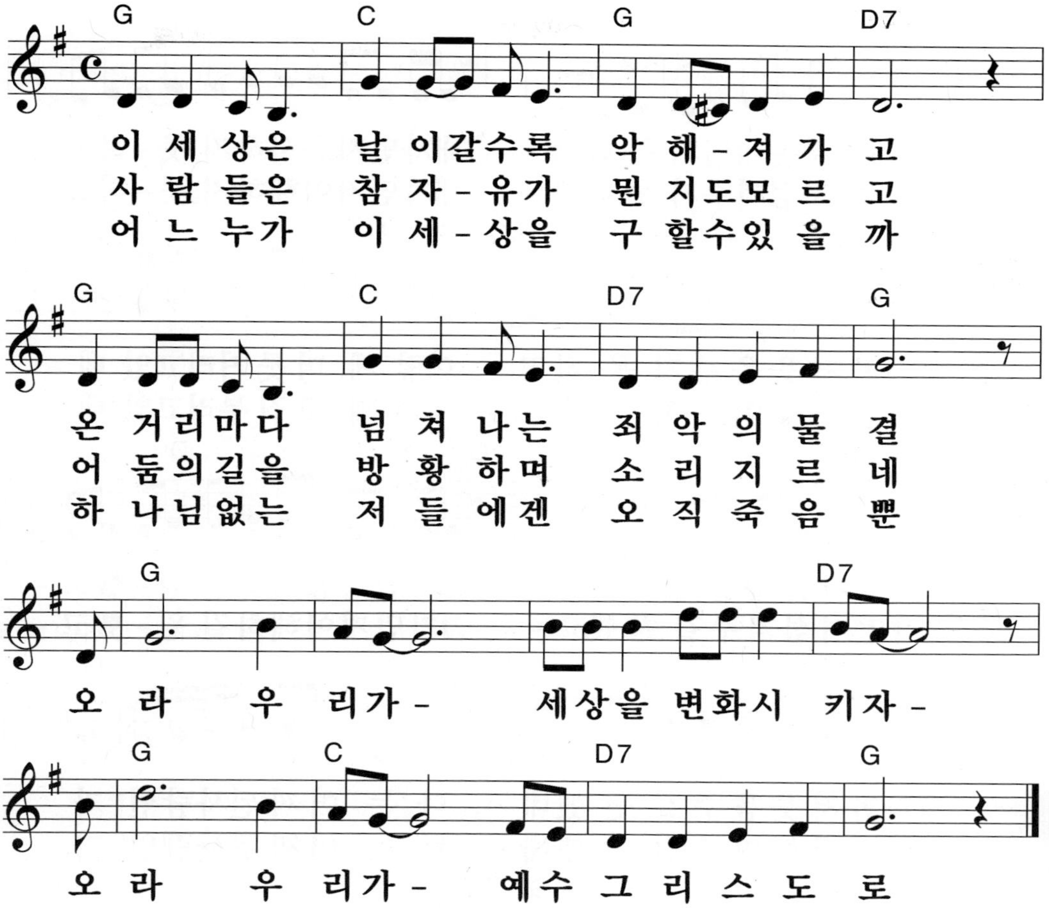
G C G D7
이 세 상은 날 이갈수록 악 해 - 져 가 고
사 람 들은 참 자 - 유가 뭔 지도모 르 고
어 느 누가 이 세 - 상을 구 할수있 을 까
G C D7 G
온 거리마다 넘 쳐 나는 죄 악 의 물 결
어 둠의길을 방 황 하며 소 리 지 르 네
하 나님없는 저 들 에겐 오 직 죽 음 뿐
G D7
오 라 우 리가 - 세상을 변화시 키자 -
G C D7 G
오 라 우 리가 - 예수 그 리 스 도 로

G

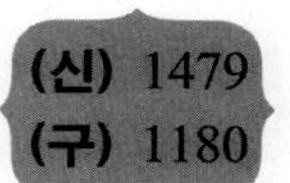

387 오늘 나는

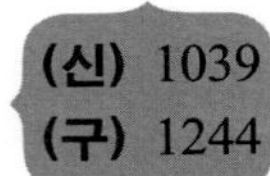

최용덕

내가먼저손내밀지 못 하고 - 내가먼저용서하지 못-하고 -
내가먼저섬겨주지 못 하고 - 내가먼저이해하지 못-하고 -

내가먼저웃음주지 못 하고 - 이렇게 머뭇거리고있 네
내가먼저높여주지 못 하고 - 이렇게 고집부리고있 네

그가먼저손내밀기 원 했고 - 그가먼저용서하길 원- 했고 -
그가먼저섬겨주길 원 했고 - 그가먼저이해하길 원- 했고 -

그가먼저웃음주길 원 했네 - 나 는 어찌된사람인 가
그가먼저높여주길 원 했네 - 나 는 어찌된사람인 가

오 -간교한 나의입술이여 - 오 -더러운 나의마음이여 -
오 -추악한 나의욕심이여 - 오 -서글픈 나의자존심이여

왜 나의입은 - 사랑을말하면서 - 왜 나의맘은 - 화해를 말하면서 -

왜 내가먼저 - 져줄수없는가 - 왜내가먼저 - 손해볼수없는가 -

오늘 나는

388 오늘 이 하루도

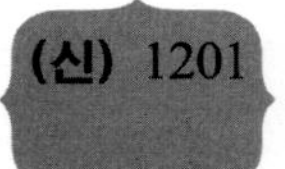

최용덕

2. G   B7   Em   /D   C   D   G
나의 걸음을 – 지치게만드는 –이들에게– 용 서를베풀게하소 서
나의 마음을 – 아프게만드는 –이들에게– 은 총을베풀게하소 서
행 복을– 빌게하소 서
축 복을베풀게하소 서

(신) 1899
(구) 863

우리들의 무기는 389

G   D7   G
우리 들의무기는육체가 아니요 그러나 강하오 참으로 강하오

G   D7   G G7
우리 들의무기는육체가 아니요 그러나 강하오 성 령안에 서

C   G   D7   G G7
견고 한 진을파하는강 력이요 강한 힘이요 참으로 강하오

C   G   D7   G
견고 한 진을파하는강 력이요 강한 힘이요 성 령안에 서

390
오직 주로 인해
(Because of who you are)
Martha Munizzi

오 직 주로- 인해 --영광- 드리 - 네   오
직 주로- 인해 --찬양- 하네 -   오 직 주로- 인해
- 나의 목 소리--높여 - 나경- 배하리 오 직 주로-인해
- - 나경- 배하리   오 직 주로-인해 -   오
- 여호-와 이 레   날-채 우시네   여호-와
닛 시   승리로 날 이- 끄시 네 여호-와 샬 롬
평 화 의- 왕- - 나경배 --하리- 오직 - 주로- 인해
- - 여호-와 - - 오 -

우리

391

G   C
외로움도견뎌나가 겠소 –   바보란 소 릴들어도좋 소
우리모두손을내밀 어서 –   넘어진 형 제일으켜주 세
우리모두손에손을 잡고 –   저험한벌판을걸어서가 세
지금까지내가한말 들은 –   배워서 한 말들이아니 오
옆에있는형제손을 잡고 –   우 – 리 모 두노래합시 다

Am   D7   Am   D   D7
나를비웃는그비웃음 들을 –   주의 사랑으로받아주겠 소
사람이살 – 면한번사는 것 – –   걸음 멈 – 추고생각해보 세
가다보 – 면폭풍도지 나고 –   캄 – 캄한밤도지나갈거 요
옳고그르고좋고나쁜 것은 –   말안 해도우리는알지않 소
서로보 – 며인사도나 누고 –   우리 모두함께일어납시 다

G   C
이모든것이힘들다 는 것을 –   주님은나에게알려줬 소
시냇 – 물이강으로흘 러서 –   저바다와 하나가되듯 이
높은산올라갈 – 때도 있고 –   푸른초원도지나갈거 요
오죽 – 하면나같은바 보가 –   여러분들께호소하겠 소
우리 – 모두발을구릅 시다 –   이렇게모든것이맞을 때

Am   G   C   D7   Am   D7   G
주님의 사 랑은 너 무나넓고크오그– 래서나는살아가겠 소
우리는 주 안에 서 하나돼야하오우– 리는하나가돼야하 오
서로를 위 하고 우 리가사랑하면모– 든것을이겨나갈거 요
우리는 하 나요 당 신과나도하나우– 리는하나가돼야하 오
우리는 주 안에 서 하나돼야하오우– 리는하나가돼야하 오

392 우리는 주의 움직이는 교회

(We Are His Church)

Peter Kim

은혜 찬양
393
안정환
이 모든것 - 이 - 주님의 은혜 - 이 모든것 - 이 - 은혜라
- 네 - 이 모든것 - 이 - 주의 은혜 - 은혜 - 은혜라
- 네 - 이 - 네 - 내가 가진것들중 - 에 - 받지
않은것하나도없으니 - 오 직 주님의은 - 혜 - 라 - 이
은혜를깨달음도 모 두 주님께있으니 - 모든것이 - 주님의
선물 - 이 모든것 - 이 - 주님의
은혜 - 이 모든것 - 이 - 은혜라 - 네 - 이
모든것 - 이 - 주의 은혜 - 은혜 - 은혜라 - 네 -

394 은혜 아니면

조성은
G D C D7 G D7
어둠 속 헤매 이던 내 영혼 갈길 몰라 방황할때에 -
Em Bm Am7 Dsus4 D7
주의 십자가 - 영광의 그 빛이 나를 향해 비추어주셨 네
G D9/F# Em7 Bm7 C G/B
주홍 빛보 다더 붉 은 내죄 그리 스도 의피로씻-기 어
Am7 D7 Bm7 Em7 Am7 Dsus4 D7
완전한사랑 주 님의은혜로 새 생명주께얻었 네
D7 C/E D/F# G B7/D# Em
은혜아 니 면 나서지못하 네
Dm G7 C Am Dsus4
십자가의그사 랑 능력아니 면 나서지못하 네
D7 C9/E D7/F# G B7 Em
은혜아 니 면 나서지못하 네
1. Em7/D C Am7 D7 G
놀라운사 랑 그은혜아니 면 나서지못하 네 나의

은혜 아니면

노 력과 의지 가 아닌 오직 주님 의그뜻안 - 에 서
의로운자라 내게 말씀하셨네 완 전하신그은혜 로 은혜아 니
완전한사 랑 그은혜아니 면 나서지못하 네 이제나사는것아니
요 오직 예수 내안에살아 계시니 - 나의 능력아닌 - 주의
능력으로 - 이제 주와 함께 살리 라 - 오직은 혜 로
나살아가리 라 십자가의그사 랑 주의능력으
로 나는서리 라 주의은 혜 로 나살아가리
라 십자가사 랑 그능력으 로 나 살 리 라

395 은혜 아니면
(Were It Not For Grace)

David Hamilton & Phil McHugh

은혜 아니면

D C G D C G
내모든찬양 을 주님께드 -리네 출발조차
CM7 Bm7 B7 Em7 Em
못 할경주- 를 날대신해 홀로걸어가 신 주님의그사
E♭ Fm F/A Dm7 B♭/D Dm7
랑 말 로다 할수없 네 주님안 에 있기
E♭ Dm Cm Cm/B♭ A7sus4 D/F♯ G/B D.S.
에 그 어 떤 것도 나두렵지 않네 - 은혜아 니
D/F♯ C/E D/F♯ G7/B Esus4 E7 Am C7/G
주 은혜아 니 면- -- 이길-수 없네- 끝없는-경
D/F♯ Am7/E D/F♯ C7/G Cm/G G
주 은혜아니 - 면- - -
G

396 의지

김인식
주의오 - 른손 - - 나는 의지하 - 리라 - 환난 이라도 - 주앞에
굴복하 - 겠네 - 주의십 - 자가 - - 나는 자랑하 - 리 - 라 손가
락질 - 하고 - 핍박받 - 아도 - 난 복음놓지 - 않으리 -
사랑의주 - 평화의주 - - 당신 앞에서 - 리라 - 겸손의주
- 자비의주 - - 당신 안에거 - 하 - 리 - 전능하 - 신
여호와 - 앞에 - 나 - 겸손히 - 서 - 네 - 주이름만이
- 능력있네 - 주만 의지하 - 네 - 나의 주님내 - 편에 - - 나 -
주 님의 - 편 - 에 - 두려움없네 - 강 함주시네 - 나의
방 패되 - 시네 - - - 나를눈동자같이 - 지키시네 -

(신) 2000
(구) 1739

이 믿음 더욱 굳세라

(We will keep our faith)

Don Besig & Nancy Price

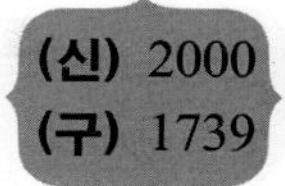

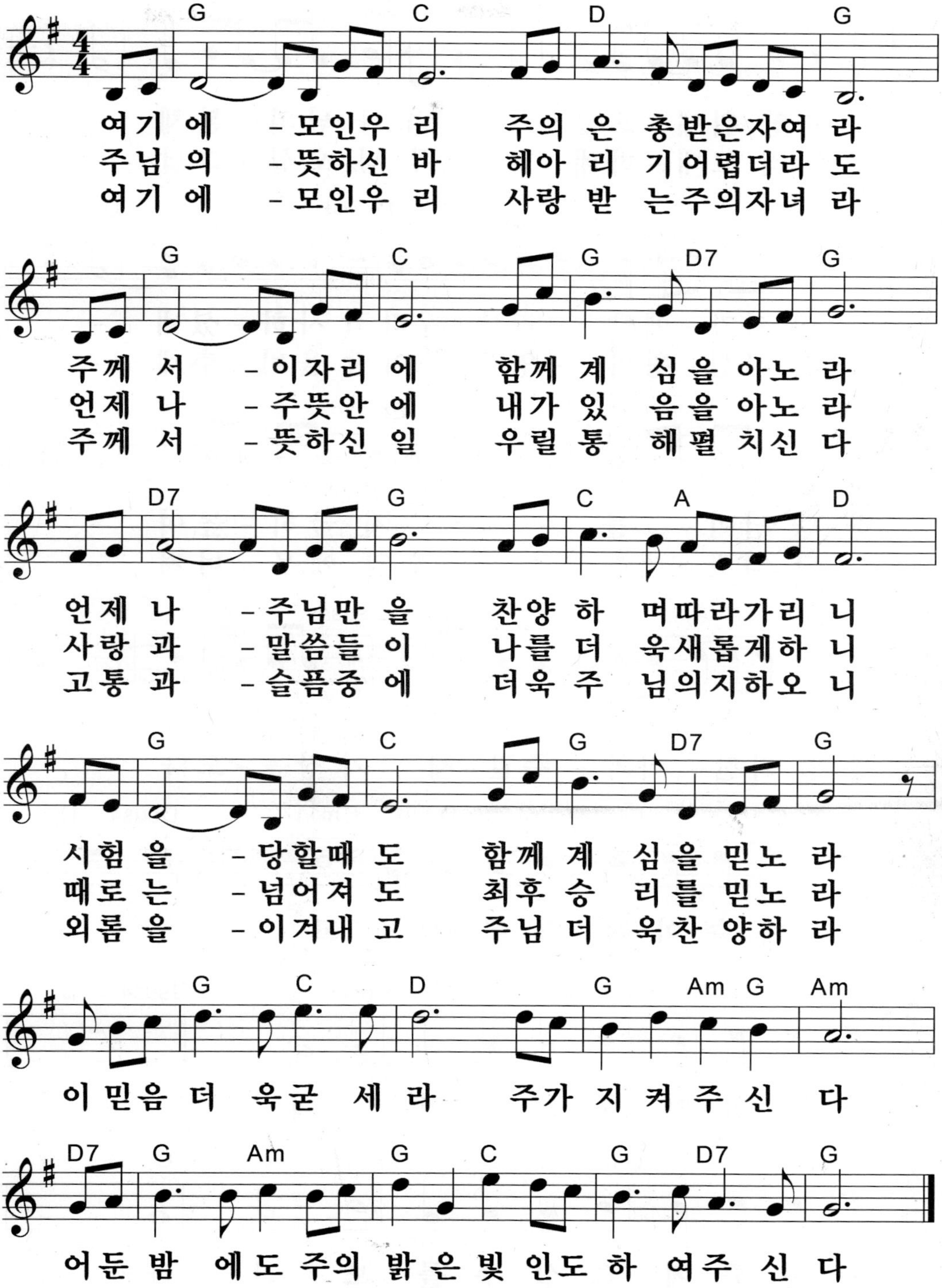

G

398

이 땅 위에 오신

(Hail to the King)

(구) 1686

Larry Hampton

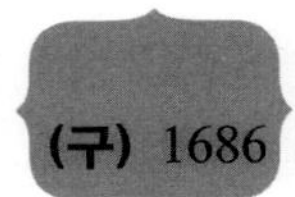

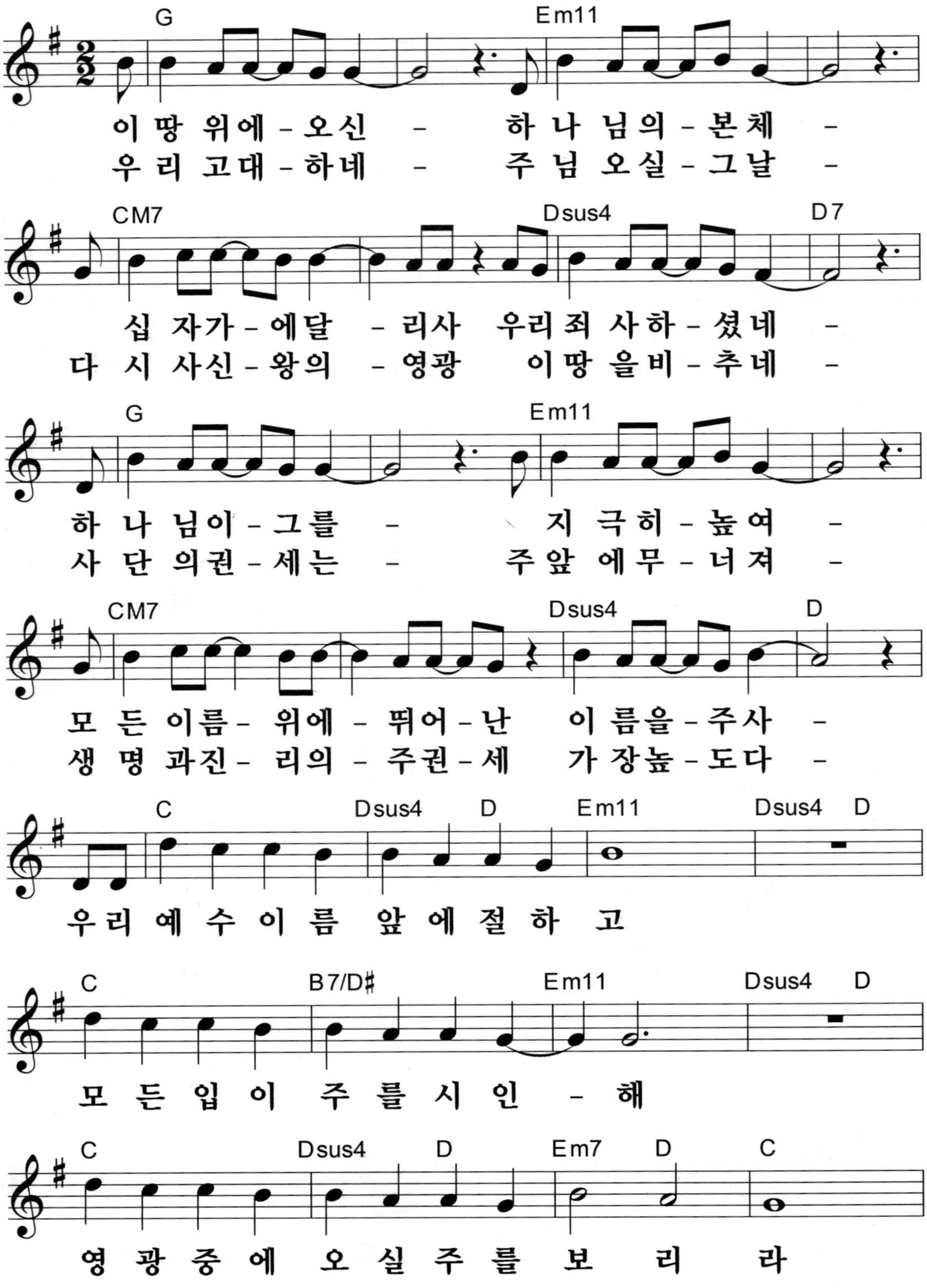
G Em11
이 땅 위에 - 오신 - 하 나 님의 - 본체 -
우 리 고대 - 하네 - 주 님 오 실 - 그날 -
CM7 Dsus4 D7
십 자가 - 에달 - 리사 우리죄 사하 - 셨네 -
다 시 사신 - 왕의 - 영광 이 땅 을비 - 추네 -
G Em11
하 나 님이 - 그를 - 지 극히 - 높여 -
사 단 의권 - 세는 - 주앞 에무 - 너져 -
CM7 Dsus4 D
모 든 이름 - 위에 - 뛰어 - 난 이 름을 - 주사 -
생 명 과진 - 리의 - 주권 - 세 가 장높 - 도다 -
C Dsus4 D Em11 Dsus4 D
우리 예 수 이 름 앞 에 절 하 고
C B7/D# Em11 Dsus4 D
모 든 입 이 주 를 시 인 - 해
C Dsus4 D Em7 D C
영 광 중 에 오 실 주 를 보 리 라

전부이신 주님께

399

임미옥 & 송세라

400 이곳에서

모두나-와 주경 배하네 -
생명주-신 주우 리왕께 -
인도하-신 부르심따라 -
허물과-죄 고백함으로 -
우리의-힘과- 계획을 -내려-놓고-
주님의-얼굴- 전심으 -로구-할때-
주님만바라보네 -
주님응답하시네
- 이곳에서 -주님을예배하네 - 여기까지 -우릴인도하셨네
- 주의크신 -능력우-릴 붙 -드셨네- 주님앞에나올때
- 이곳에서 -우리는예배하네 - 행하신일 -다함께노래하네
- 우리를돌 -이키시 -는 주 -의 계획-
이 곳 에 세 우 셨 네 - 우 리 위 -해 -

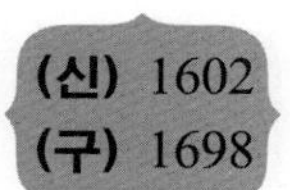

일어나라 주의 백성

(신) 1602
(구) 1698
401
이 천
일어나라주 -의백성- 빛을발-하라 -
주가너의 영 -광으로- 임하시 리라 -
온세상이 어 -둠속에헤 - 매고-있지만 -
주가너와 함 -께계셔회 - 복을명하리라 -
일 어 나 라 - 빛을 발 하라-
만백성이 - 너의빛 -을보-고- 사방에서나아오네
- 일어나라 - 빛을 발 하라-
만백성이 - 자유함 -을얻 -어- 기 뻐 하는도다 -

402 정결한 맘 주시옵소서

(Create in me a clean heart)

Keith Green

(신) 1181
(구) 843

주 광대하시네

(Magnificient)

RayMond Bsdham

404
존귀한 어린양
(Worthy is the Lamb)
Darlene Zschech

주님께감 사 --해 - 생 명주신 그 사 -랑
사 --해 - 날위해못 박 힌 -손

- 내부끄러 운죄-를- 사 하시-고- 놀 라운은-혜-주-
- 주의보혈 로나-를- 씻

네 주님께감 으시-고- 주품- 에품으-시네 - 존

귀한-어-린양 - - - - 좌정-하-신주 - - - -

면류관-쓰신 -주-님- 날 다스리-시네 -

하 나-님 -아들 - - - - 높 여-경-배해

- - - - - 십 자가에달-리-신 -주-님 -

존귀한 어린양

D sus4   Am7   G/B   C
존 귀 하 신 - - 주 - -   어 린 양 찬
Am7   G/B   D sus4   Am7   G/B
- - 양 - -   어 린 양 찬 - 양 -
C   Last to Coda   Am7   G/B   1. D sus4
- 존 귀 하 신 - - 주 -   어 린 양 찬
2. D sus4   D/F#   Am7   G/B   D   G
D.S. al Coda
- - - 주 - -

G

405 주 나의 모든 것

(You are my all in all)

Dennis Jernigan

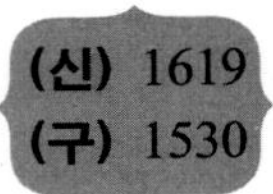

주 사랑 놀라와

(Hallelujah(Your Love Is Amazing))

Brian Doerksen & Brenton Brown

407 주 사랑해요

(구) 2174

(I'll Always Love You I Just Want To Love)

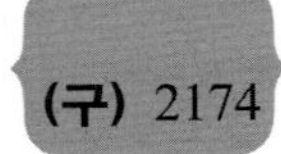

Tim Hughes

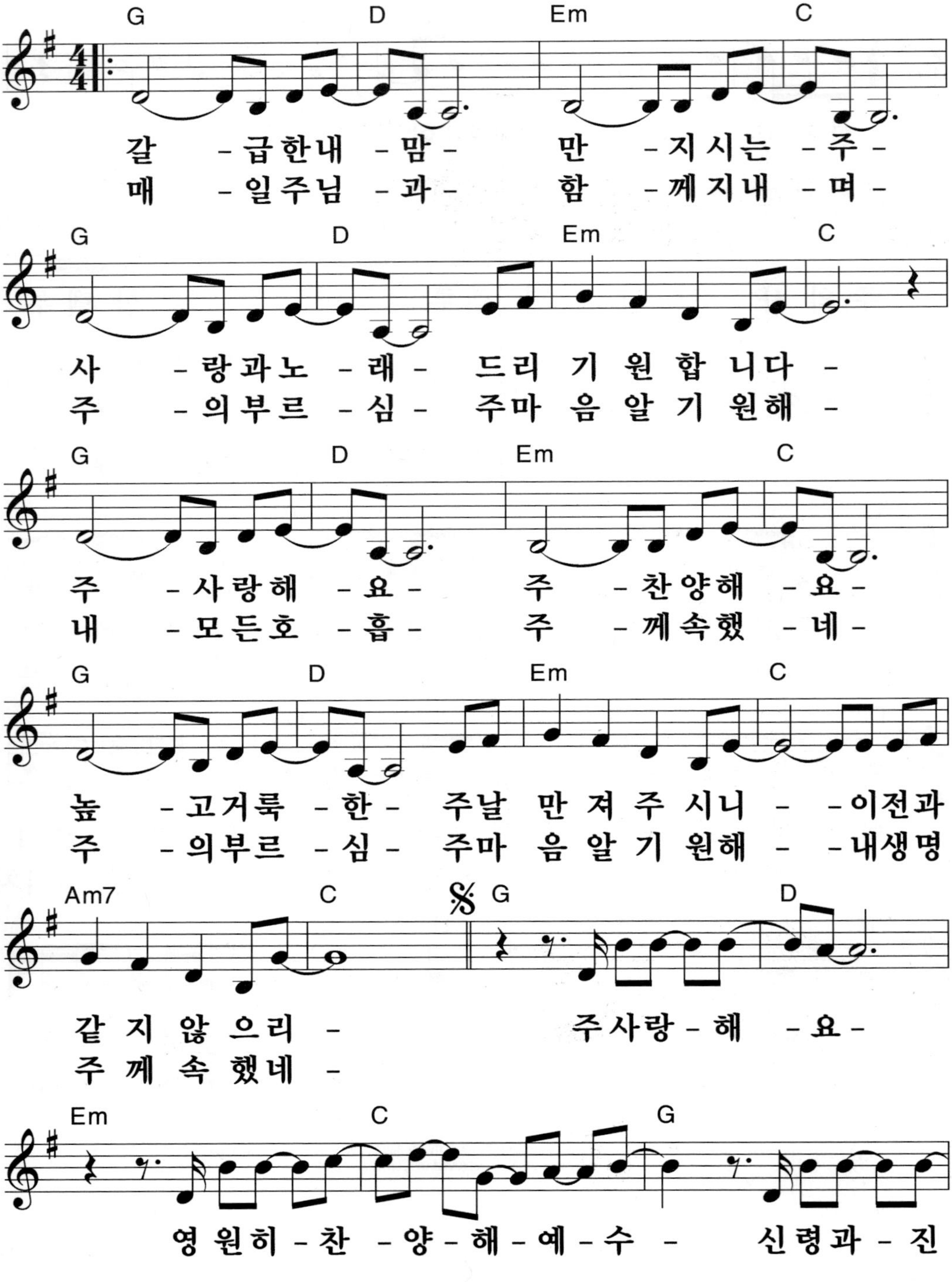

주 사랑해요

O.T. : I'll Always Love You I Just Want To Love / O.W. : Tim Hughes
O.P. : Thankyou Music Ltd / S.P. : Universal Music Publishing Korea, CAIOS
Adm. : Capitol CMG Publishing / All rights reserved. Used by permission.

408 주 예수 기뻐 찬양해

(Celebrate Jesus)

Gary Oliver

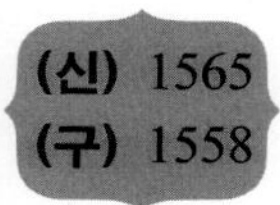

주 예수의 이름 높이세

(We want to see Jesus lifted high)

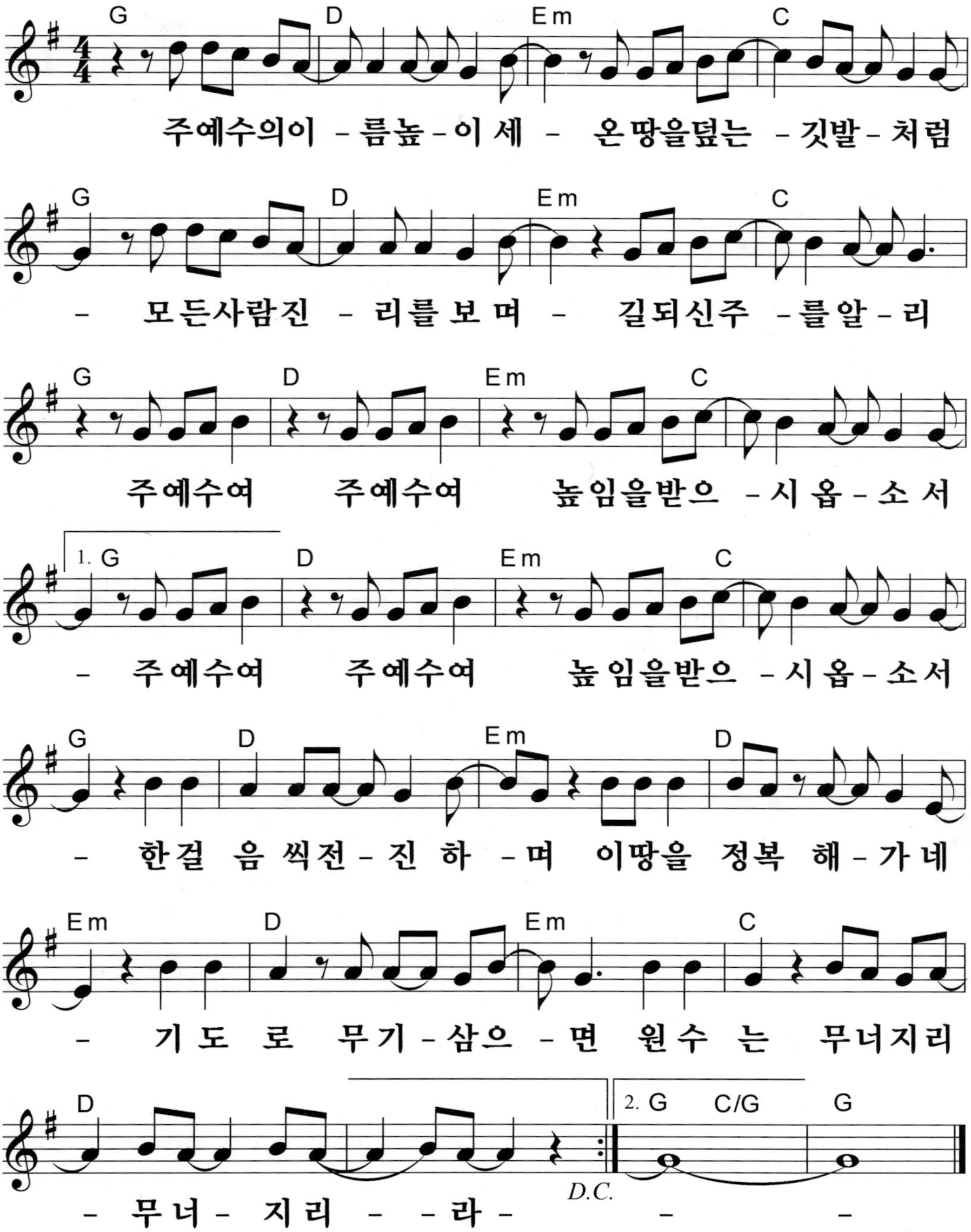

409

Doug Horley

410 주께 드려요

신현진 & 김재중
아무런염 - 려하 - 잖아도 - 내마음아 - 시 니 -
나오직주 - 의 얼 - 굴만을 - 구하게하 - 소서 -
겸손히주 - 의 선 - 하심을 - 바라게하 - 소서 -
주님이내 - - 안에 - 내가또 주 님안 - 에서 -
영 원히 - 함께 있 - 기를원 - 하네 - 나주님
만 을섬 - 기 며 - 기쁨으로 - 노래 - 하리 -
내 삶을 - 주께드 - 려요 -

주께서 다스리네

김재우

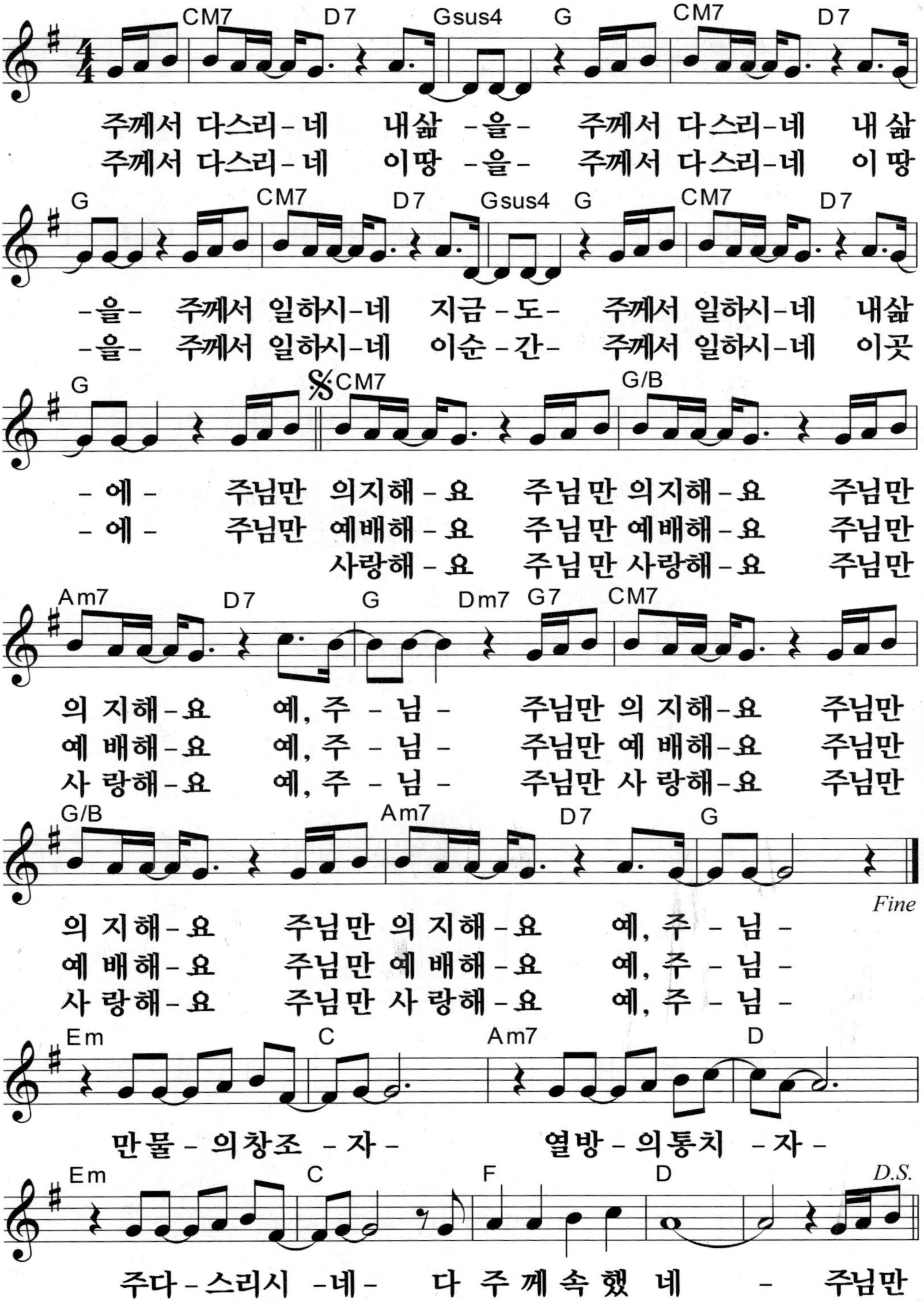
CM7 D7 Gsus4 G CM7 D7
주께서 다스리-네 내삶 -을- 주께서 다스리-네 내삶
주께서 다스리-네 이땅 -을- 주께서 다스리-네 이땅
G CM7 D7 Gsus4 G CM7 D7
-을- 주께서 일하시-네 지금-도- 주께서 일하시-네 내삶
-을- 주께서 일하시-네 이순-간- 주께서 일하시-네 이곳
G CM7 G/B
-에- 주님만 의지해-요 주님만 의지해-요 주님만
-에- 주님만 예배해-요 주님만 예배해-요 주님만
사랑해-요 주님만 사랑해-요 주님만
Am7 D7 G Dm7 G7 CM7
의 지해-요 예, 주 - 님 - 주님만 의 지해-요 주님만
예 배해-요 예, 주 - 님 - 주님만 예 배해-요 주님만
사 랑해-요 예, 주 - 님 - 주님만 사 랑해-요 주님만
G/B Am7 D7 G
의 지해-요 주님만 의 지해-요 예, 주 - 님 -
예 배해-요 주님만 예 배해-요 예, 주 - 님 -
사 랑해-요 주님만 사 랑해-요 예, 주 - 님 -
Fine
Em C Am7 D
만물-의창조 -자- 열방-의통치 -자-
Em C F D D.S.
주다-스리시 -네- 다 주 께 속 했 네 - 주님만

412 주님 가신 길 십자가의 길

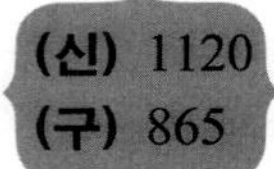

김영기 & 최형섭

주님 만이

조효성

(구) 1819
나 약해있을때 에 도 주 님은함께계 시
시험당할때 에 도 주 님이지켜주 시
고 나 소망잃을때 에 도 주
고 나 실망당할때 에 도 주
님은내게오 시 네 나 님이위로하 시 네
주 님 만 - 이 내 힘이시 며
오 주님 만 - 이 날 도우시 네
오 나의 주 - 님 내 아버지 여
오 나의 주 - 님 내 사랑 이 여

414 주님 마음 내게 주소서

(구) 2221

(Look into my heart)

Ana Paula Valadao

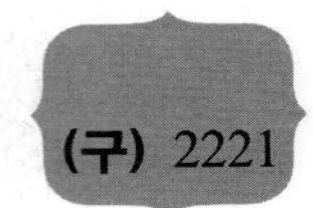

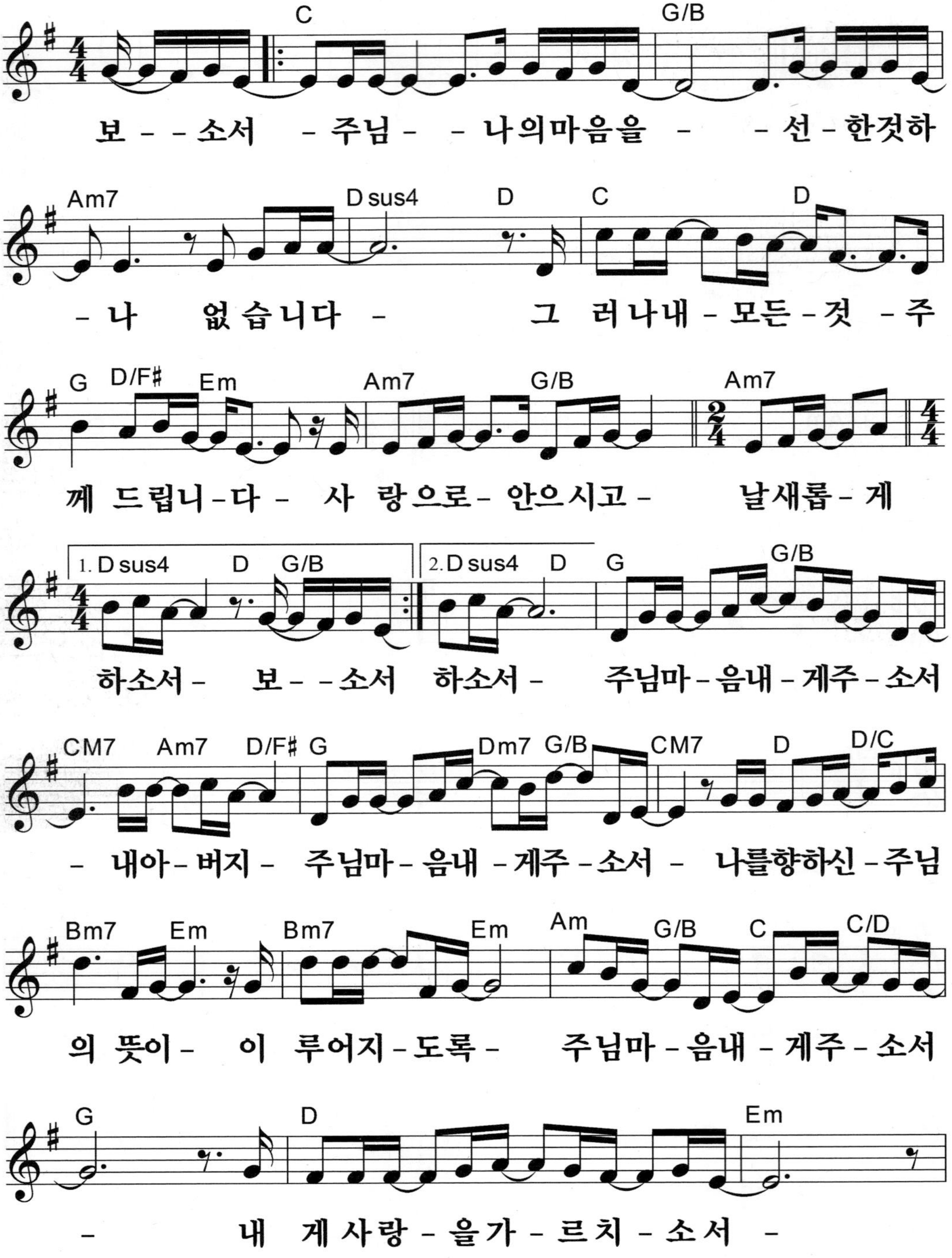

당신 의 마음 – 으로 – 용서 하 게하 – 소서 –
주의성 – 령내 – 게채 – 우사 주의길 – 가게 – 하소 – 서
– 주 님 당신마음 주소서 – 주소서 –
주님마 – 음내 – 게주 – 소서 – 내아 – 버지 –
주님마 – 음내 – 게주 – 소서 – 나를향하신 – 주님 의 뜻이 –
이 루어지 – 도록 – 주님마 – 음내 – 게주 – 소서 –

415 주님 한 분 만으로

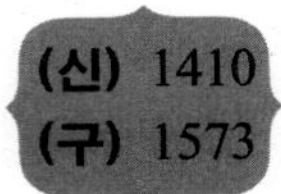

박철순

주님은 신실하고

(Sweeter Than The Air)

Scott Brenner & Andre Ashby

416

417 주님을 보게 하소서

(신) 1634
(구) 1243

주님과 같이

418

(There is none like You)

Lenny LeBlanc

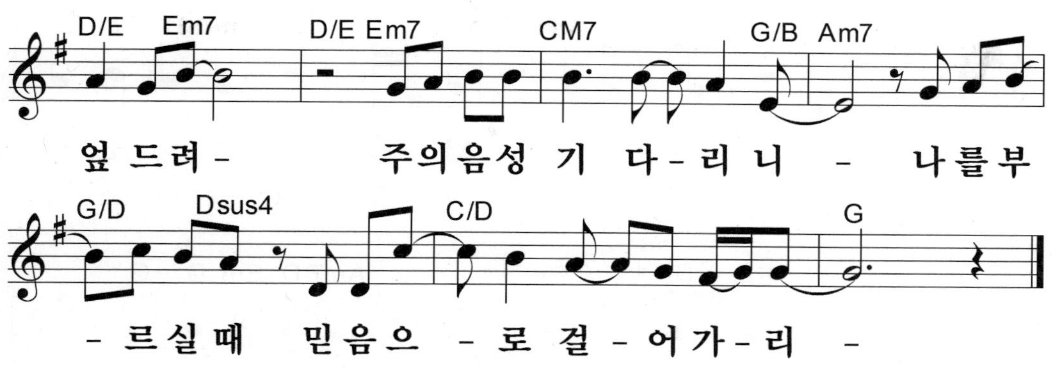

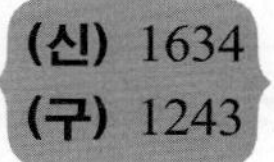

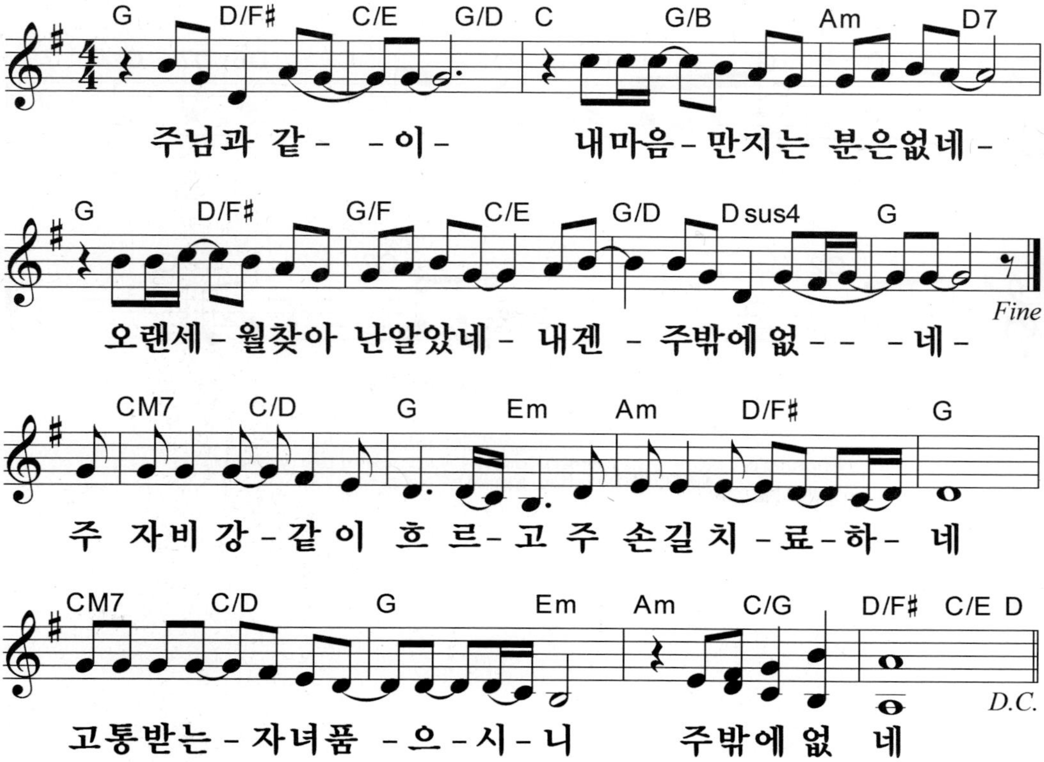

G

419 주님의 손으로

(구) 741

(Hold me Lord)

Danny Daniels

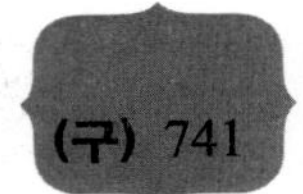

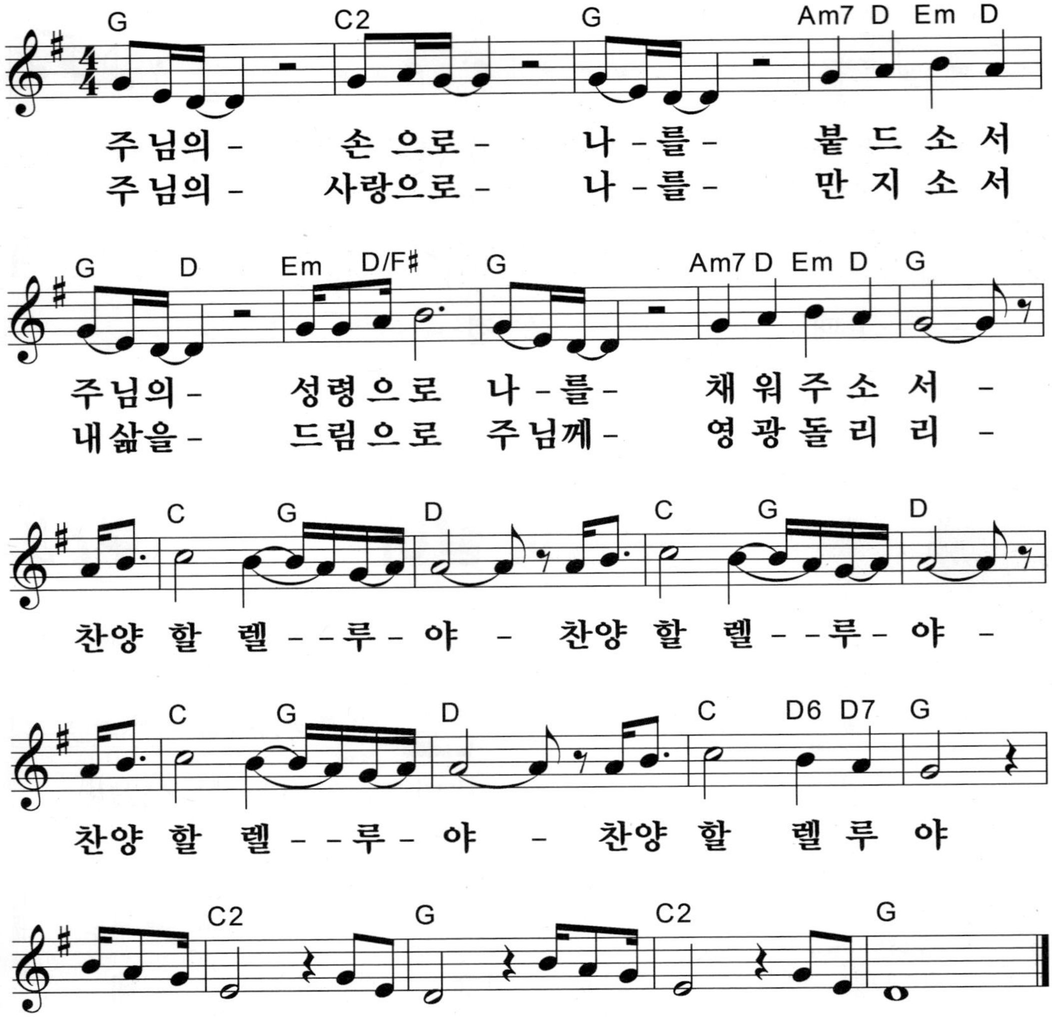

주님의 영광

420

고형원

421 주님의 영광 나타나셨네

(The Lord has displayed His glory)

David Fellingham

주님의 영광 나타나셨네

Am   D6   D7   Bm7   E aug   E7
나 는 선 포 하 - 리   만 왕 의 왕 예 - 수

Am9   D7   G   C   G
주 의 나 라 임 하 시 네 - -

O.T. : Lord Has Displayed His Glory / O.W. : David Fellingham
O.P. : Thankyou Music Ltd / S.P. : Universal Music Publishing Korea, CAIOS
Adm. : Capitol CMG Publishing / All rights reserved. Used by permission.

주님여 이 손을

(신) 1759
(구) 854

422

Anonymous

G   C   G
주 님 여 이 손 을 꼭 잡 고 가 소 서 - 약 하 고 피 곤
인 생 이 힘 들 고 고 난 이 겹 칠 때 - 주 님 여 날 도

Em7   Am7   D7   G   G7
한 이 몸 을   -   폭 풍 우 흑 암 속 헤 치
와 주 소 서   -   외 치 는 이 소 리 귀 기

C   G   D7   C/G   G
사 빛 으 로 - 손 잡 고 - 날 인 도 - 하 소 서   -
울 이 시 사 - 손 잡 고 - 날 인 도 - 하 소 서   -

423
주님의 은혜 넘치네
(Your Grace is Enough)
Matt Maher
주 신 - 실 하 - 심 놀 - 라 워 -
공 의 - 와 사 - 랑 놀 - 라 워 -
죄 인 - 의 마 - 음 흔 - 드 네 -
약 한 - 자 들 - 어 쓰 - 시 네 -
자 비 - 의 물 - 가 로 - 인 도 - 하 시 니
구 원 - 의 노 - 래 로 - 인 도 - 하 시 니
그 무 - 엇 도 - 끊 지 - 못 해 -
만 백 - 성 함 - 께 찬 - 양 해 -
주 여
기 억 - 하 소 서 - 주 백 성 - 자 녀 들 - 신
실 한 - 주 님 의 - 약 - 속 -
주
님 의 은 혜 - 내 게 넘 치 네 - 나

주님의 은혜 넘치네

G

424 주를 높이기 원합니다

(I give You my heart)

Reuben Morgan

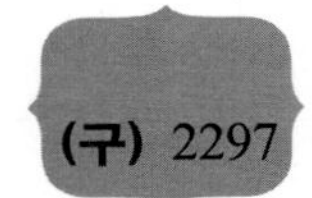

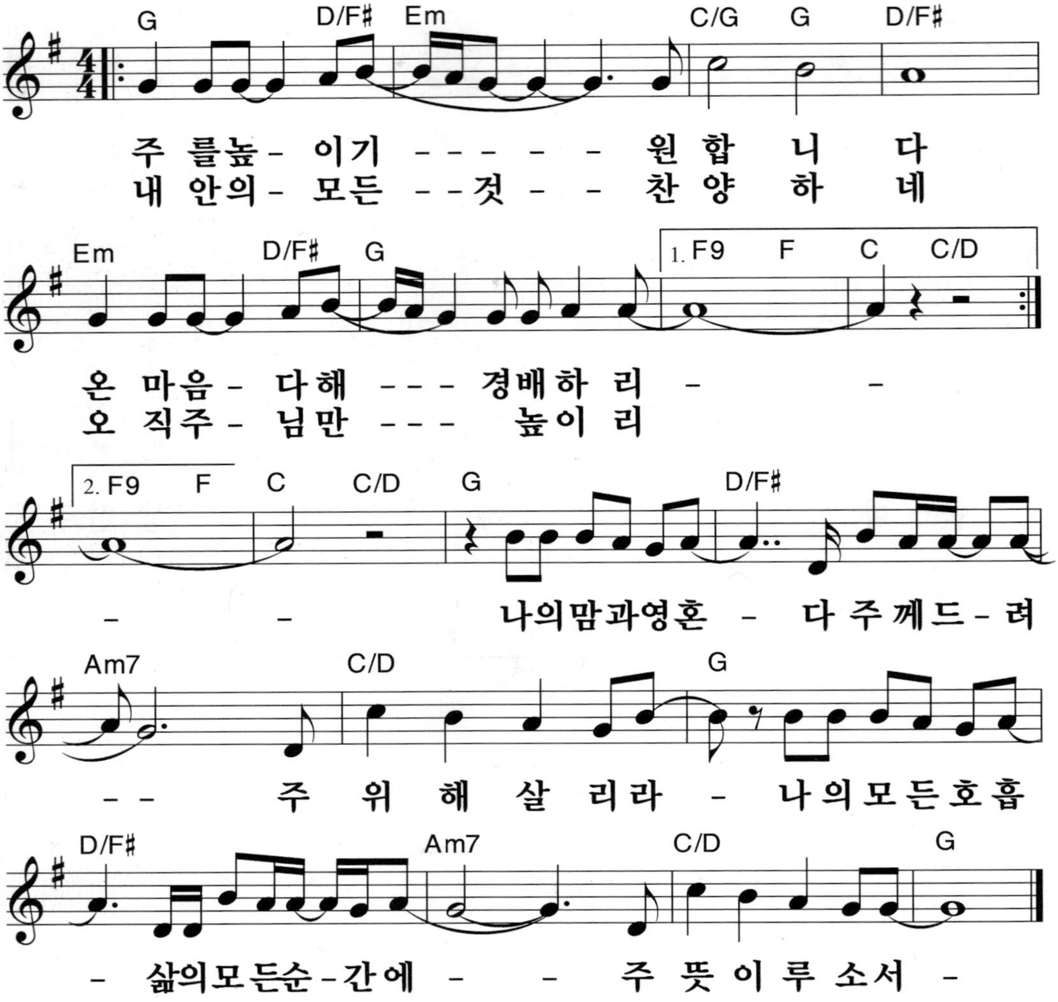
G D/F♯ Em C/G G D/F♯
주 를높- 이기 - - - - - - 원 합 니 다
내 안의- 모든 - -것 - - 찬 양 하 네
Em D/F♯ G 1. F9 F C C/D
온 마음- 다해 - - - 경배하 리 - -
오 직주- 님만 - - - 높이 리
2. F9 F C C/D G D/F♯
- - 나의맘과영혼 - 다 주 께드 - 려
Am7 C/D G
- - 주 위 해 살 리라 - 나의모든호흡
D/F♯ Am7 C/D G
- 삶의모든순 -간에 - - 주 뜻 이 루 소서 -

(구) 2297

주를 찬양

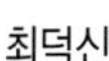

425

최덕신

G2　G/B　C　D　G　C　G/B
세 상의유혹시험이－내게 몰려올때－에 나 의힘으론그것들－
거 짓과속임수로－－가득 찬세상에－서 어 디로갈지몰라－－
주 위를둘러보면－－아－ 무도없는－듯 믿 음의눈을들면－－

Am9　D　G2　G/B　C　D　G
모두 이길수없네－ 거 대한폭풍가운데－ 위축 된나의영혼－
머뭇 거리고있네－ 공 중의권세잡은자－ 지금 도우리들을－
보이 는분계시네－ 지 금도내안에서－－ 역사 하고계시는－

C　G/B　Am9　Dsus4　D7
어 찌할바를몰라－ 헤매 이고 있 을때　　－
실 패와절망으로－ 넘어 뜨리려하네　　－
사 망과어둠의권세물리 치신예수님　　－

C/G G　C D7　G　C　G/B　Am9　Dsus4 D
주를 찬 양 손 을들고찬－양 전 쟁 은나에게속－ 한것아니니－

C/G G　C D7　G　C　G/B　Am Dsus4 D7　G
주를 찬 양손 을들고찬－양전 쟁 은하나님께－속한 － 것 이 니

G

426 주의 십자가 보혈 아니면
김석균

주의 십자가 - 보혈아니면 - 내가 어찌 -죄사함받으며 -
주의 은혜가 - 아니고서야 - 내가 어찌 -부르심받으며 -

주의 십자가- 보혈아니면 - 내가 어찌 -구원을받으랴 -
주의 은혜가- 아니고서야 - 내가 어찌 -쓰임을받으랴 -

주의 십자가 - 보혈아니면 - 내가 어찌 -주의자녀되며 -
주의 은혜가 - 아니고서야 - 내가 어찌 -평안을누리며 -

주의 십자가 - 보혈아니면 - 내가 어찌 -영생을얻으랴 -
주의 은혜가 - 아니고서야 - 내게 어찌 -능력이있으랴 -

주의 보 혈 능력 있도다- 주의피 - 믿으오 -
주의 은 혜 풍성하도다- 넓고도 - 깊도다 -

주의 보 혈 그어린양의- 매우 귀 중한피로 다
주의 은 혜 한량없도다- 매우 놀 랍고크 도 다

Fine

주의 십자가 - 보혈아니면 - 내가 어찌 -죄사함받으며 -

찬양하라 내 영혼아
(Bless the Lord, oh my soul)

Margaret Evans

428 주의 손에 나의 손을 포개고

주영광

(신) 1573
(구) 2111

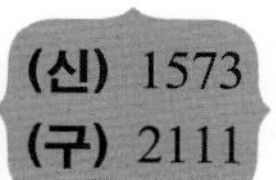

주의 이름 높이며

(Lord I lift Your name on high)

Rick Doyle Founds

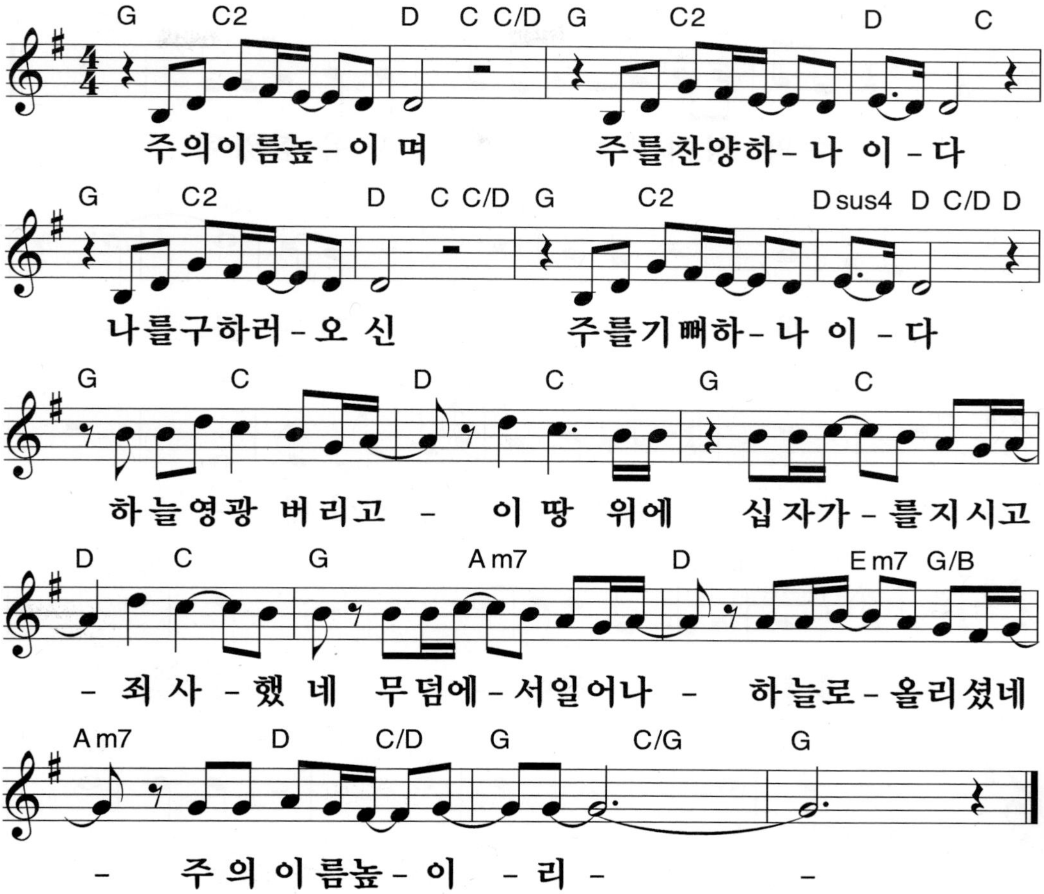

430 주의 영이 계신 곳에

(Freedom)

Darrell Evans

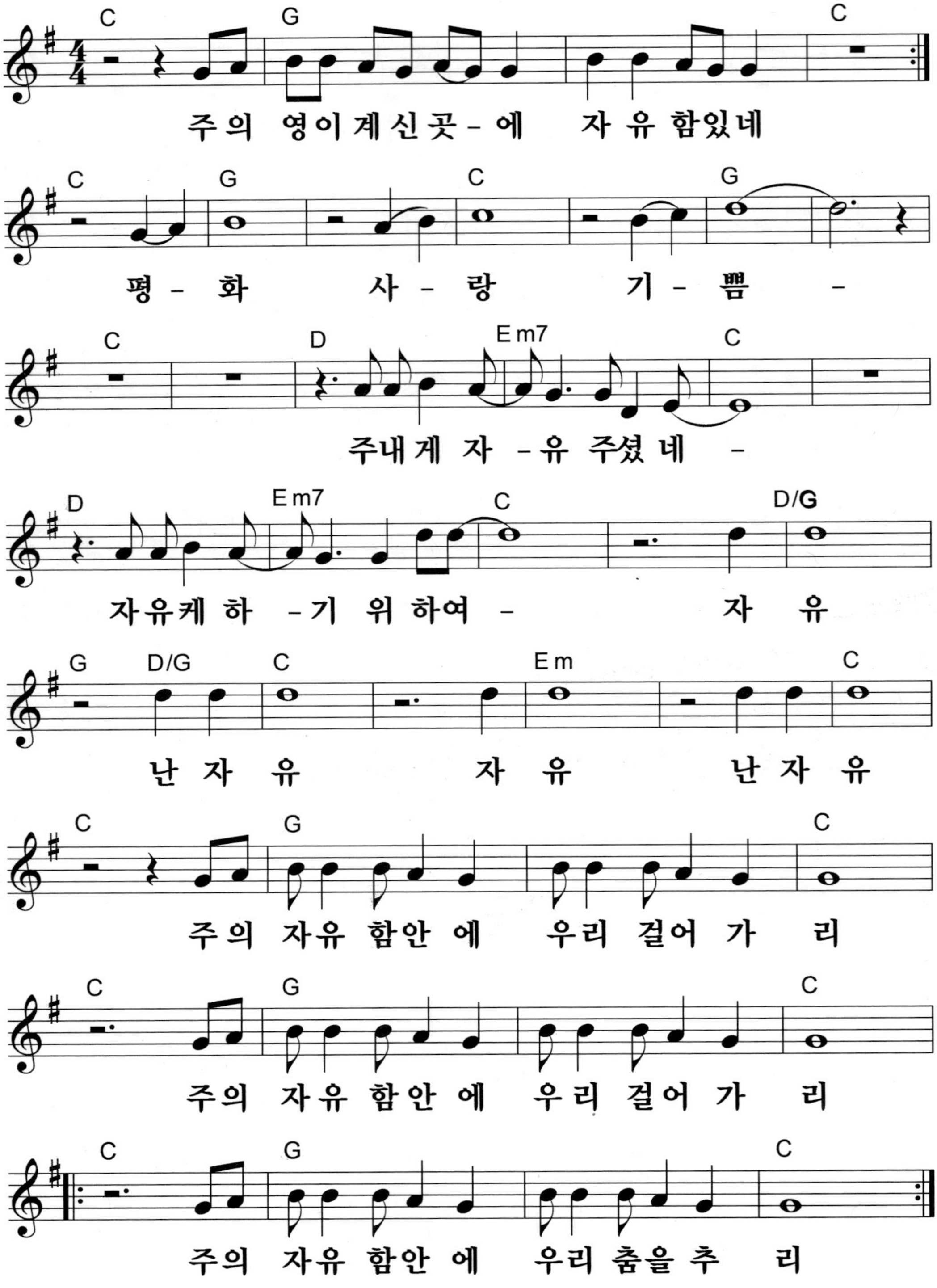
C G C
주의 영이계신곳-에 자유 함있네
C G C G
평-화 사-랑 기-쁨 -
C D Em7 C
주내게 자-유 주셨네 -
D Em7 C D/G
자유케하 -기 위하여 - 자 유
G D/G C Em C
난자유 자유 난자유
C G C
주의 자유 함안 에 우리 걸어 가 리
C G C
주의 자유 함안 에 우리 걸어 가 리
C G C
주의 자유 함안 에 우리 춤을 추 리

G

431 주의 이름 송축하리

(신) 1303
(구) 1222

(The name of the Lord)

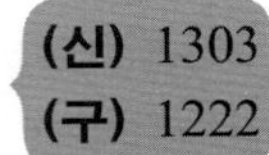

Clinton Utterbach

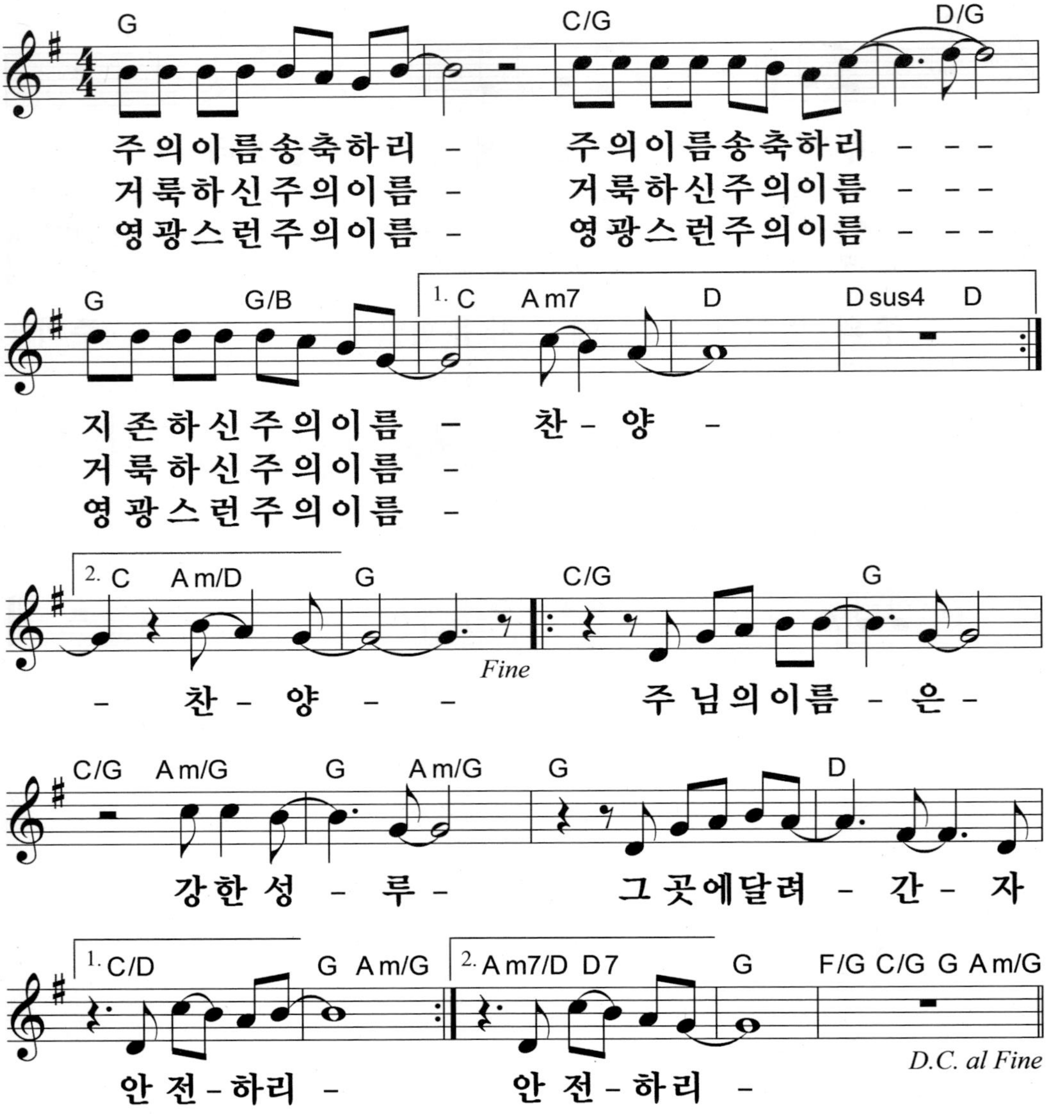

주의 인자하심이

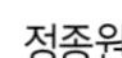

정종원

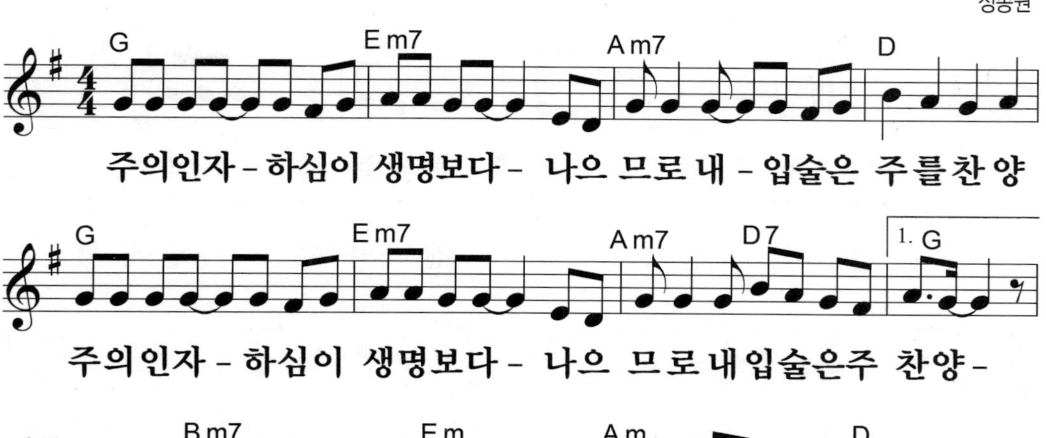

G

433 주의 횃불 들고

(Let the flame burn brighter)

Graham Kendrick

(신) 1908
(구) 1341

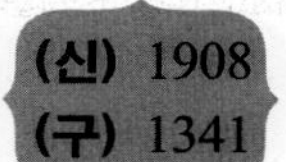

지존하신 주님 이름 앞에 434

(Jesus at Your name)

Chris Bowater

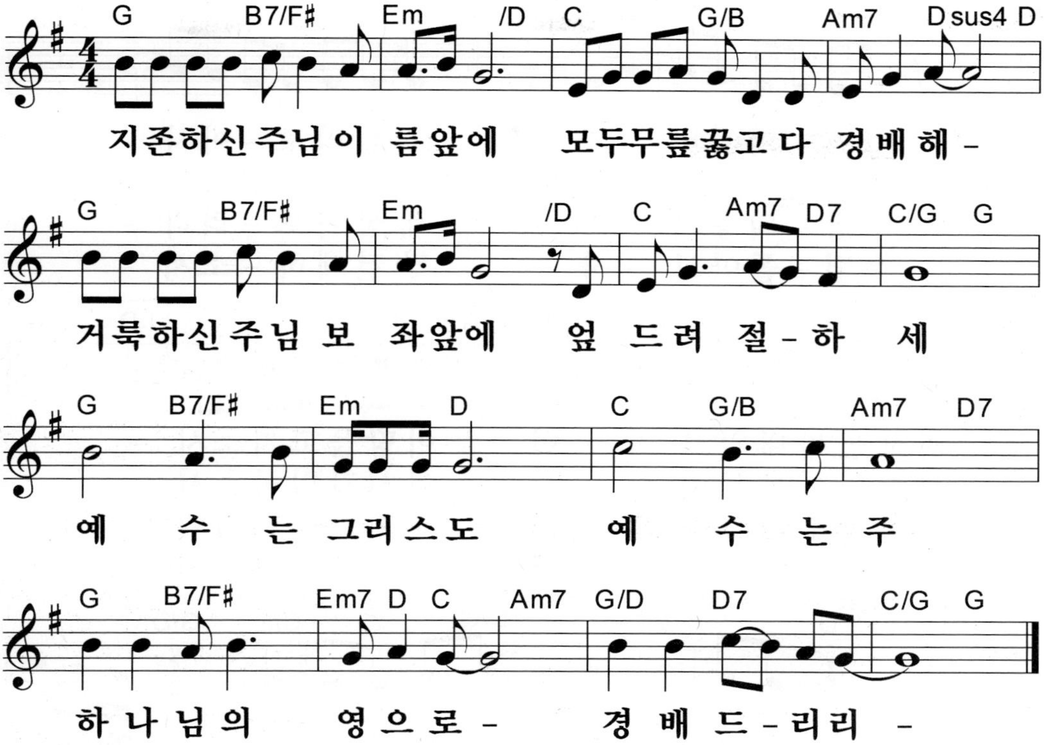

G

(구) 1737

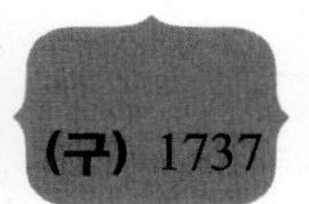

하나님께서 당신을 통해 435

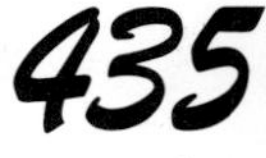

김영범

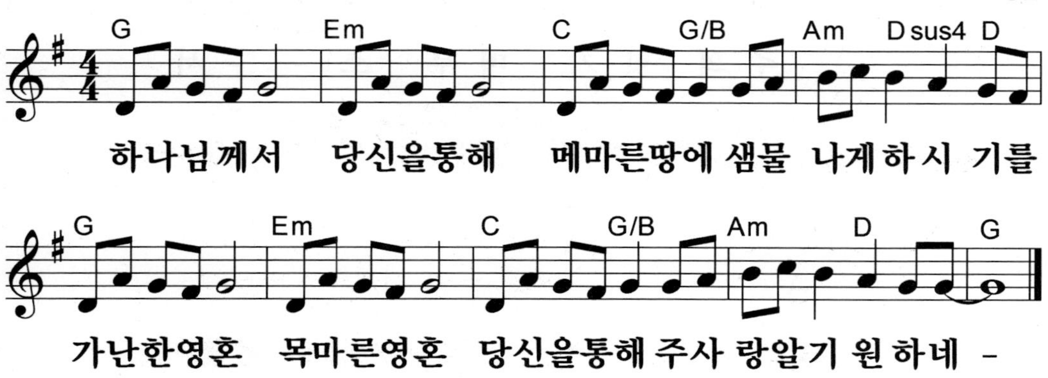

436

창조의 아버지

(Let Your Glory Fall)

(신) 1551
(구) 2090

David Ruis

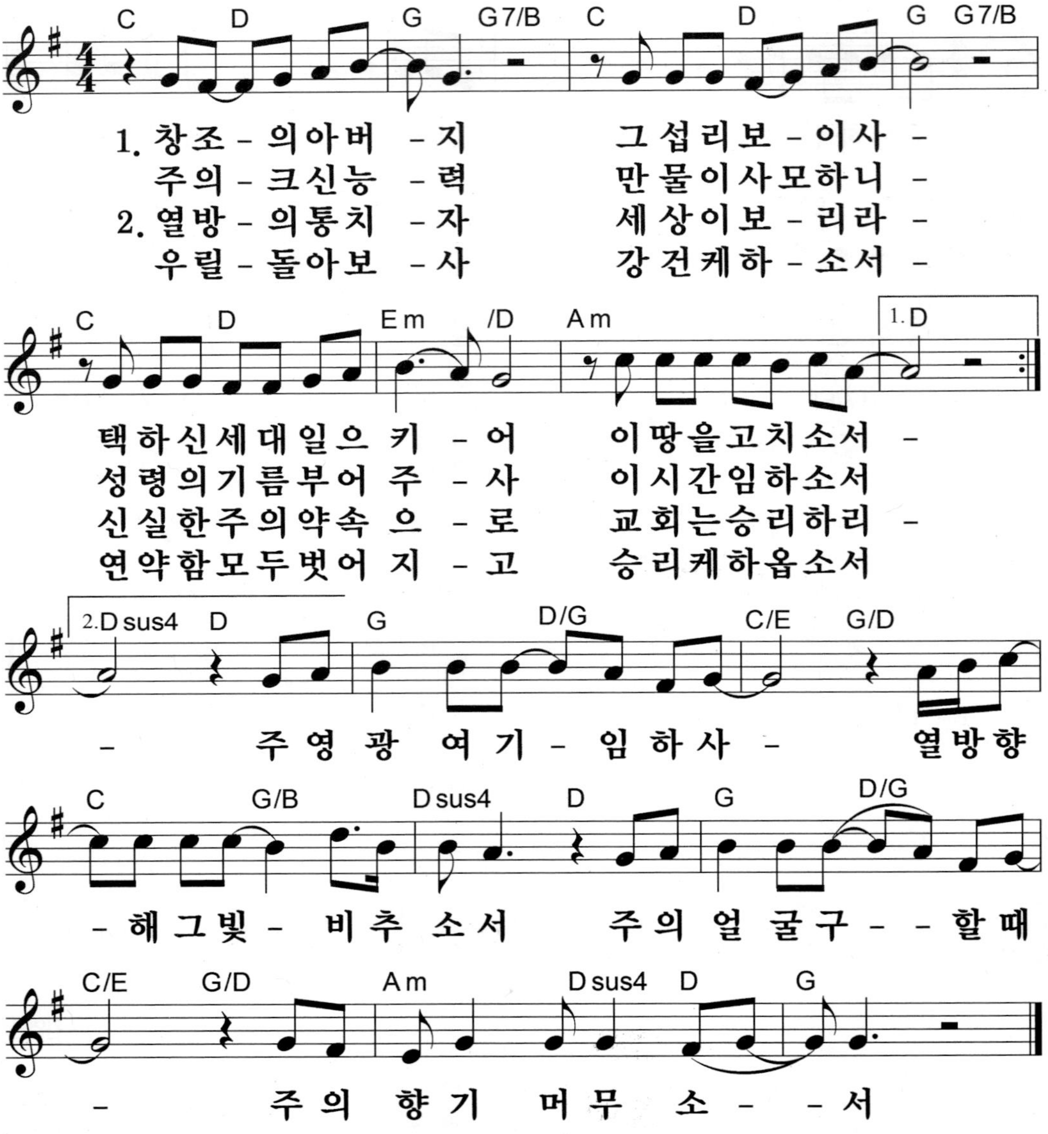

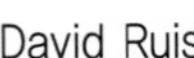

천국은 마치

437

김노아 & 김흥영
천 국-은마 치 - 밭에 감 추-인보 화 -
땅 속에묻 힌 - 아무 도 모르는보 -석-
천 국-은마 치 - 밭에 감 추-인보 화 -
땅 속에묻힌 - 아무 도 모르는보 -석 이라 - 네
그 보석-발견한 사 람은- 기뻐뛰며-집에 돌
-아 가 - 집 팔고-땅팔고 냉장고팔-아
기 어-이그밭-을 사 고말-거 야 -
Fine
D.S.

438 축복송

송정미

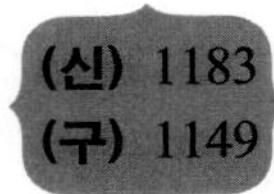

G M7   Bm7   C   Cm
때－로 는 너의앞 에 어려움과 아픔있지 만
너 는택 한 족속이 요 왕같 은－ 제사장이 며
Am7   D7   G M7   E7
담대하 게－ 주를바 라보는 너 의영혼 －
거룩한 나 라 하나님 의소유 된 백－성 －
Am   D7   C M7   Am7
너 의영 혼 우리볼 때 얼마 나아름다 운－지
너 의영 혼 우리볼 때 얼마 나사랑스 러운지
C M7   D7   Bm9   E7
너 의영혼 통 해 큰영광받 으 실
Am7   D7   C6   G
하 나 님을 찬 양 오할렐루 야

충만
439
손경민

G   D/F#   Em7   Bm7   C   G/B
무 명이 - 어 - 도 -   공 허하지 - 않은것은 -   예 수안에 -
고 난중 - 에 - 도 -   견 뎌낼수 - 있는것은 -   주 의계획 -
내 몸이약 - 해 - 도 -   낙 심하지 - 않는것은 -   예 수안에 -

Am7   D7   G   D/F#   Em7   B7
난 만족함 - 이라   가난하 - 여 - 도 -   부 족하지 - 않은것은 -
믿 기때문 - 이라   실패하 - 여 - 도 -   일 어설수 - 있는것은 -
난 완전함 - 이라   화려한 - 세 - 상 -   부럽지 - 않은것은 -

C   G/B   Am7   D7   1. G   2. D7
예 수안에 - 오직 나는 -   부요함이 라   라
예 수안에 - 오직 나는 -   승리함이
난 예수로 - 예 수로 -   충만함이

G   D/F#   Em7   Bm7   C   G/B
난 예수로 - 예수로 -   예수로 - 충만하네 - 난 예수로 - 예수로 -
난 예수로 - 예수로 -   예수로 - 충만하네 - 세 상모든 - 것들도 -
난 예수로 - 예수로 -   예수로 - 충만하네 - 세 상모든 - 풍파도 -

Am7   D7   G   D/F#   Em7   Bm7
예수로 - 충만하네 - 난 예수로 - 예수로 -   예수로 - 충만하네 -
부럽지 - 않네 - - - 난 예수로 - 예수로 -   예수로 - 충만하네 -
두렵지 - 않네 - - - 난 예수로 - 예수로 -   예수로 - 충만하네 -

C   G/B   Am7   D7   G
영 원한왕 - 내안에 -   살 아 계 시   네

G

440
크신 사랑 온 땅 찬양해
(Alive in us)
Reuben Morgan, Jason Ingram

크 신 사랑 온땅찬양-해 온땅찬양-해-
주빛 비 추사 영광찬란-해 영광찬란-해-

희 망 없는 우리를위-해 찾아오신-주-
만 유 의주 구원의주-님 우리삶의주-인-

주님만 이 내길되 시 네-주님만 이 내길되 시 네-
우리찬 양 받으 소 서-우리찬 양 받으 소 서-

부 활 하신 승 리 의주- 삶을 다스 리 시 는-주

그 이 름높 여드리-리- 예 -수 예-수우리 -의주-

1. C
2. C

원

크신 사랑 온 땅 찬양해

C G Em D
수는주께무릎꿇-고 우-리는-자-유-해-- 주

C G 1. Em D
-사랑사망-이겼네 승리-의주- 승리-의주- 원

2. Em D C G Em D
-승리-의주- 부활 하신 승리 의주- 삶

C G Em D C G Em D
을 다스 리 시 는-주 그 이 름높 여 드리-리- 예

G C Em D G C Em D
-수 예-수승리 -의주- 예 -수 예-수우리 -의주- 예

G C Em D C G
-수 예-수우리 -의주-

441 하늘 문 여소서

빈 들에 마른 풀 같 이 시들은 나의 영 혼
철 따라 우로를 내 려 초목이 무성하 니
주님의 허락한 성 령 간절히 기다리 네
갈급한 내 심령 위 에 성령을 부으소 서
가 물어 메마른 땅 에 단비를 내리시 듯
성령의 단비를 부 어 새 생명 주옵소 서
하늘 문 - 여소서 - 주의 뜻 - 이루
게 성령님 - 오소서 - 이 땅에 - 영원 히

희망의 노래
442
한재호 & 김민영
감사드리 세 우-리주-께 - 크신사랑 베 푸-셨네 -
찬양드리 세 어-린양-께 - 영원히영원 히
감 사 해- 고통과눈 - 물없는 곳 열- 어 - 주시리 -
감 사 해- 모든만물 - 새롭게 되는- 그 - 날주시 리
그 날 에- 열방과모 - 든민족 들주- 찬 - 양하리 -
새하늘-과새 땅에-그 날 기 뻐노래하리 -
G

443

호산나

(Hosanna (Praise Is Rising))

Brenton Brown & Paul Baloche

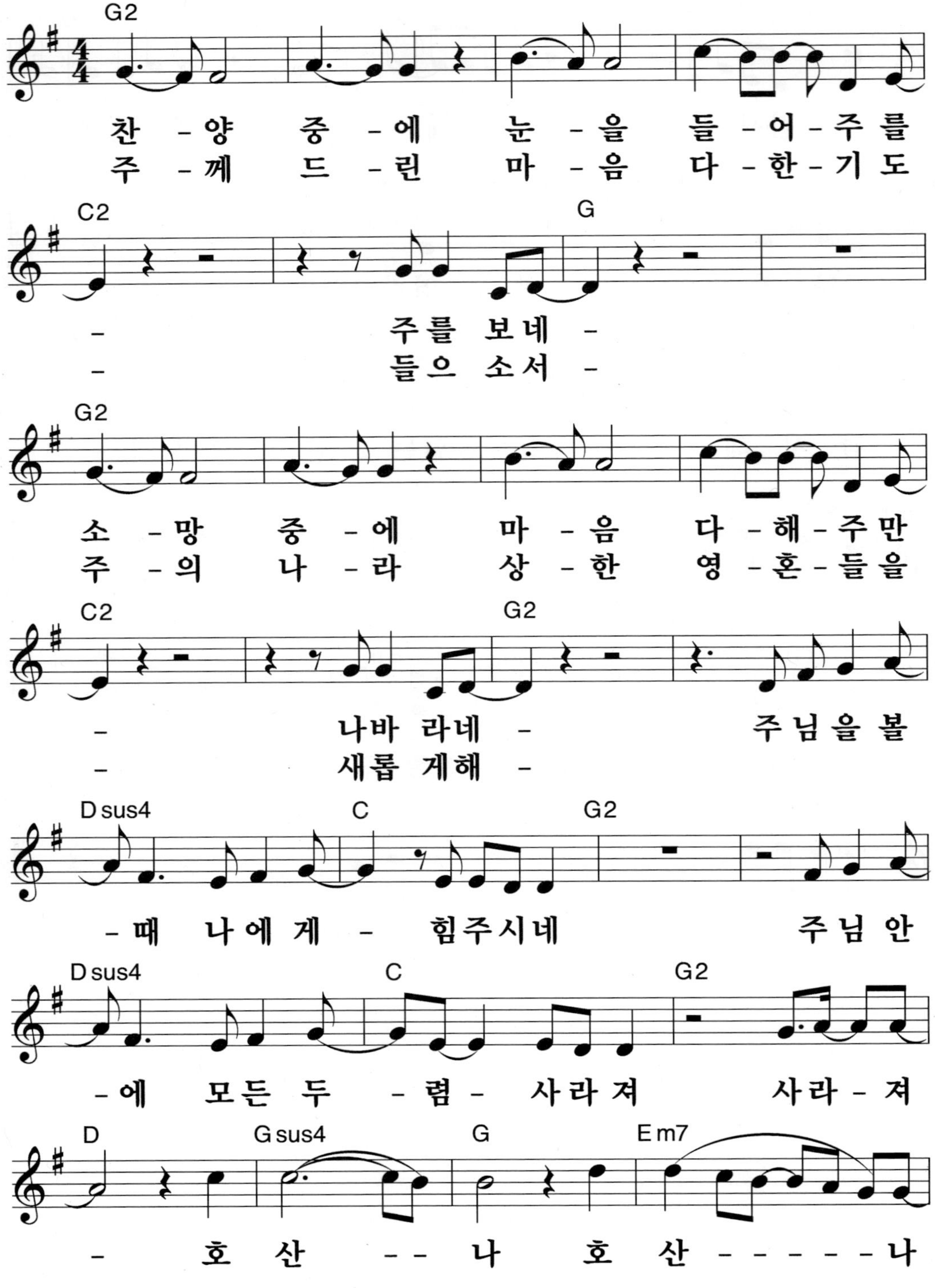
G2
찬 -양 중 -에 눈 -을 들 -어-주를
주 -께 드 -린 마 -음 다 -한-기도
C2 G
- 주를 보네 -
- 들으 소서 -
G2
소 -망 중 -에 마 -음 다 -해-주만
주 -의 나 -라 상 -한 영 -혼-들을
C2 G2
- 나바 라네 - 주님을볼
- 새롭 게해 -
D sus4 C G2
-때 나에게 - 힘주시네 주님안
D sus4 C G2
-에 모든 두 -렴- 사라져 사라-져
D G sus4 G E m7
- 호 산 -- 나 호 산 ------나

호산나

C2   G   D sus4
구 원 의 주 - 하 나 - 님 - 찬 양 받 으
E m7   C2   G sus4   G
- 실 주 - 님 - 호 산 - - 나 호
E m7   C2   G
산 - - - - - 나 - 내 안 에 임 - 하 셔 - 서
D sus4   E m7   C2   G
- 주 님 의 뜻 이 - 루 소 - 서 -

G

444
사랑되어라
김세미 & 온맘다혜
B M9
B m6
GbM7/Bb
마음 깨지고- 둘 러봐도- 의지할곳 - 없을때
Eb7(b9)
B M9
Db7sus4
GbM9
Gb/Bb
- 울더라 -도- 사랑되-어라 - 알아
B M9
B m6
GbM7/Bb
Eb7(b9) G°7 Bb°7
주는이 - 아무도없고- 실패 로인생길- 잃을때 - 나를
B M9
Db7sus4
GbM9 B/Gb GbM7
Gb/Bb
따라 - 사랑되-어라 - 아름다운나
1. B M7
B m6
Bbm7
Ebm7
의사-랑아- 힘잃지말고 용기내-어라- 주어진길
B M7
Db/B
Bbm7
Eb(b13) G°7
을걸-어가- 사랑되- 어라 - 내모든걸
B M7
B m6
Bbm7
Db/Eb G°7
사랑에- 담-아- 널안은것-처럼 - 온유하

사랑되어라

-고 - 겸손한 - 사랑되-어라 -
알아 의사-랑아- 힘잃지말고
용기내-어라- 주어진길 을걸-어가-
사랑되-어라 - 내모든걸 사랑에-담-아-
널안은것-처럼 - 온유하-고- 겸손한
- 사랑되-어라- - 무엇 보다- 사랑
- 완전한사랑되-어라 -

445 예수를 깊이 생각하자

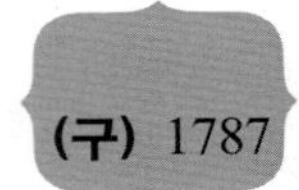

(구) 1787

정종원

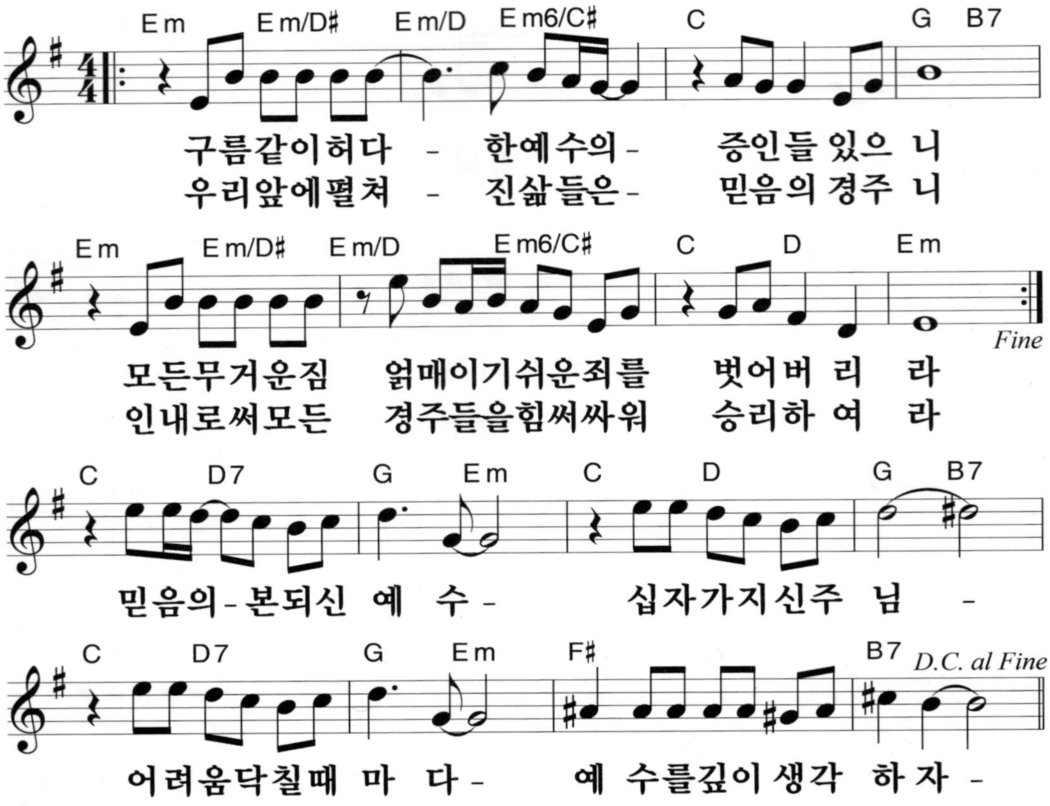
Em Em/D♯ Em/D Em6/C♯ C G B7
구름같이허다 - 한예수의- 증인들 있으 니
우리앞에펼쳐 - 진삶들은- 믿음의 경주 니
Em Em/D♯ Em/D Em6/C♯ C D Em
Fine
모든무거운짐 얽매이기쉬운죄를 벗어버 리 라
인내로써모든 경주들을힘써싸워 승리하 여 라
C D7 G Em C D G B7
믿음의-본되신 예 수- 십자가지신주 님 -
C D7 G Em F♯ B7
D.C. al Fine
어려움닥칠때 마 다- 예 수를깊이 생각 하 자 -

온 땅이여 주를 찬양
(Sing To The Lord)

Miles Akana Pomaika'l Kahaloa &
Kari Virginia Kahaloa

G

447
우리 주의 성령이
(When The Spirit Of The Lord Is Within My Heart)
Margaret Evans
(신) 1520
(구) 682

Em B7 Em B7 Em
우리 주의 성령이 내게 임 하 여 주를 찬 양합-니- 다
우리 주의 성령이 내게 임 하 여 손뼉 치 며 찬양합니 다
우리 주의 성령이 내게 임 하 여 소리 높 여 찬양합니 다
우리 주의 성령이 내게 임 하 여 춤을 추 며 찬양합니 다

Em B7 Em B7 Em
우리 주의 성령이 내게 임 하 여 주를 찬 양합-니- 다
우리 주의 성령이 내게 임 하 여 손뼉 치 며 찬양합니 다
우리 주의 성령이 내게 임 하 여 소리 높 여 찬양합니 다
우리 주의 성령이 내게 임 하 여 춤을 추 며 찬양합니 다

Am Em9 A/B B7 Em9
찬양합 니다 찬양 합 니다 주를 찬 양합 니 다

Am Em9 B7 Em
찬양 합 니다 찬양합 니다 주를 찬 양합 니 다

주 예수 이름 소리 높여   448

손해석

449 창조의 하나님

(He is Jehovah)

Betty Jean Robinson

(신) 1285
(구) 1166
가서 제자 삼으라
450
최용덕
갈 - 릴 리 마 을 그 숲 속 에 서 -
주 님 그 열 한 제 자 다 시 만 나 시 사 -
마 지 막 그 들 에 게 부 탁 하 시 기 를 -
너 희 들 은 - 가 라 저 세 상 으 로 -
가 서 제 자 삼 으 라 세 상 많 은 사 람 들 을
세 상 모 든 영 혼 이 네 게 달 렸 나 니 -
가 서 제 자 삼 으 라 나 의 길 을 가 르 치 라
내 가 너 희 와 - 항 상 함 께 하 - 리 라 -

451 거친 길 위를 걸어갈 때도

(Even When I Walk On Rough Roads)

임선호

고개들어
(Lift up your heads)

453 괴로울 때 주님의 얼굴 보라

(In these dark days)

Harry John Bollback

(신) 1834
(구) 1027

교회여 일어나라

454

전은주

A

455
그 사랑이 내려와
(Love came down)
Brian Johnson, Jeremy Edwardson, Ian Mcintosh
고난 중에주-음성- 들을수없다-해도-
약속이-뤄져- 소망이넘칠때-에도-
참된 진리되-신주- 나는붙드네-
은혜로운주-손길- 느낄때-도-
폭풍이몰려-와도- 험한길을간-대도-
주를향한갈-망과- 겸손한마음-으로-
믿음의두손-들고- 주신뢰해-
믿음의두손-들고- 주찬양해-
내게행하신 그놀라운일-
생명주신주를기억하네-
그 사 랑 이 내 려 와 날 자 유 케 하 셨 네

그 사랑이 내려와

F#m
E
D
영 원 히 - - 나는 주 님 의 것
A
DM7
산 과 골 짜 기 에 서 내 영 혼 노 래 하 네
F#m
E
D
1.
영 원 히 - - 나 는 주 님 의 것
주의
2. D
A
DM7
나 의 - 삶 - 주 의 - 것 - 모 든 - 삶
F#m
E
A/C#
- 오 직 주 의 - 것 - 나 의 - 삶 -
D
DM7
F#m
주 의 - 것 - 모 든 - 삶 - 오 직
E
1, 2, 3. D
4. D
주 의 - 것 - 나 의 - 삶 -

456 그 이름 예수

권충한

내가 - 발견한참 - 소망 무엇 - 보 다더귀 - 하신
나를 - 찾 아오신 - 사랑

- 나 - 의구 - 원 자 -

날향 - 해오 래참으 - 시고 오늘 - 도기 다 려주 - 시는
길이 - 요진 리요생 - 명인 이땅 - 의유 - 일한 - 소망

- 나 - 의하 - 나님 - 그이름 예

- 수 - 나의맘 - 을다해찬양해 - 죽음에
- 수 - 나의삶 - 을다해노래해 - 모든나

- 서생 - 명으로 - 나의영 - 혼 을구하셨네 - 그이름예
- 라열 - 방들이 - 참된소 - 망 을노래하리 - 그이름예

- 수 -

Fine

그 이름 예수

A   Bm7   E
- 수 -   내 삶   - 의 영 - 원 한   - 소 망   이 땅
Bm7   E   Bm7   A/C#
- 의 유 - 일 한   - 구 원   한 없 - 는 자 - 비 와   - 사 랑   십 자
D   1. E   2. E   D.S. al Fine
- 가 빛 - 나 는   - 영 광   내 삶   - 영 광 -   그 이 름 예

457 그런 사랑

나 지금-껏 어린아-이처-럼 말
하고 깨닫고 생각 해왔-어
주 나에-게 가르쳐 준 것처-럼 성
장한사람 의-- 사랑을 하고파 시기
하지 않으며 자랑하지 않으며 오
래참고온유하며내유익을구하지않-는- 그런사 랑 --- 교만
하지 않으며 무례하지 않으며-----
불의를미워하고진 리만을즐거워하-는- 그런사 랑 하고

그런 사랑

파 -
파 -
모 든 것 을 참 으
며 믿음잃 지 않 으 며 희 망으로가득차모
든것을견디어내- 는- 그런사 랑 --- 예 언 도 방언
도 지 식 도 사 라질 때 ------ 언 제까지나영원한변
하지않는온전한- 것- 그건바 로 사 - 랑 -

458

그리스도의 계절

(신) 1700
(구) 1880

김준곤 시, 박지영 정리 & 이성균

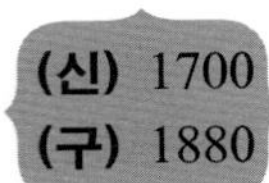

그리스도의 계절

FM7   Em   Dm   Gsus4   G7
하늘의뜻이땅에 이뤄주-소-서-주의 나라-되게하소 - 서 - -
C   Am   F
주의 청 년들이- 예 수의꿈 을꾸고- 인류 구원의- 환상을
Gsus4   G7   C   Am
보 게하-소-서- 한손엔 복 음들고- 한손엔 사 랑을들고-
F   Gsus4   G7   C
온 땅 구 석 구 석누비-는 나 라 - 되게하 소 서

A

459 그 이름
(Your name)

Paul Baloche & Glenn Packiam

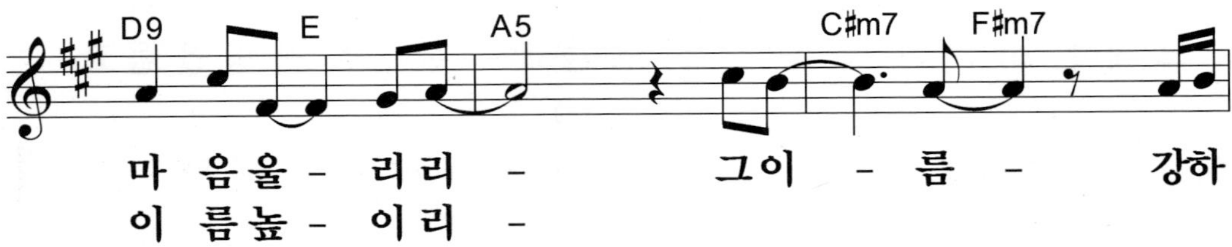

기쁨의 날 주시네

(Your Given Day)

461
깊어져 가네
(I feel like I'm falling)
Raymond Badham
F#m7
F#m7/E
D9
광야한가 - 운데 - 서 면 -
전능하신주 - 날개 - 아 래 -
F#m7
F#m7/E
D9
내길을잃 - 어버 - 리고 -
내피할처 - 소를 - 얻고 -
Bm7
A/C#
DM7
D6
타 오르 - 는불 - 길보 - 네 - -
내 맘사 - 로잡 - 는주 - 님 - -
Bm7
A/C#
Esus4
그곳에 - 날 - 부르 - 시네 - -
말씀으로 - 세우 - 시네 - -
A
E/G#
F#m7
D
깊어져가 - 네 - 주님을향 - 한내 - 사랑
Bm7
A/C#
D
Esus4
- 느낌만이아 - 닌 - 살아 계 - 신 주 - 님께
A
E/G#
F#m7
D
- 빠져만가 - 네 - 주님의사 - 랑의 - 팔에

깊어져 가네

Words and Music by Raymond Badham
© 1998 Hillsong Music Publishing Australia (admin in Korea by Universal Music Publishing/ CAIOS)

A

462 나

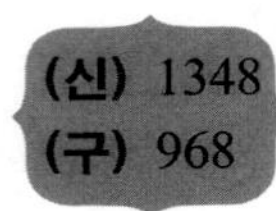

(신) 1348
(구) 968

송명희 & 최덕신

A D Bm E7 A M7
나 가진재물 없으나- 나 남이가진지식 없으나 -

F#m F#7/A# Bm G#m G#7 Esus4 E7
나 남에게있는건강있지 않으나- 나 남이없는것 있으 니

A D E E7 A M7
나 남이못본것을 보았고- 나- 남이 듣지못한음-성 들었고-

A7 F#7 Bm7 D D#dim D/E E E7
나 남이 받지못-한사랑받았고- -나 남이모르는-것께 달았네- -

A F#m D D#m7 Esus4 E7
공 평하신- 하 나님이- 나남이가진것나 없지만-

A F#m D E7 A
공 평하신- - 하 나님이- 나 남이없는것 갖게 하셨네-

나 자유 얻었네

(신) 1771
(구) 940

A

464

나는 믿네

(Rompendo em fe)

Ana e Edson Feitosa

나는 행복해요

465

김석균

466 나의 기도하는 것보다

홍정식

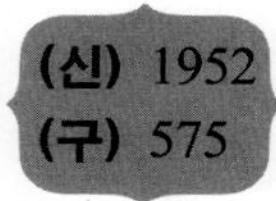

(신) 1952
(구) 575

나의 반석이신 하나님 467

(Ascribe Greatness To our God)

Mary Lou King & Mary Kirkbride Barthow

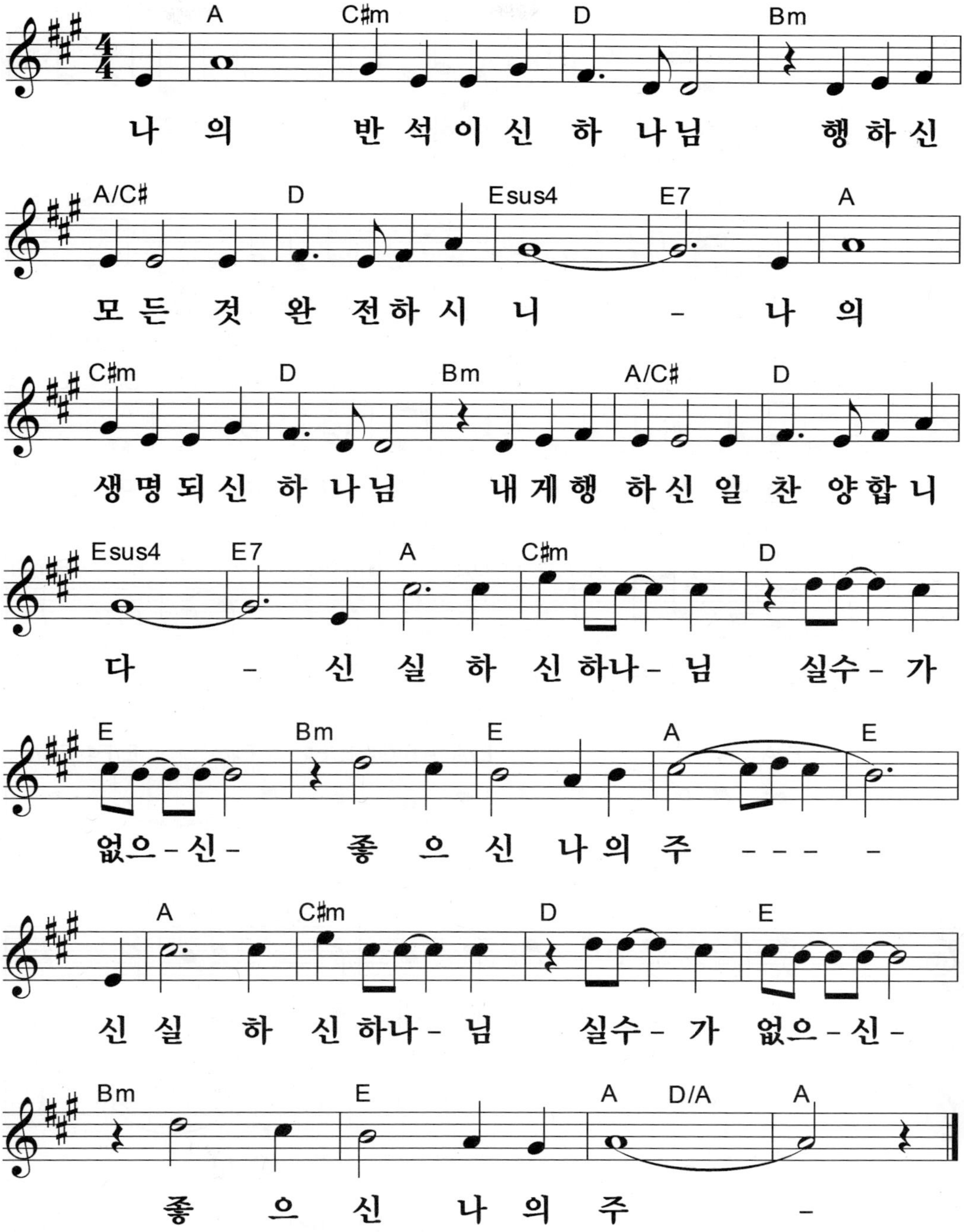

468

나의 백성이

(Heal our land)

(구) 839

Tom Brooks & Robin Brooks

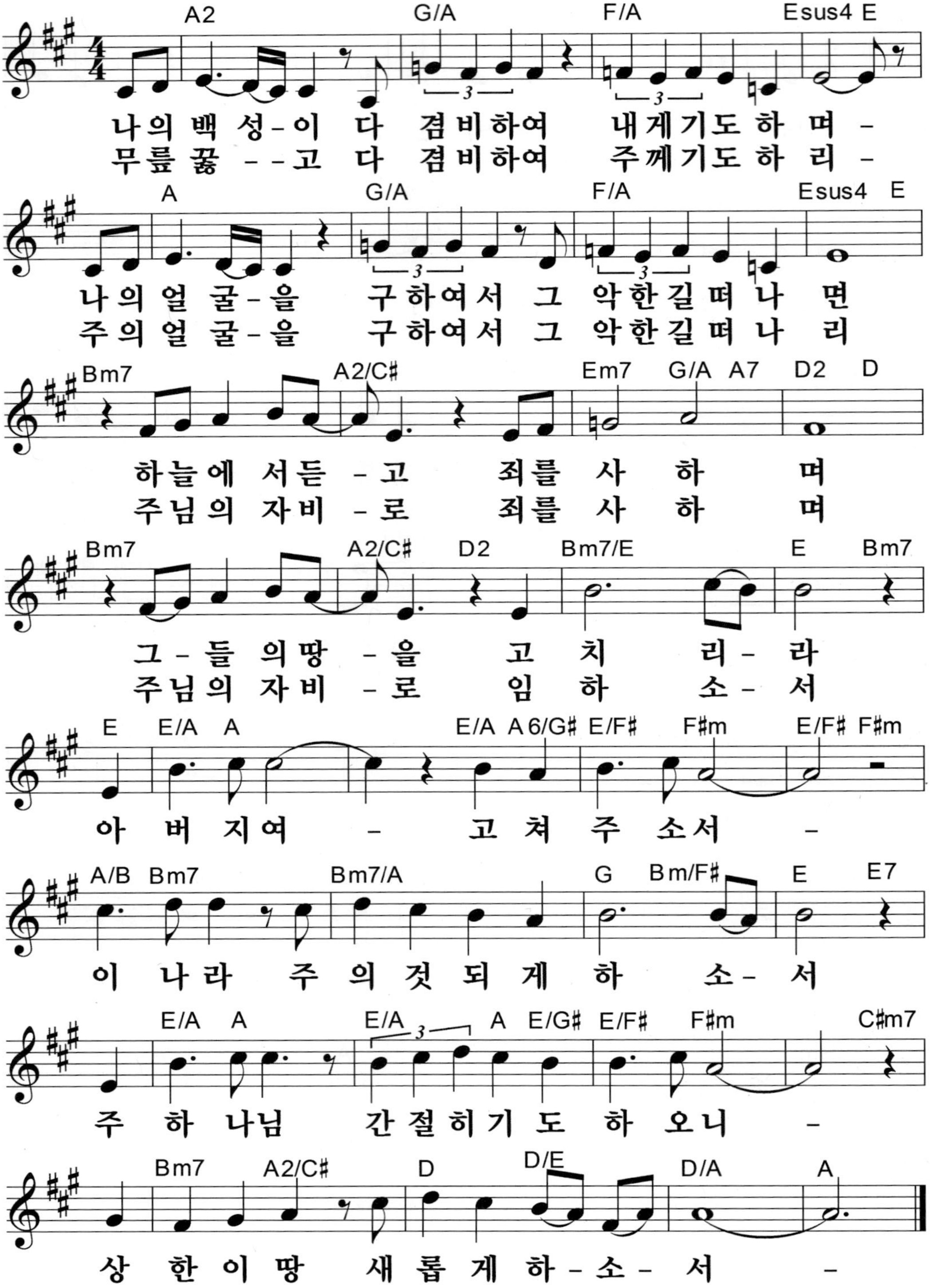

나의 안에 거하라

469

류수영

A

470
나의 찬양 멈출 수 없네
(How can I keep from singing)
Chris Tomlin, Matt Redman, Ed Cash

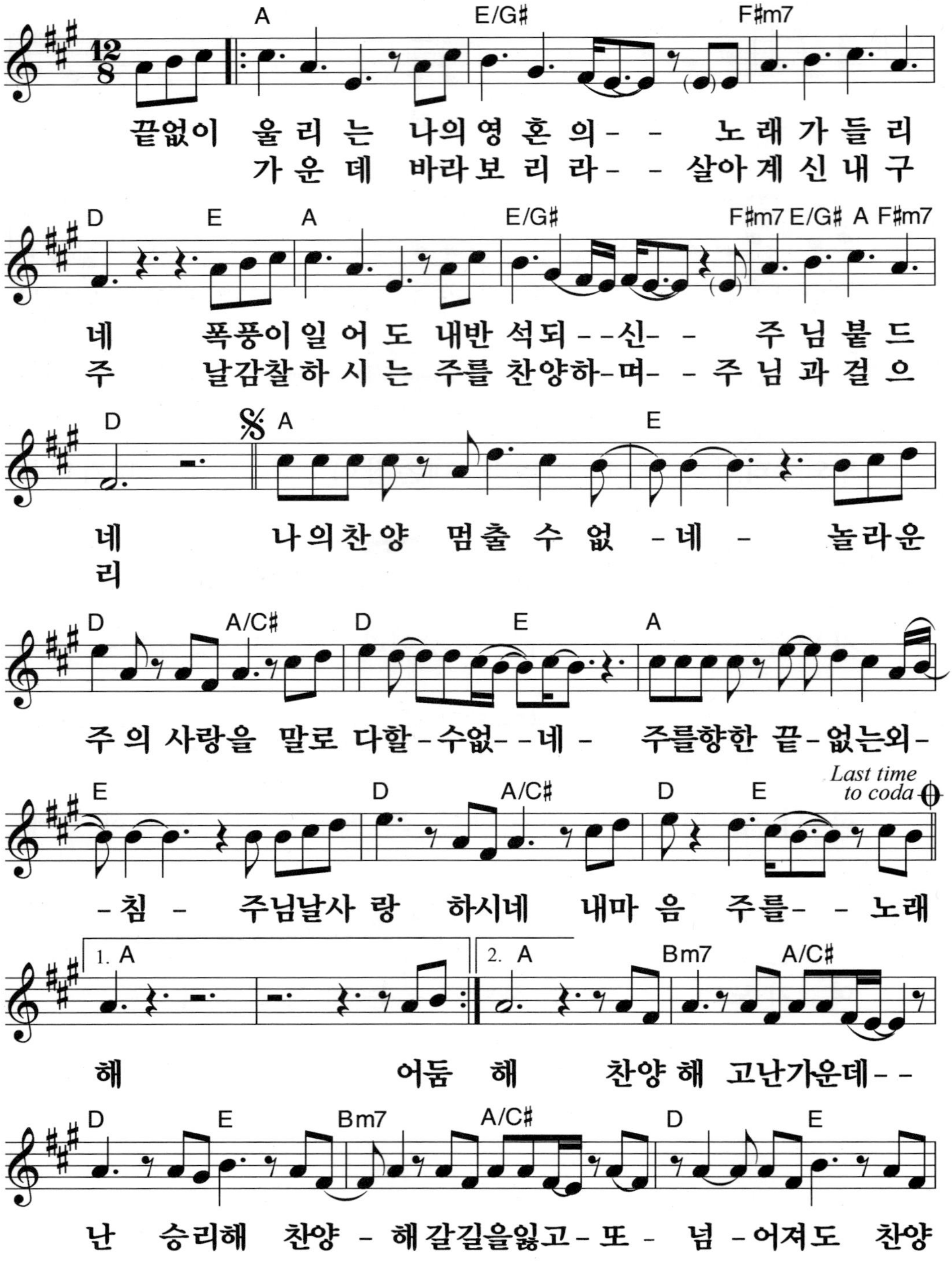

끝없이 울리 는 나의영혼 의-- 노래가들리
가 운데 바라보리라-- 살아계신내구

네 폭풍이일어도 내반석되--신-- 주님붙드
주 날감찰하시는 주를찬양하-며-- 주님과걸으

네리 나의찬양 멈출수없-네- 놀라운
리

주의 사랑을 말로다할-수없--네- 주를향한끝-없는외-

-침- 주님날사랑 하시네 내마음 주를-- 노래

해 어둠해 찬양해 고난가운데--

난 승리해 찬양-해갈길을잃고-또- 넘-어져도 찬양

Last time to coda

나의 찬양 멈출 수 없네

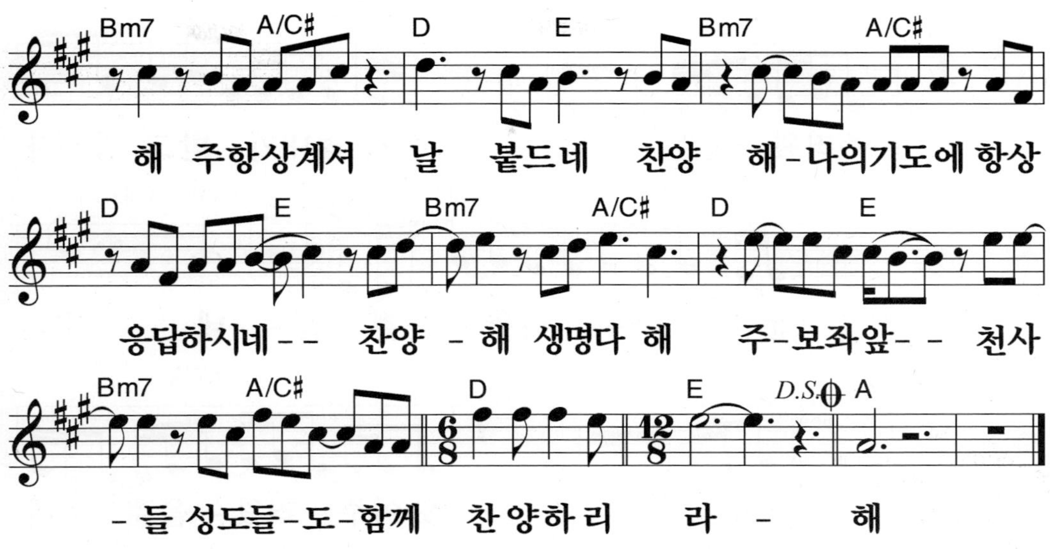

Bm7   A/C#   D   E   Bm7   A/C#
해 주항상계셔 날 붙드네 찬양 해-나의기도에 항상
D   E   Bm7   A/C#   D   E
응답하시네-- 찬양 - 해 생명다 해 주-보좌앞-- 천사
Bm7   A/C#   D   E   D.S. A
- 들 성도들-도-함께 찬양하리 라 - 해

A

471 난 이렇게 많이 받았는데

난 이렇게 많이 받았는데

A

472
날 구원하신 주 감사
(Thanks to God)
August Ludvig Storm &
J. A. Hultman (Arr. Norman Johnson)
(신) 1679
(구) 1601

날구원 하신주감사 모든 것 주심감 사
응답하 신기도감사 거절하 신것감 사
길가에 장미꽃감사 장미꽃 가시감 사

지난추 억인해감 사 주내곁 에계시 네
헤쳐나 온풍랑감 사 모든 것 채우시 네
따스한 따스한가 정 희망주 신것감 사

향기론 봄철에감 사 외론가 을날감 사
아픔과 기쁨도감 사 절망중 위로감 사
기쁨과 슬픔도감 사 하늘평 안을감 사

사라진 눈물도감 사 나의영 혼평안 해
측량못 할은혜감 사 크신사 랑감사 해
내일의 희망을감 사 영원토 록감사 해

O.T. : Thanks To God / O.W. : August Ludvig Storm, J. A. Hultman (Arr. Norman Johnson)
O.P. : New Spring Publishing Inc. / S.P. : Universal Music Publishing Korea, CAIOS
Adm. : Capitol CMG Publishing / All rights reserved. Used by permission.

날마다 내 짐을 지시는 주님 473

김석균

474 날 자녀라 하시네

(Who You Say I am)

Ben Fielding & Reuben Morgan

날 자녀라 하시네

Words and Music by Ben Fielding, Reuben Morgan
© 2018 Hillsong Music Publishing Australia (admin in Korea by Universal Music Publishing/ CAIOS)

A

475 낮은 자의 하나님

(신) 1621 · (구) 1490

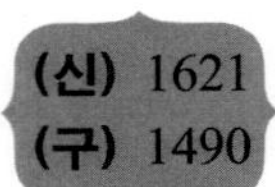

양영금 & 유상렬

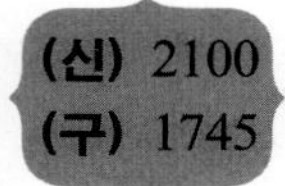

내 마음 다해

(My Heart Sings Praises)

Russell Fragar

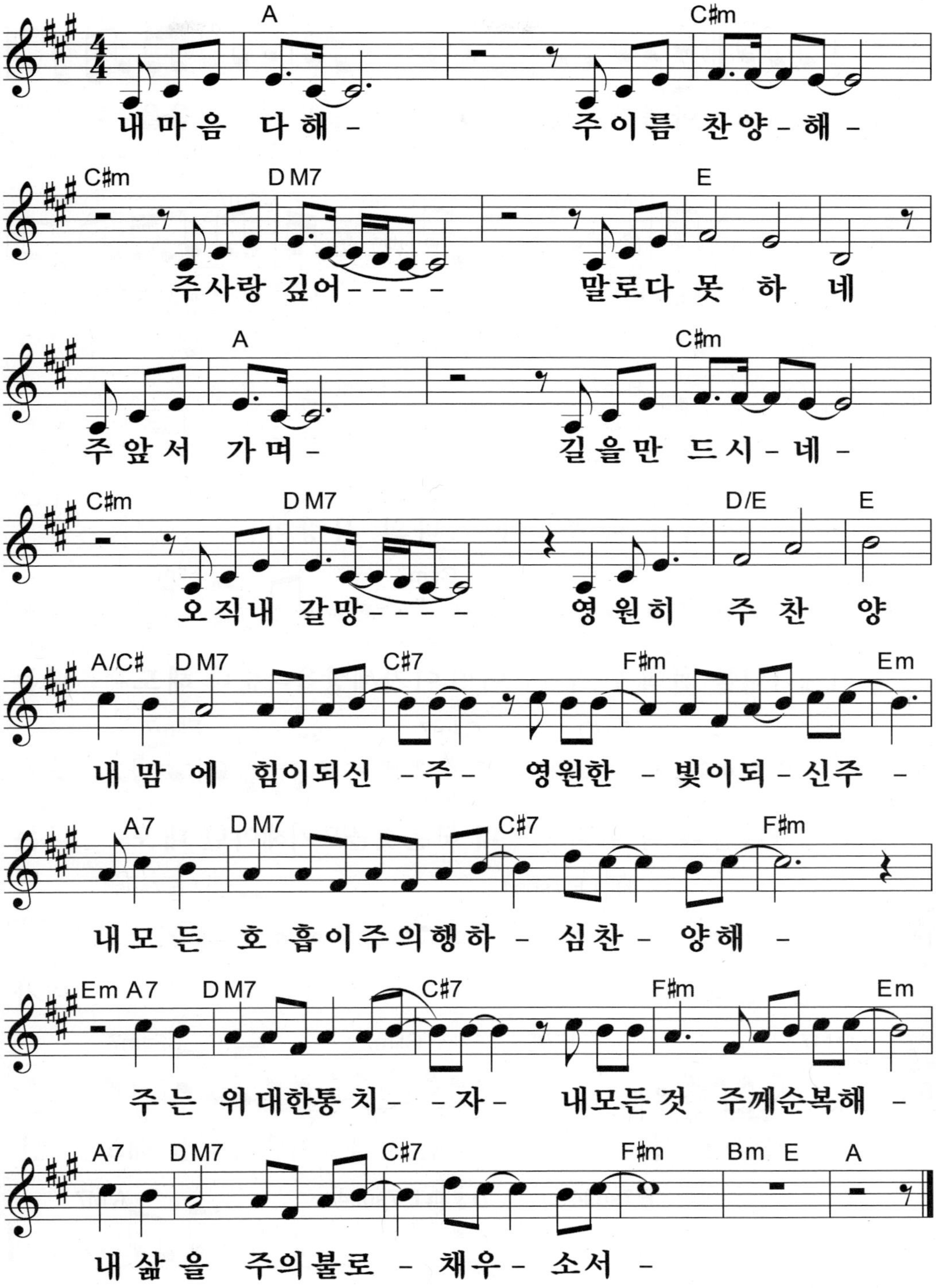

477 너를 선택한다

김상진

D M7   D m6   C#m7
귀하고   아름다운나의사랑 아   나의 모든마음을 - 너에게
있던지무엇을하던 지   상관 하지않고너 - 를사랑

F#m7   D M7   D m6   C#m7
준다   무엇보 다소중한나의사랑 아   나의 모든정성을 - 너에게
한다   네가 나를사랑하지않아 도   상관 하지않고 - 너를사랑

F#m7   B m7   E 7sus4
준다   나의 기 쁨 - 아 - 나의 사랑아   나는
한다   나의 행 복 - 아 - 나의 사랑아

D M7   E 7/D   C#m7   F#m7
언제나너를 선택 한다 -   어떤 이가세상을다준다 해도 -   나는

D M7   E 7/D   C#m7   F#m7
언제나너를 선택 한다 -   내 모든것을포기해야한 대도 -   나는

B m7   1. E 7sus4   2. E 7sus4
너를 선택 한다 -   어디에 -   네가

D M7   E 7/D   C#m7   F#m7
잘난사람이 - 아니어 도   다른 사람들이손가락질 해도   난

G   E 7sus4   D.S. E 7sus4   A M7
항상 변함 없이 -   나는 -   널사랑한다 -

너의 하나님 여호와가

478

성경 & 김진호

479
놀라우신 은혜
(This is Amazing Grace)
Jeremy Riddle, Phil Wickham, Josh Farro
A
전능하신 주- 놀라운사랑- 죄와사망을- 물리치셨네-
모든문제 를- 다스리시 는- 고아된우 릴- 자녀삼으신-
F#m7
E
D
영광의주- 님 만왕의왕 예수 -
A
D
온땅흔드는- 주님의위 엄- 모든만물 이- 주를경배 해-
공의와진 리로 다스리시 며- 태양보다 더- 밝게빛나 는-
F#m7
E
D
영광의주 - 님 만왕의왕 예수 -
D
A
D
놀라우신은- 혜 - 완전하신 사 랑
D
F#m
E
나의죄위하 - 여 - 십자가지 신 -주 -
E
A
D
D
생명을주시 -고 - 자유케하셨 네 - - - - -
F#m7
E
A
예수행하신 - 모든일찬 양해 -

놀라우신 은혜

A

480
놀라운 이름 예수
김성배
예 수 - 놀라운 생명 의 - 이름 -
예 수 - 죽음을 이기 신 - 이름 -
예 수 안 에 권 세 모 두 선 포 해
예 수 안 에 승 리 모 두 선 포 해 - 온
민 족 - 과 - 열 방 - 가 운 - 데 - 그 의 - 이 - 름 높
- 이 들 - 리 - 모 두 나 와 - 함 께 경 - 배 하 - 세 -
그 이 름 예 수 - 온 -
예 수 생 - 명 의 이 름 예 수 놀 - 라 운 이 름
예 수 죽 - 음 을 이 기 신 이 름 -

(신) 1020
(구) 921
돌아온 탕자
481
김석균

A   D   E7   A E7
멀고험한 - 이세상길   소망없 는나그네 - 길
무거운짐 - 등에지고   쉴곳없 어애처로운몸
눈물로써 - 회개하고   아버지 의품에안기어

A A7   D   E7   A
방황하고 - 헤매이며   정처없 이살 - 아왔 네
쓰러지고 - 넘어져도   위로할 자내겐없었 네
죄악으로 - 더럽힌몸   십자가 에못 - 박았 네

A F#m   E   E7   A
의지할 곳없 는이몸   위로받 고살 고파 서
세상에 서버림받고   귀한세 월방 탕하 다
구원함 을얻은기쁨   세상에 서제 일이 라

A   D   A/E E7   A
세상유 혹따 라가 다   모든것 을다 잃었 네
아버지 를만 났을 때   죄인임 을깨 달았 네
영광의 길허 락하신   내주예 수찬 양하 네

A

482 똑바로 보고 싶어요

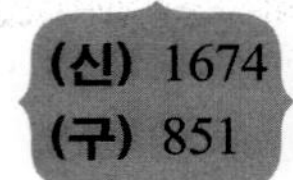

최원순

마라나타
483
고형원
A   AM7   D   Bm   E
마라나타 - 주예수여 - 어서 오시옵 - 소 서
Bm   C#m   F#m   D   Bm   E   D E
땅의모든 끝 모든족속 주를 찬송하 - 게 하소서 -
A   AM7   D   Bm   E
마라나타 - 주예수여 - 어서오시옵 - 소 서
Bm   C#m   F#m   D   E
모든열방 이 주께돌아 와 춤추며경 배하 - 게
A   F#m   C#m
하 소서 - 우리주님 다시오실 길을만들자 - 십자
D   Bm   E   F#m
가를들 - 고 땅끝까 - 지 우린가리라 - 우리주님 하늘영광
C#m   D   Bm   E
온땅덮을때 - 우린 땅끝에 - 서주를맞 - 으 리 - 마라나타
A   F#m   D   Bm   E
- -마라나타 - 아멘 주예수 - 여오시옵 - 소 서 -마라나타
A   F#m   D   E7   A
- -마라나타 - 아 멘 주예수 - 여오시옵소 서

484
만세 반석
(Rock of Ages)
Rita Baloche
(신) 2098
(구) 1751
주님같은 반석은없 - 도다 찬 양받기
합 당하신 - 이 름 - 변 치않으시 - 는
구 원의반석 - 신 실하시고 - 진실하 - 신주
주님같은 반석은없 - 도 다
만 세반 - - - 석 예 수내 - 반 - 석
만 세반 - - - 석 예 수내 - 반 - 석
주님같은 반석은없 - 도 다

(신) 2018
(구) 1648
모든 능력과 모든 권세
(Above All)
Lenny LeBlanc & Paul Baloche
485

A   E/D D E sus4 E   A   A/C#   E/D D
모든능 - 력 - 과 모든권 - - 세 - 모든것 - 위 - 에뛰어

E sus4 E   A   A/G# F#m   A M7/E   D   A/C#
- 나신 - 주님 -   세상이 측량 - 할수 - 없는 - 지혜 - - - 로

B m7   D/A   E/G# A   A/C#   E/D D E sus4 E
모든만 - 물창 - 조하 - 셨네 -   모 든나 - 라 - 와 모든보 -

A   A/C#   E/D D   E sus4   E   A   A/G#
- 좌 - 이세상 - 모든 - 경이 - 로움 - 보다 -   이 세 상

F#m   A M7/E   D   A/C# B m7   D/A
모든 - 값진 - 보물 - 보다 - - - -   더욱귀 - 하신 - 나의 - 주님

C#sus/G# C# A   B m7   E/G#   A   B m7
-    십 자가 - 고 통당 - 하사 - 버 림 받고 - 외

E/G#   A A/G#   F#m A M7/E   D   A/C#
면당하 - 셨네 - 짓 밟힌 -   장 미꽃 - 처럼 - - -

B m7   A/C#   D2 E sus E   A
나를 - 위해 -   죽 으셨네 -   나의 - 주

486 모든 상황 속에서

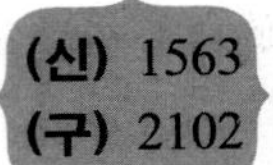

김영민

무화과 나뭇잎이 마르고   487
(Though the fig tree)

Tony Hopkins

A

488 물 가운데 지날 때에도

믿음의 기도
489
장진숙

A   E/G#   D/F#   E/G#
내속에 - 슬픔이 - 나를사 로 잡고 한치 앞도 - 보이지않을 - 때

A   Bm7   A/C#   D   Bm7   Esus4 E
- 내감정을넘어 내문제를넘 어 믿음으로 - 기도를 - 드립 니다 선하

A   E/G#   D/F#   E/G#   A
신 목자 내 아 버지 푸른 초장과 - 쉴만한물가 로 언제나나에

D   A/C#   Bm7   D   Esus4 E
게 가장좋은것으 로   내삶 가득채워 - 주셨네 -   온땅에

A   E/G#   D/F#   E/G#   A   A7
- 충만하 - 신주님 - 내삶어디에 - 도주님손 - 길없는곳이 - 없습니다 -

D   E/D   C#m7 F#m7 Bm7   A/C#   D   E7
절망속 - 에도 그 사랑의 - 지혜 믿음으로 - 기 도합니다 - 온땅에

A   E/G#   D/F#   E/G#   A   A7
- 충만하 - 신주님 - 내삶어디에 - 도주님손 - 길없는곳이 - 없습니다 - 내

D   E/D   C#7   F#m7 Bm7   E7   A
생각을 - 넘어 모든 환경을넘 어   역사하소서 -

A

490 볼찌어다 내가 문 밖에

(신) 1986
(구) 885

김지현

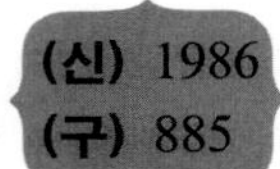

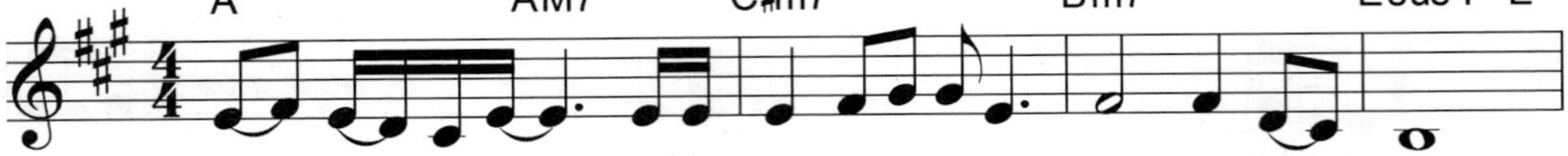

볼 - 찌 - 어다 - 내가 문 밖에서서 두 드리노 니
볼 - 찌 - 어다 - 그의 음 성을듣고 맘 문열 - 라

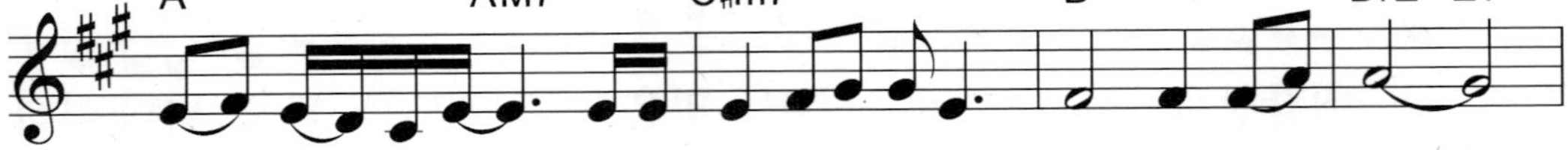

볼 - 찌 - 어다 - 내가 문 밖에서서 두 드리노 니 -
볼 - 찌 - 어다 - 그의 음 성을듣고 맘 문열 - 라 -

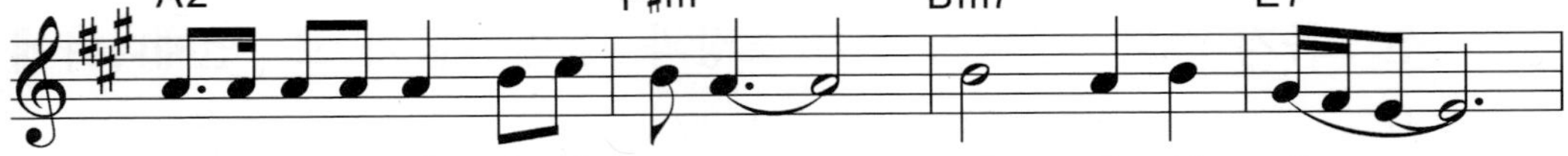

누 구든지내 음성 듣고 - 문 을열 면- - -
주 의크신사 랑을 믿고 - 문 을열 면- - -

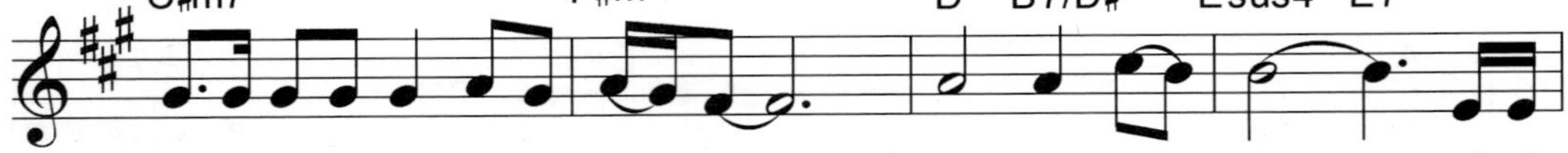

누 구든지내 음성 듣 - 고 - 문 을 열 - 면 - 내가
주 의크신사 랑을 믿 - 고 - 문 을 열 - 면 - 나의

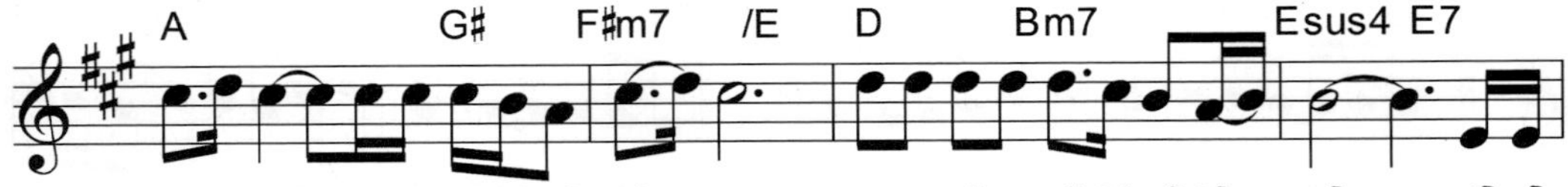

들어가 - 그로더불어 먹 - 고 그는나로더불어살 - 리 - 내가
하나님 - 생명의반석 되 시니 나와항상함께하시 - 리 - 나의

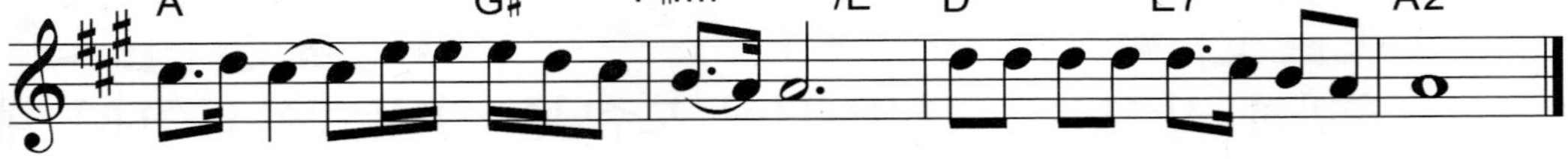

들어가 - 그로더불어 먹 - 고 그는나로더불어살 리
하나님 - 생명의반석 되 시니 나와항상함께하시 리

(신) 1033
(구) 1361
부흥
491
고형원

A E/G# F#m /E D E E7
이땅의황무함을 보소서 - 하늘의 하나님 - 긍휼을 베푸시는주여

AM7 E/G# F#m /E Bm/D G/D E E7
우 리 의죄악용서 하소서 - 이 땅 고 쳐 주소 서

A E/G# F#m /E D E E7
이제우리모두하 나되어 - 이땅의 무너진 - 기초를 다시쌓을때

AM7 E/G# F#m Bm/D G/D Esus4
우 리 의우상들을 태우실 - 성령의불 - 임하소 서

A2 F#m Bm Esus4 E
부흥의불길 - 타오르게 하소서 - 진리의말씀 - 이땅새롭게하소서 -

A2 F# Bm Esus4
은혜의강물 - 흐르게 하소서 - 성령의바람 - 이제불어 와

AM7 C#m/G# F#m /E D Bm E
오 - 주 의영 - 광 가 득 한 새 날주소 서

AM7 C#m/G# F#m /E Bm E7 A
오 - 주 님나 - 라 이 땅에 임 하 소 서

492 비전

(Vision)

고형원

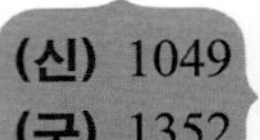

(신) 1525
(구) 780
살아계신 주
(Because He Lives)
493
Gloria Gaither & William J. Gaither
주 하 나 님   독 생 자 예 수   날 위 하 여
주 안 에 서   거 듭 난 생 명   도 우 시 는
그 언 젠 가   주 뵐 때 까 지   주 를 위 해
오 시 었 네   내 모 든 죄   다 사 하 시 고
주 의 사 랑   참 기 쁨 과   확 신 가 지 고
싸 우 리 라   승 리 의 길   멀 고 험 해 도
죽 음 에 서 부 활 하 신 나 의 구 세 주
예 수 님 의 도 우 심 을 믿 으 며 살 리
주 님 께 서 나 의 앞 길 지 켜 주 시 리
살 아 계 신 주   나 의 참 된 소 망   걱 정 근 심
전 혀 없 네   사 랑 의 주 내   갈 길 인 도 하 니
내 모 든 삶 의 기 쁨 늘 충 만 하 네
A

494 사자와 어린 양
(Lion And the Lamb)

사자와 어린 양

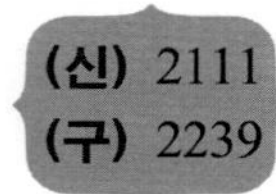

495

새 힘 얻으리

(신) 2111
(구) 2239

(Everlasting God)

Ken Riley & Brenton Brown

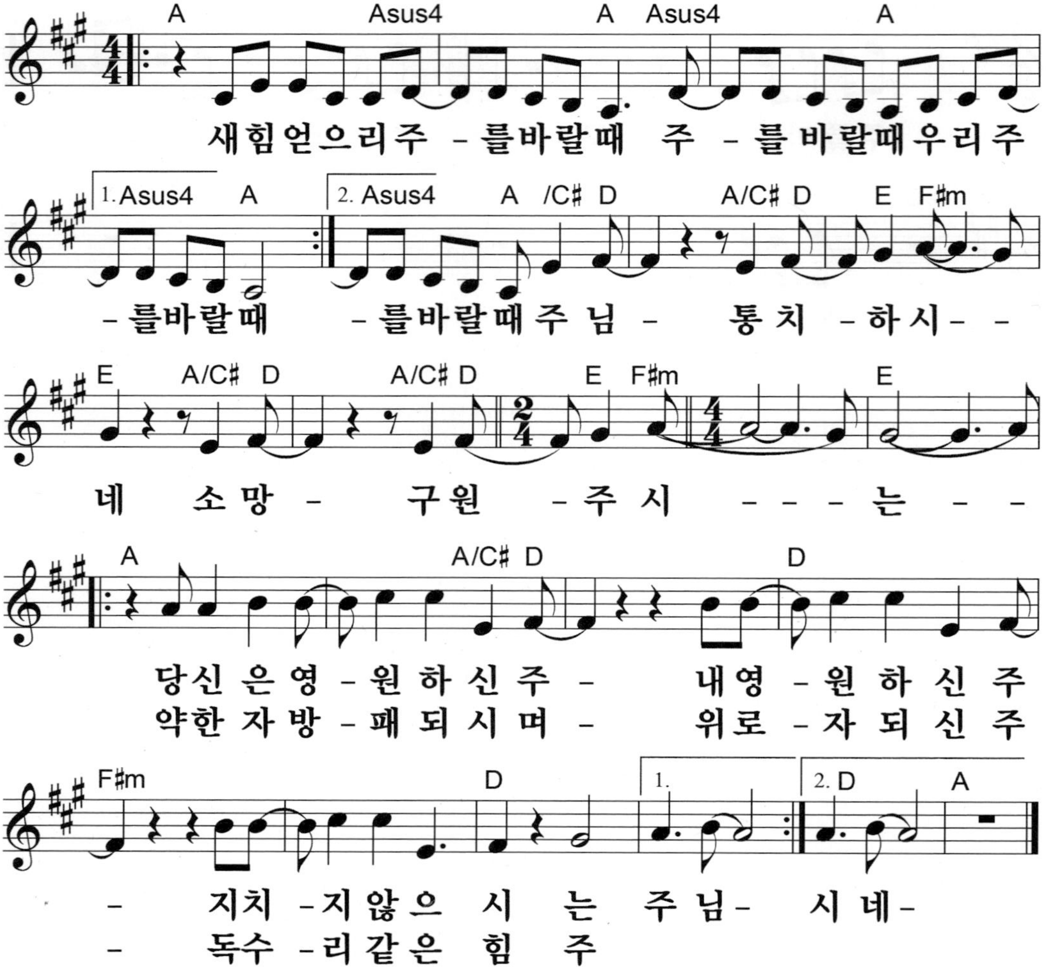

성령의 불로

(Holy Spirit)

Stephen Hah

497 신실하신 하나님

(What A Faithful God Lord I Come Before Your Throne Of Grace)

Robert Critchley & Dawn Critchley

Fine

D.S. al Fine

(신) 1840
(구) 1608
십자가의 길 순교자의 삶
(The way of cross the way of martyr)
498
Stephen Hah

A   E/B   A/C#   D   F#/C#   Bm7
내마음에주를향한 사랑이 –   나의말엔주가주신 진리로 –
내입술에찬 – 양의 향기가 –   두손에는주를닮은 섬김이 –

E   E7   1. A   D/E   2. A
나의눈에주의눈물 채 워 주 소 서   서
나의삶에주의흔적 남 게 하 소

D/E   A   AM7
하나 님 의 사 랑 이 –   영 원 히 함 께 하 리 –

A7   D   Bm   E
십자 가의길을걷는자에 게   순교 자의삶을사는이에 게

E7   A   AM7
조 롱 하 는 소 리 와 –   세 상 유 혹 속 에 도 –

A7   D   Bm7   A/E   E7   A
주의 순결한신부가되리 라   내생 명 주님 께 드리 리

A

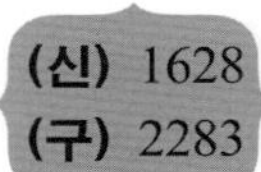

(신) 1628
(구) 2283

499

아름다우신

심형진

A2   E/G#   D2   E

내 안에 – 주를향 한 이 노래   영원한노래있으 니
십 자가 – 그사랑 찬 양 하 리   날구원하신그사 랑

A2   E/G#   1. D2   E

날 향한 – 주님의 크 신 사 랑   영 원히찬양하리 라
내 삶을 – 드려찬 양 하 리 라

2. D2   E   D2   E sus4   E

영원히찬양하리 라   영원히찬양하리 – 라 – 아 름 다
놀라우신주의사 랑

A2   F#m7   D2   E sus4 E

우 – 신 – 오놀라우 – 신 – 형언할 – 수없는 – 사 랑 – 오 위대

F#m7   D   Bm7   D   1, 3. A

하 – 신 – 하 나님 의 사 랑 영원 히 찬양 – 하리 –

Fine

2. A   D2   A2   D2   A2

– 주와 같은분 – 은 없 – 네 – 이세상 – 그누 – 구도 – 주와

D2   A2   D2   1. E   2. E

D.S.

같은분 – 은없 – 네 – 누구도 – 비길수 – 없 네 – 주와 – 아 름 다

아름답고 놀라운 주 예수
(I stand in awe)

Mark Altrogge

A

501 에벤에셀 하나님

홍정식

엠마오의 두 제자

502

김두완

A

503 여호와 이스라엘의 구원자
(Jehovah saviour of Israel)
Stephen Hah
(구) 1932

여호 와 이스라엘-의 구 원자 - 처음 과 나 중되 - 신
주 그가 널 지명하 - 여 부르사 - 주 의 종삼아주 - 셨
네 너를그의손바닥 - 에 새 기사 - 결코잊 지 않 으시 - 리
라 환난 중에피난처 - 가 되시며 - 항 상 인 도하 - 시
리 너는 일 어나주 의빛 - 을 발 - 하라 -
땅끝까지 - 주 선포하라 - 그가 너 로이 - 방 - 의
빛 을삼 아 - 구 원 을베 푸시 - 리 라

여호와께 돌아가자

(Love Never Fails)

김준영 & 주민정

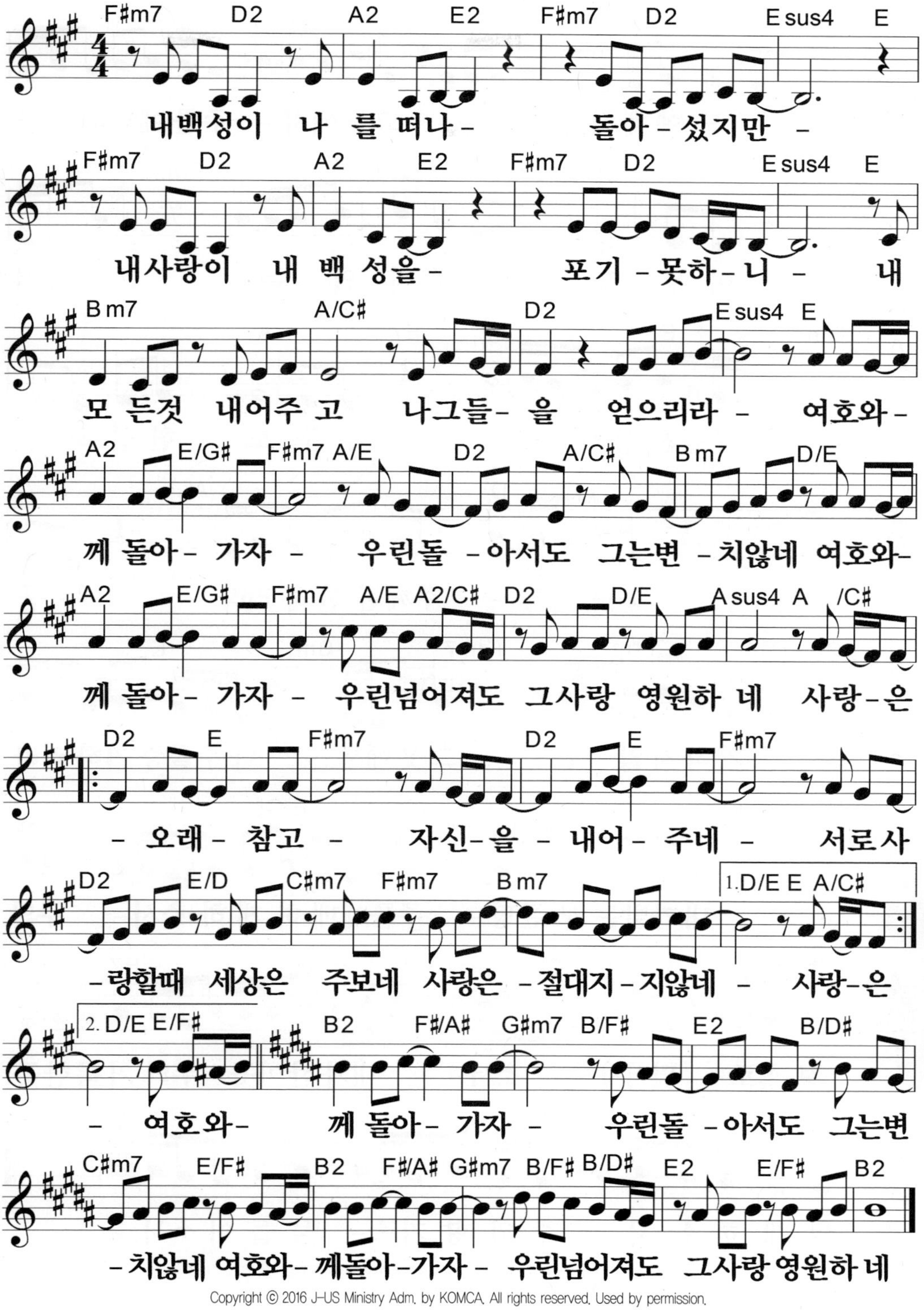

505 예배자

설경욱

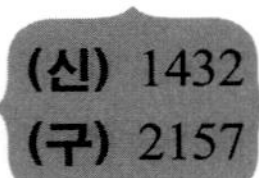

(신) 1432
(구) 2157

아무도 예배하지 않-는- 그곳에서 - 주를예배하 리라
- 아무도 찬 양하지 않 -는- 그곳 에서
- 나주를찬 양하 리라 - 누구도 헌 신 하지
않 는-- 그곳 에서 - 주께헌 신 하 리라 - 누구
도 증 거하지않 -는- 그곳에서 - 나주를증 거하 리라
- 내가밟는 모 든땅- 주를예배 하 게 하 소서- 주의
보 혈로- 덮어지게 하 소서- 내가선 이곳 -주의 거룩한곳
되 게 하소서 - 주의 향 기로- 물 들 이소서 -

(신) 1524
(구) 1786

예수 나의 첫사랑 되시네 506

(Jesus, You alone)

Tim Hughes

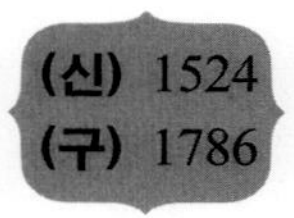

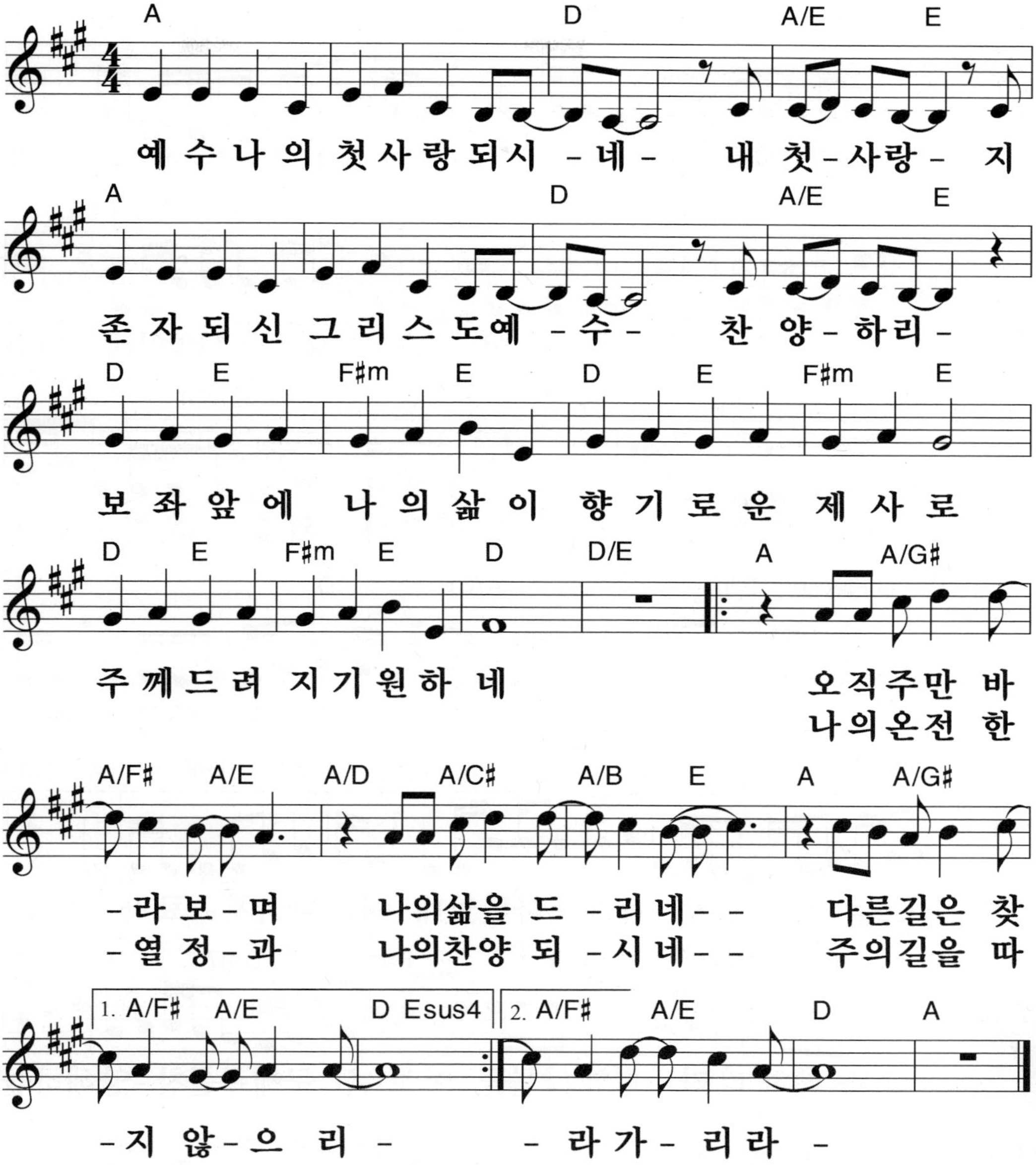

A

507 예수 나의 치료자

(신) 2136
(구) 2188
송재홍
예수나 - 의좋 - 은치 - 료자 - 그의 눈이머 - 무는곳 - 은 나의
슬픔과 - 고통 - 고개 들어그 - 의눈 - 을볼 - 때에 - 난알았네 예수
나의좋 - 은치 료자 - 예수나 - 의좋 - 은치 - 료자
- 그의 손길이 - 닿는곳 - 은 나의상처와 - 아픔 - 영원
히흐를 - 것같 - 았던 - 눈물 - 다멎었네 예수 나의치 - 료자 -
나 노래하 리라 - 천한 나를돌 - 아보 - 신 구세주를찬 - 양해하늘
닿는곳 - 까지 - 내손들 리 라 - 예수 나의치 - 료자 -

예수 아름다우신
(Beautiful Saviour)
Henry Seeley
508

예 수 - 아름다 우 신 - 위대하 신 주
양 - - 거룩과 공 의 - 새벽별 같 -

님 부활의 -주- 어린 모든 하 늘
은 나의구 -주-

찬 양 -해- 모든 만 물 이주 - - 경 배

해 - 아 름 답 고 -놀 라 우 신 모든이

름 보 다 높 은 이 름 -아 신 주의이 -름-

높으신 그 이 름 예 -수- - -

영 원 히 주 찬 - - - 양 주사랑 해 요 - 주사랑

해 -요- 예 - - -수 아름다 우 - - -신 -

O.T. : Beautiful Saviour / O.W. : Henry Seeley
O.P. : Gaither Music Co. / S.P. : Universal Music Publishing Korea, CAIOS
Adm. : Capitol CMG Publishing / All rights reserved. Used by permission.

예수 믿으세요

509

김석균

예수 믿으세요

3.A   D   F#m   E7
요 주를 믿 는자 그는 행복해요 - 영원 한 생명 얻으 니 하나
A   D   F#m   E7   1.A   2.A
님 나라 그의 것이 라 - - 어서 예수믿 으 세 요 주를 요

A

510
예수 열방의 소망
(Hope of the Nations)
Brian Doerksen

A   D/A   A   D/A
예 수   열방의소 - 망 -   예 수   우리의위 - 로 - 자
예 수   어둠속의 - 빛 -   예 수   변함없는 - 진 - 리

F#m   E   D   1. E
주 는 - 온 땅 - 의 영 - 원 한   소 망 -
주 는 - 온 땅 - 의 빛 - 이 되   시 네

2. E   D   A/C#   Bm7
- 우 리 - 위 해   죽 으 - 시 고   다 시 - 사 신

E   A   D
생 명 - 의 주 - -   주 님 만 이 -   소 망 이 요 -

E   A   F#m
변 함 없 는 -   반 석 이 라 -   주 님 만 이 -   온 세 상 을

D   E   D/F#   A
- 비 추 - 시 네 - -   또 죽 음 에 서 -   부 활 하 신

D   E   A   F#m
- 우 리 구 주 -   평 강 의 왕 -   주 를 믿 는 -   모 든 자 의

Bm7   E   D   A
- 소 망 - 되 신 -   주 를 - - 믿 네 -

예수 우리 왕이여

(Jesus, we enthrone You)

Paul Kyle

512 예수 예수

김도현
슬픈마음있는자 - 몸과영혼병든자 - 누구든지부르시오 - 예
- 수이름부르시오 - 그이름을믿는자 - 그이름을부르는자 -
그가어떤사람이든 - 그는 구 원얻 - 으리 -
예 - 수 - 예 - 수 - 오 능력의 - 그이름 예수 - 나
외 쳐부 - 르 - 네 - 예 - 수 - 예 - 수 - 오
구원의 - 그이름예수 - 난외쳐부 - 르 - 네 예수그리스도 -
은과금내게없으나 - 나 가진것너에게주니 - 능 력의이름예수라 - 그
- 이름을붙드시오 - 그이름을믿는자 - 그이름을외치는자 그

예수 예수

D.S. al Coda
DM7   A/C#   Bm7   E   A   D/E
-가어떤사람이든- 그는- 주의 영광보- -리라-
A   E/G#   A/G   D/F#   Dm/F   A/E   A/C#
-   우리게주신영광의이름 나어찌잠잠하리- 세상
DM7   Bm7   E   Cm/F Eb/F F
에크게외쳐부르리 나의주 예수그리스-도
Bb Cm   Bb/D   EbM7 D/Gb Gm7 Fm7 EbM7   Bb/D
예 - 수-   예 - 수-   오 능력의-그이름예수- 나
Cm7   F9   Bb Cm   Bb/D   EbM7 D/Gb Gm7   Fm7
외 쳐부 - 르 - 네 -   예 - 수-   예 - 수-   오
EbM7   Bb/D   Cm7   F9   Bb
구원의-그이름예수- 나 외 쳐부-르-네 예수그리스도 -

A

513 예수가 좋다오

(신) 1411
(구) 891

김석균

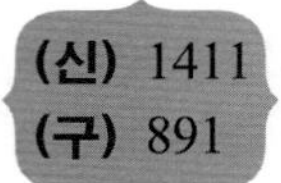

오직 주만이

514

이유정

A

515 오직 주
(You)

Joel Houston

오직 주

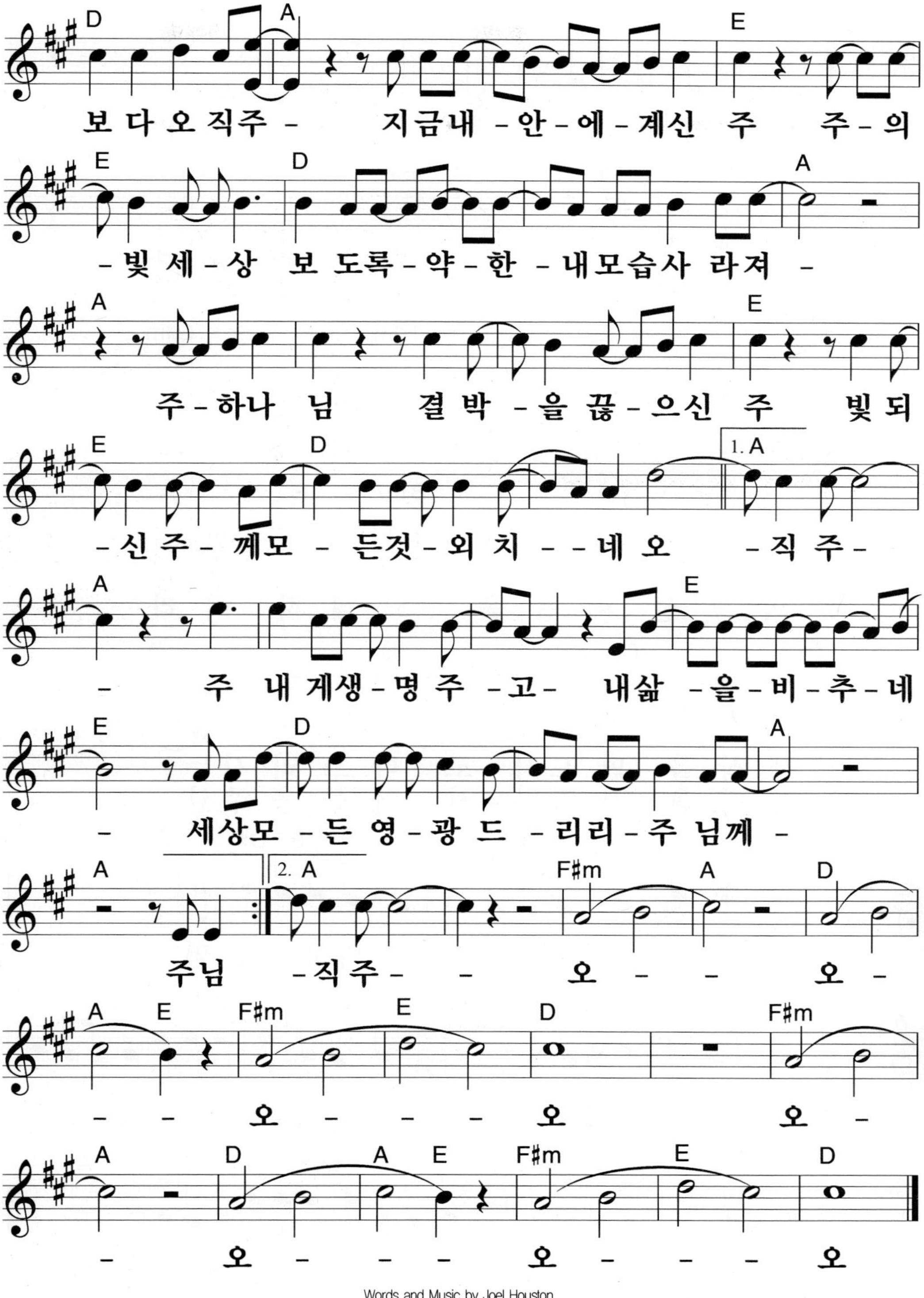
D A E
보 다 오 직 주 - 지 금 내 - 안 - 에 - 계 신 주 주 - 의
E D A
- 빛 세 - 상 보 도 록 - 약 - 한 - 내 모 습 사 라 져 -
A E
주 - 하 나 님 결 박 - 을 끊 - 으 신 주 빛 되
E D 1. A
- 신 주 - 께 모 - 든 것 - 외 치 - - 네 오 - 직 주 -
A E
- 주 내 게 생 - 명 주 - 고 - 내 삶 - 을 - 비 - 추 - 네
E D A
- 세 상 모 - 든 영 - 광 드 - 리 리 - 주 님 께 -
A 2. A F#m A D
주 님 - 직 주 - - 오 - - 오 -
A E F#m E D F#m
- - 오 - - - 오 오 -
A D A E F#m E D
- 오 - - - 오 - - - 오

516 온 땅이여

김민섭
A E F#m C#m
온 땅이여 주님을 찬양하여라
D A B7 E7
그의 이름 영광을 찬양하여라
A E F#m C#m
온 땅이여 주님을 경배하여라
D A Bm7 E7 A
주의 크신 이름을 노래하여라
F#m C#m D A
세상을 만드시-고 다스리시는 -
세상을 사랑하-사 아들을 주신 -
F#m C#m D B7/D# E7
그 분은 여호와 - 나의하-나님 -
A F#m D E7
춤을 추고 노 -래하네- 손 뼉 치며 하 -나님을찬양해
A C#7 F#m D Bm7 E7 A
나의 구원나 -의기쁨- 나의 소망 하 -나님만예배하 네

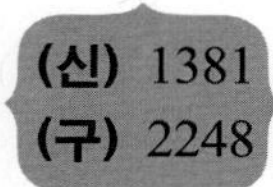

온전케 되리
(Complete)

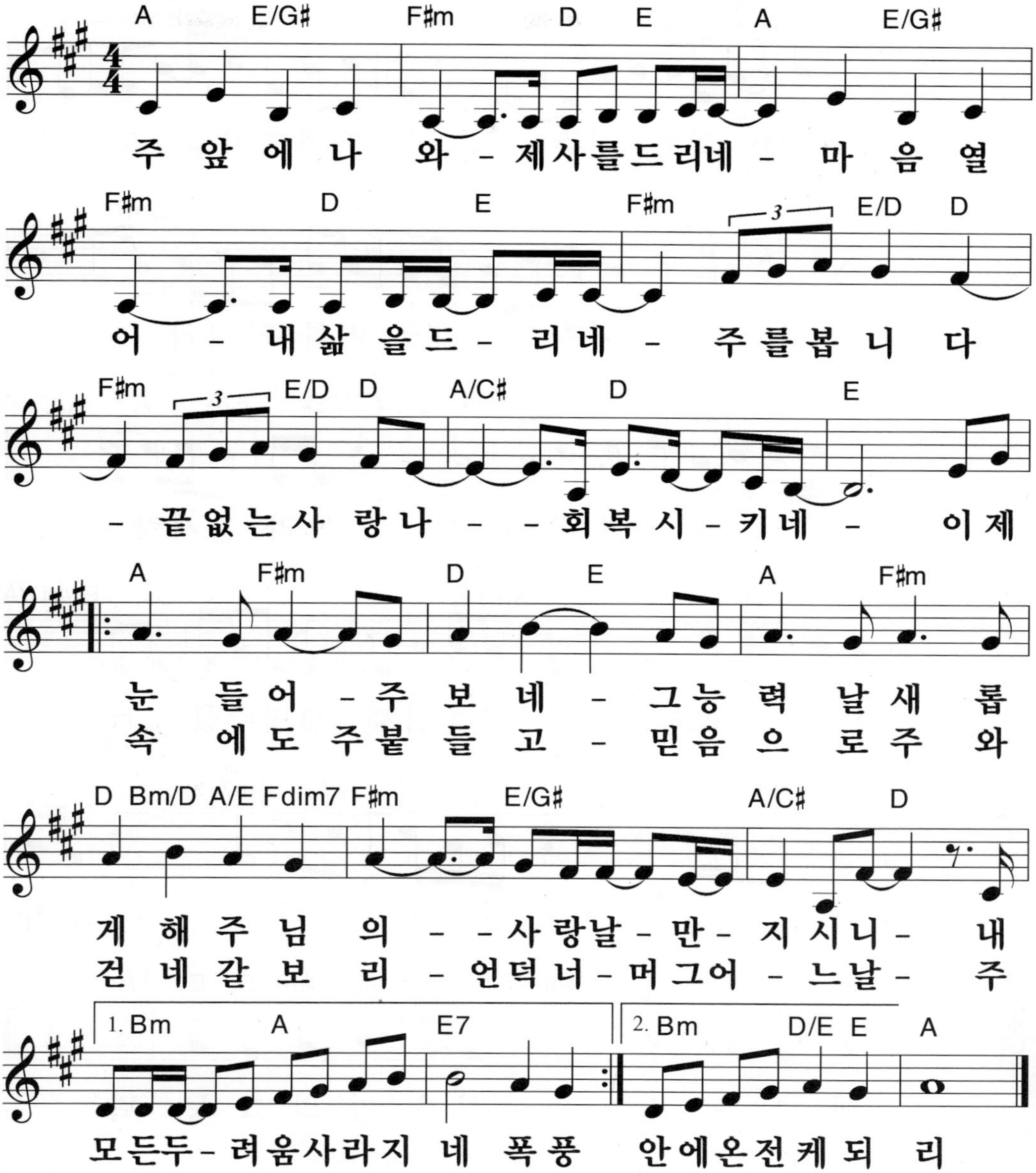

517

Andrew Ulugla

518 우리 죄 위해 죽으신 주

(Thank you for the cross)

Mark Altrogge

우리 함께 보리라

519

고형원

520 우리의 어두운 눈이 그를

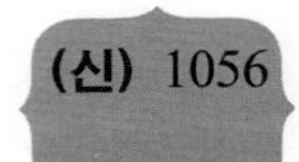

송명희 & 최덕신

우물가의 여인처럼

(Fill my cup Lord)

Richard Blanchard

522
Winning All
심형진

A2
F#m7
온세-상- 창조-주- 온세-상- 구원-자-
하나-님- 열방-을- 우리-게- 주셨-네-

E
D2
모든-것- 이기-신- 능력-의- 하나-님-
그명-령- 따라-서- 열방-을- 취하-리-

F#m
E
A2/C#
D2
모든-만-물-주-를-찬-양-해-

F#m
E
A2/C#
D2
모든-민-족-주-께-경-배-해-

A
F#m7
모 두 승 리 하 -리- 열 방 얻 게 되 -리-
찬 양 할 렐 루 -야- 찬 양 할 렐 루 -야-

D
E
하 나 님 -께 -서 - -통 치 하 - 시 네 -

A
F#m7
모 두 승 리 하 -리- 열 방 얻 게 되 -리-
찬 양 할 렐 루 -야- 찬 양 할 렐 루 -야-

D
E
A
위 대 하 -신 -왕 - -여 호 와 -

위대하신 주
(How great is our God)
Jesse Reeves, Ed Cash & Chris Tomlin
523
A
F#m
빛 나 는 왕 - 의 왕 - 영 광 의 - 주 님
영 원 한 주 - 의 주 - 시 간 의 주 - 관 자
F#m7
DM7
A
- 온 땅 기 뻐 - 하 라 - - 온 땅 기 뻐 - 하 라 - 광 채 - 의 옷 - 입 고
- 알 파 와 오 - 메 가 - - 알 파 와 오 - 메 가 - 삼 위 - 의 하 - 나 님
A
F#m7
F#m7
DM7
- 어 두 움 물 - 리 쳐 - - 저 원 수 는 - 떠 네 - - 저 원 수 는 - 떠 네
- 아 바 성 령 - 예 수 - - 사 자 와 어 - 린 양 - - 사 자 와 어 - 린 양
D2
A
F#m7
- 위 대 - 하 신 주 - 찬 양 해 - 위 - 대 하 신 주
F#m7
DM7
Esus4
A
- 모 두 알 게 되 리 라 - - 위 대 - 하 신 주 -
A
F#m7
모 든 이 - - 름 위 에 - 뛰 어 나 신 이 름 - 다
DM7
Esus4
A
찬 양 해 - 위 대 - 하 신 주 -

524 유월절 어린양의 피로

(신) 1585
(구) 1896

(Under the blood)

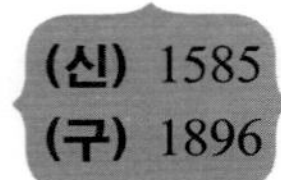

Martin J. Nystrom & Rhonda Scelsi

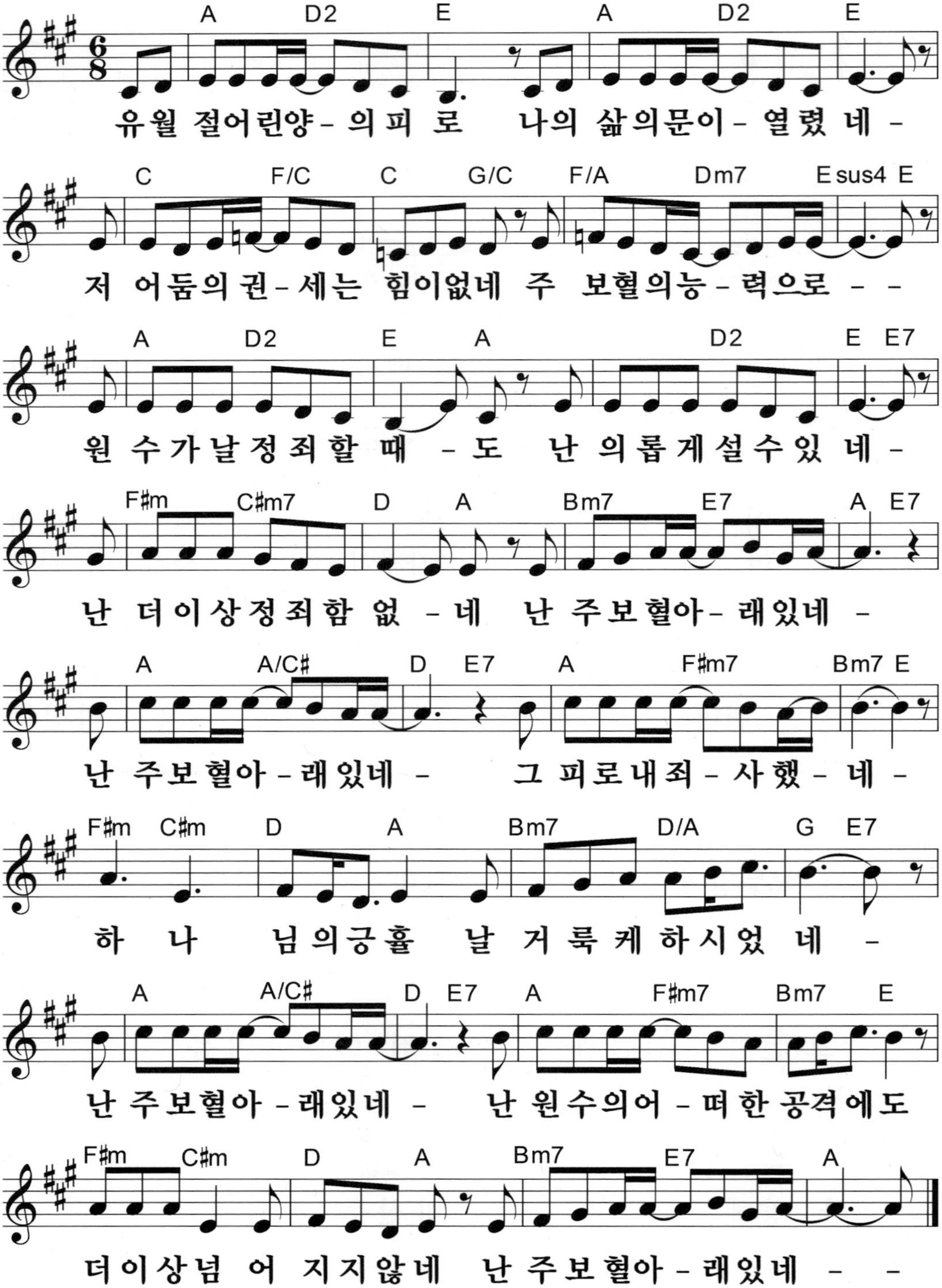

은혜 아래 있네

525

Isaiah 6tyOne

526 은혜로다

심형진

(신) 1568

D E A
시 작 됐 네 우리주님의 능 력이 나의삶을 다
D E A D
스 리고 새 롭게하 -네 자유하 네
E A D E
죄와사망으 로부터 나의삶은변 하고난 충만하
A D E A
-네- 은혜로 -다- 주의은 -혜- 한량없
D E A D E
-는- 주의은 혜 은혜로 다 주의은
A D E A
혜 변함없 는 신실하 신 주의은 혜 -

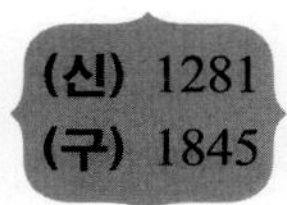

이 산지를 내게 주소서

527

홍진호

A

528 이 시간 너의 맘 속에

김수지

(신) 2132
임재
529
조영준
하늘의문을여 소서 - 이곳을 주목하소서 - 주를
향한노래가 - 꺼지 지않으니 - 하늘을열고보 소서 -
이곳에임재하 소서 - 주님을 기다립니다 - 기도
의 향기가 - 하늘 에닿으니 - 주여임재하여 주 소서
- 이곳에오셔 서 - 이곳에앉으 소서 - 이곳에서드
리는 - 예배를받으소 서 주님의이름 이 - 주님의이름
만이 - 오직주의이 름만 - 이곳에있습니 다 이곳에오셔 다

530 잇쉬가 잇샤에게

김복유

잇쉬가 잇샤에게
D   A/C#   Bm   E7sus4   A   E/G# 
(잠이–드네)주의–품에 (주의–품에–) 우물에잠긴물처–럼 내맘은
F#m   A/E   D   A/C#   Bm   E7sus4
그대것이–오 그대만가질수있소 오직 그대만 오직그대만위–해서
A   E/G#   F#m   A/E   D   A/C#
사랑하겠–소 내맘을노래하겠–소 그대를기다리겠소   주님
Bm   E7sus4   Bm7   A/C#
의때에 주님이맺어주실–그대 계절이바–뀌고 시간이흐–르고
DM7   E   Bm7   A/C#
–   내눈에휘장이걷–히고 계절이바–뀌고 시간이흐–르고
D   F#m7   Bm7   A/C#
–   빗장이풀–리고 계절이바–뀌고 시간이흐–르고
DM7   E   Bm7   A/C#   D   E
– 내눈에휘장이걷–히고이제난보–이오그대가보–이오– 아름–다워
2. D   A/C#   Bm7   E7sus4   A   E/G#
주가 주신–동산 다스–리며 걸어–가오 –   이제–보네
F#m   A/E   D   A/C#   Bm7   E7sus4
이제–보네 내잇–샤를 내잇–샤를 그댈–보네 그댈–보네– 그대를
A

잇쉬가 잇샤에게

사랑하겠 – 소 딴여잔 보지않겠 – 소 수많은여자중에 – 당신이
존중하겠 – 소 딴남잔 보지않겠 – 소 그많은남자중에 – 당신이

내아내라 – 서 너무나 행복하오 때로는 서툴지만 – 지금난
내게와줘 – 서 너무나 감사하오 조금은 어색해도 – 지금난

배워 가오 – 사랑하 는방법을 – 당신을 는방법을 –
배워 가오 – 사랑받

그많 – 고많은사람중에 – 인생 – 이라는시 간 속에서

지금 – 내앞에있는그 – 델 이제야 – 알죠 잇 쉬와잇샤처럼

우리는만났었죠 기대 – 하고 기뻐 – 하고 뿌듯 – 해서 잠을 – 설쳐

잇 쉬와잇샤처럼 주님이맺어주신 나의 – 신부 나의 – 신랑

사랑 – 해요 우리 – 서로 –

(신) 1957
(구) 2066

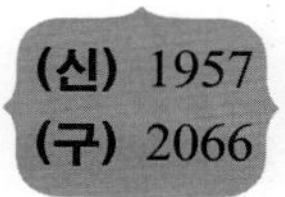

전능하신 나의 주 하나님은 531

(Nosso Deuse poderoso)

Alda Celia

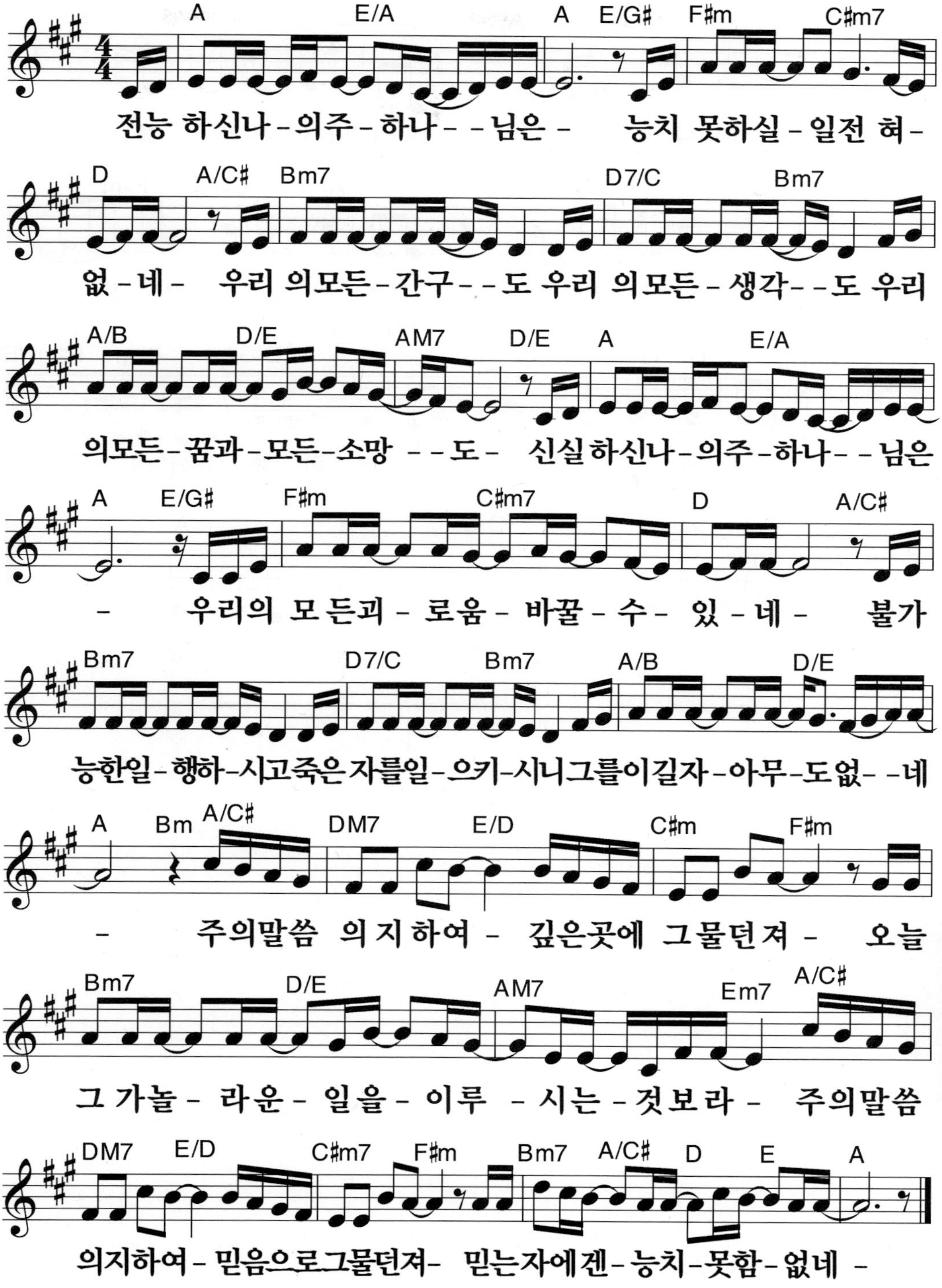
A E/A A E/G# F#m C#m7
전능 하신나-의주-하나--님은- 능치 못하실-일전 혀-
D A/C# Bm7 D7/C Bm7
없-네- 우리 의모든-간구--도 우리 의모든-생각--도 우리
A/B D/E AM7 D/E A E/A
의모든-꿈과-모든-소망 --도- 신실하신나-의주-하나--님은
A E/G# F#m C#m7 D A/C#
- 우리의 모든괴-로움-바꿀-수- 있-네- 불가
Bm7 D7/C Bm7 A/B D/E
능한일-행하-시고죽은자를일-으키-시니그를이길자-아무-도없--네
A Bm A/C# DM7 E/D C#m F#m
- 주의말씀 의지하여- 깊은곳에 그물던져- 오늘
Bm7 D/E AM7 Em7 A/C#
그 가놀- 라운- 일을- 이루 -시는-것보라- 주의말씀
DM7 E/D C#m7 F#m Bm7 A/C# D E A
의지하여-믿음으로그물던져- 믿는자에겐-능치-못함-없네 -

A

532 주 보혈 날 씻었네

(It's Your blood)

(구) 1221

Michael Christ

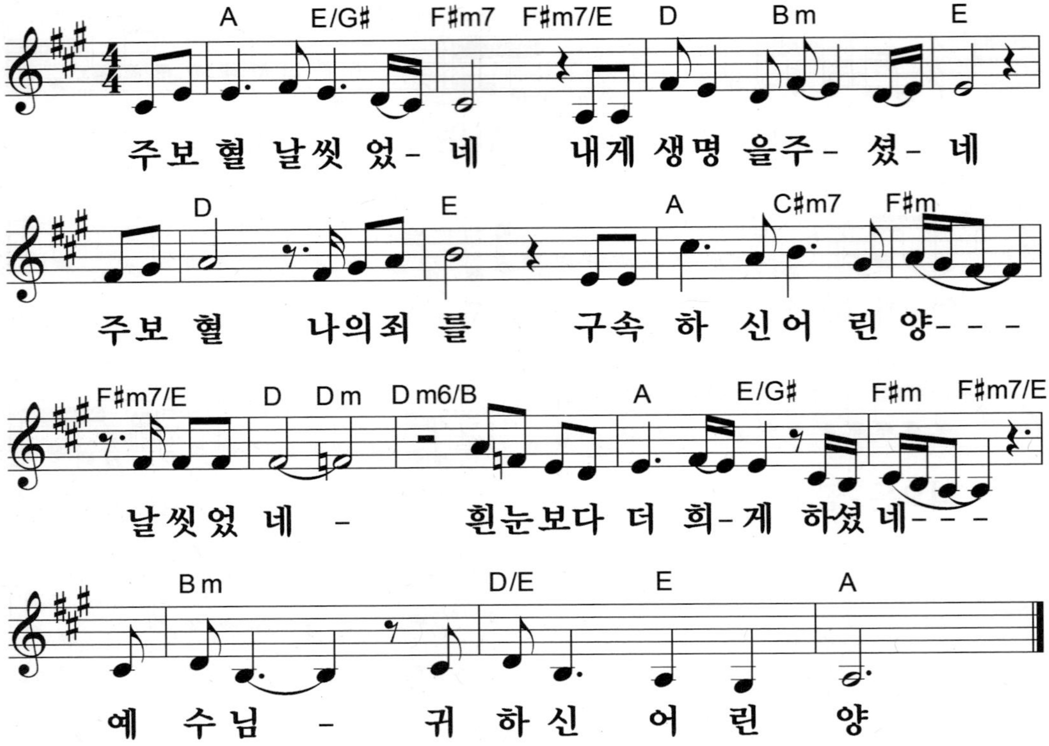

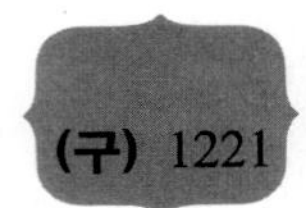

주 앙망하는자

(I Will Run To You)

천관웅

534 주 여호와는 광대하시도다
(Great is the Lord)
(신) 1552
(구) 798
Steve McEwan
A   D2/A   A   D2/A   F#m7
주 - 여호와는광대하시도 다   그 거룩한-하나님성-에 서
A/E   Bm7   C#m7 D M7   E
찬 양할 지-어 다 -
A   D2/A   A   D2/A   F#m7
주 - 승리우리에-게주셨도 다   모 든원-수물-리치-셨네 -
A/E   Bm7   D/E   E   D/E   E
엎 드려 절-하 세 -
A   C#m7   D2   A/C#
다 주의크신이-름높이 며   우 리에게- 행하-신
Bm7   D/E   A   C#m7
위대 한일감사하-세   오 주의신 실하-신그사 랑
D   A/C#   Bm7   D/E   A
온 땅과하-늘위에게- 셔 홀로영-원하신 이 름- -

주 임재 안에서

535

설경욱

536 주가 보이신 생명의 길

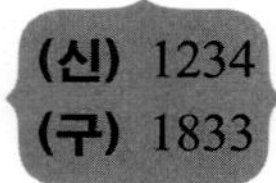

(신) 2104
(구) 2126
주께 가까이 날 이끄소서
537
Adhemar de Campos
A   Bm7
주 께 가 까 이 - 날 이 끄 소 서 - - -
D   E   A   D/E   A/C#
간 절 히주 - 님만 - 을원합니 - 다 - - 채 워 주소서 -
D2   D/F#   E/G#   A   Esus4
주 의 사랑을 - - - 진 정한찬 - 양드 - 릴수있도 - 록
A   Bm7
목 마 - 른 나 의 영혼 - 주 를 부르니 - -
D   E   A   E/G#   F#m
나 의맘 - 만져 - - 주 - 소서 - - 주님만을 원 합니다 -
Bm7   D   E   A
더 원 합니다 - - 나 의맘 - 만져 - - 주소 - 서 -

A

538
주께 가오니
(The power of Your love)
Geoff Bullock
(신) 1532
(구) 1535

주께가 오니 - 날새롭게 하 시고 -
나의눈 열어 - 주를보게 하 시고 -

주의은혜 를 부어주 - 소 서
주의사랑 을 알게하 - 소 서

내 안에발 견한 - 나의연약 함 모두 -
매 일나의 삶에 - 주뜻이뤄 지 도록 -

벗어지리 라 - 주의사랑으로 --- -
새 롭게하소 서 - 주의사랑으로 --- -

주 사랑 - 나를붙드 시 -- 고

주 곁에 - 날이끄소 -서- -

독 수리 - 날개쳐올라 가 --- 듯 나주님과함 께

일 어나걸으 리 주의사랑안에 --- -

주께 포기란 없네

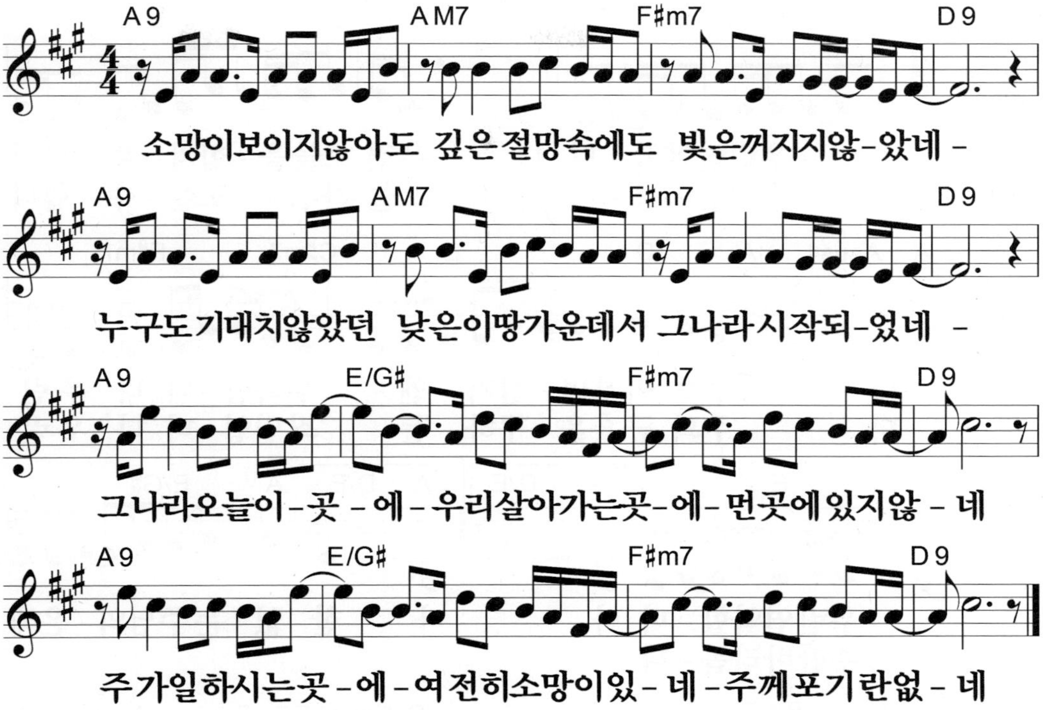

539

김강현

540
주는 완전합니다
함은진 & 소진영

주여 - 우린연약합 - 니 다   우린 오늘을 - 힘겨 - 워 - 합니
주여 - 우린넘어집 - 니 다   오늘 하루 - - 또실 - 수 - 합니

- 다 -   주뜻 이루며 - 살기 - 엔 -   부족합 - 니 다 우린
- 다 -   주의 긍휼을 - 구하 - 는 -   죄인입 - 니 다 우린

- 우린연약합 - 니 다   다   한 없 는주님의 - 은혜
- 주만바라봅 - 니

- 온세상 - 위에 - 넘칩 - 니다 -   가 릴 수없는주 - 영

- 광 -   온땅위에충 - 만합 - - - 니다 -   주

님 만이길이 - 오니 -   우린그 - 길따 - 라갑 - 니다 -   그

날 에우릴이 - 루 - 실 -   주는완 - 전 합니 - 다 -

주님 곁으로 날 이끄소서
(Draw me close)

Kelly Carpenter

541

A

542 주님 큰 영광 받으소서

(신) 1648
(구) 811

(Jesus shall take the highest honor)

Chris Bowater

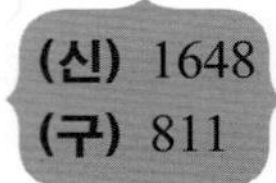

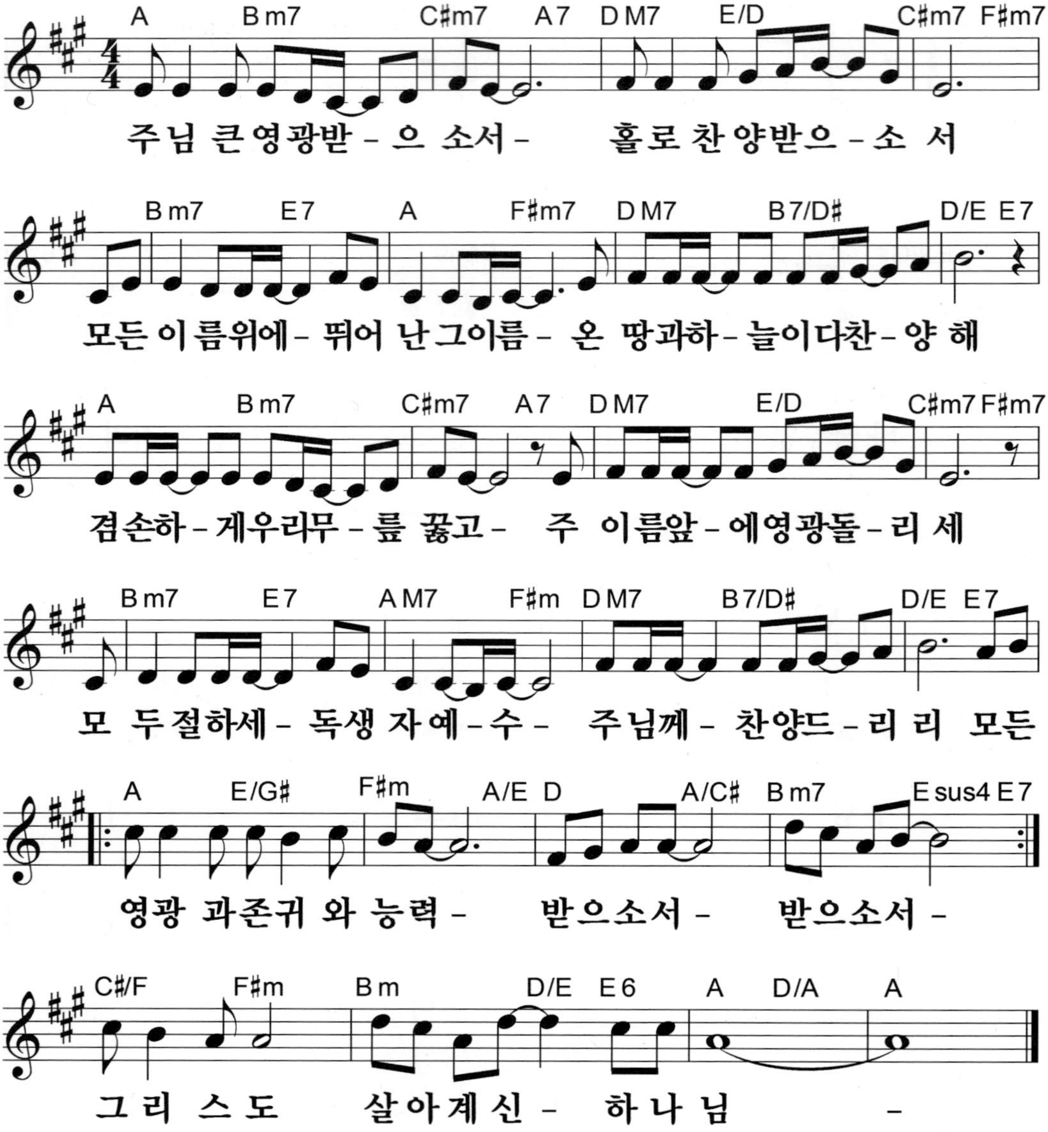

주님은 산 같아서

543

김준영 & 임선호

544 주님은 아시네

(King of Majesty)

(구) 1990

Marty Sampson

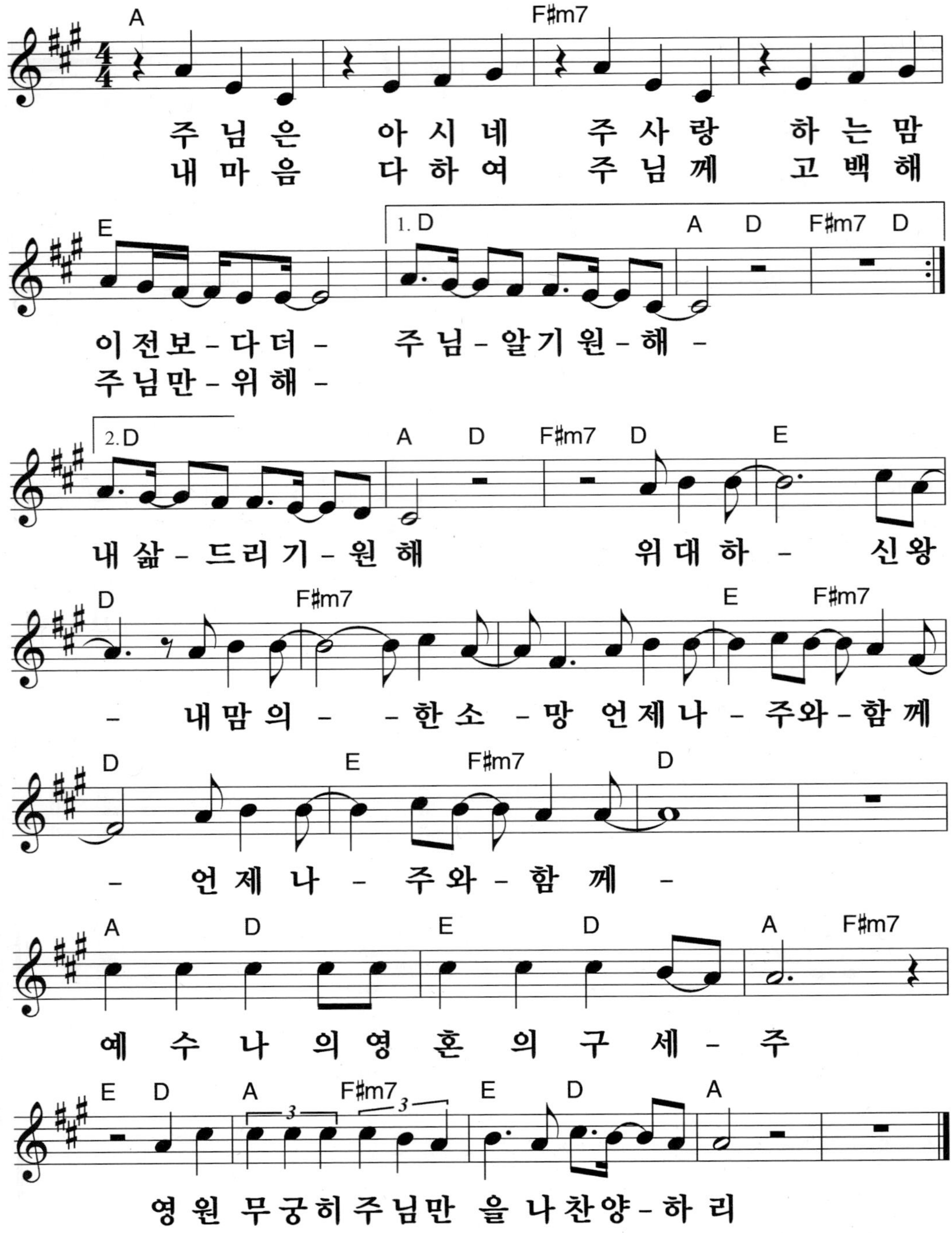

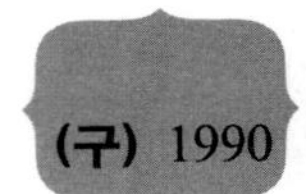

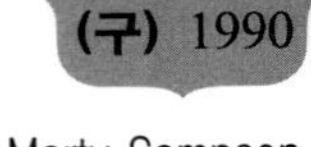

주님의 숲
545
(구) 2086
김현중 & 김재중
A E D A
어느 날 문득 -당신이 찾 아온- 푸르 른 저숲속엔 -
D E C#m F#m D Bm Esus4 E7
평 온하게 쉴수있는- 곳을찾아 -
A E D A
당신 이지나온- 이거리는- 언제 나 낯설게느껴- -
당신 이느꼈던- 지난날에- 슬픔 의 -기억들은- -
D E C#m F#m D Bm E
그 어디에도 평화없네 - 참평화없 네 -
생 각하고잇 어버리고 - 또생각하네 -
A E/G# C# F#m
그렇지만 -당신의 - 앞에 -펼쳐진 - 주님 -의숲에 - 지친
D A Bm E
당 신이- 찾아 온- 다면 숲 은 두팔 -을벌려 -
A E C# F#m
그렇게도 -힘들어 - 했던 -당신의 - 지친 -어깨가 - 이젠
D A Bm E D A
쉬 - 도록편히 쉬- 도록 여 기 주님 -의숲에 - 우- - -

546
주님의 임재 앞에서
박희정

주님의임재앞에 -서- 권능의날개아래 -서-
그의능하신행 -동- 을- 인하여 찬양해
주의 나라 주의 권세 찬양 중에 임하네
모든 원수 굴복하네 주의임재 앞에 -
모든 원수 굴복하네 내가 춤을
출때- 에 다윗처럼춤을 추면서 -
전심으로주를 즐거워 -하라 - 모든만물들아
찬양 하 -라 영원히 - 영원히 -

(신) 1683
(구) 1285
주만 바라 볼찌라
547
박성호
하나 님 의 사 - 랑을 사모하는 자 하나 님 의 평 - 안을
님 께 찬 - 양과 경배하는 자 하나 님 의 선하심을
바라보는 자 너의 모 든것 창조하신 우리주님이
닮아가는 자 너의 모 든것 창조하신 우리주님이
너를 얼마나사랑하시는 지 하나 자녀삼으셨 네
하나 님 사랑 의 눈으로 - 너를 어느때나바라보시 고
하나 님 인자 한 귀로써 - 언제 나너에게기울이시 니
어두 움 에 밝은빛을 비춰주시고 너의 작 은신음에도응답하시니
너는 어느곳에있 - 든지 주를향하고 주만 바라볼 찌
라 하나 라 주만 바 라 볼 찌 라 -

548
주의 도를
(Purify my heart)
(신) 1659
(구) 1265
Eugene Greco
주 의 도를 - 내게알 - 리소서
진 리 의 길 로 행 하 - 리
주 님 의이 름 - 을 - 경 외하 - 리 라
내 마 음 다 하 - 여 -
나 의마 - 음 을 - 씻 어주 - 시 고 -
내 발 걸음을 주 - 의길 - 로 인 도하 - 소 - 서 -
인 도하 - 소 - 서 - 주 께 로 -

주의 옷자락 만지며

(Lord, at Your feet)

Saul Morales

549

550 주의 보혈 능력있도다

나지혜

주의 보혈 능력있도다

D M7   E/D   C#m7   F#m7   B m7   A/C# D   B/D#
날 마다 - 나에게찬 - 송주니 -   놀라 - 운 능력이 - 로다
E7   E7(♭9)   A 9   A7   D M7   A 9/C#
- 주의 보 혈 능력있도다 주의
B m   D/E   A 9   A7   D M7   A 9/C#
피 믿으 오 주의보 혈 그어린양의 매우
B m7   D/E   1. A 9   2. A 9
귀 중한피 로 - 다 주의 다

551 주의 집에 영광이 가득해

(구) 1865

(Redeemed)

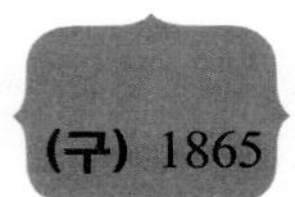

John Barnett

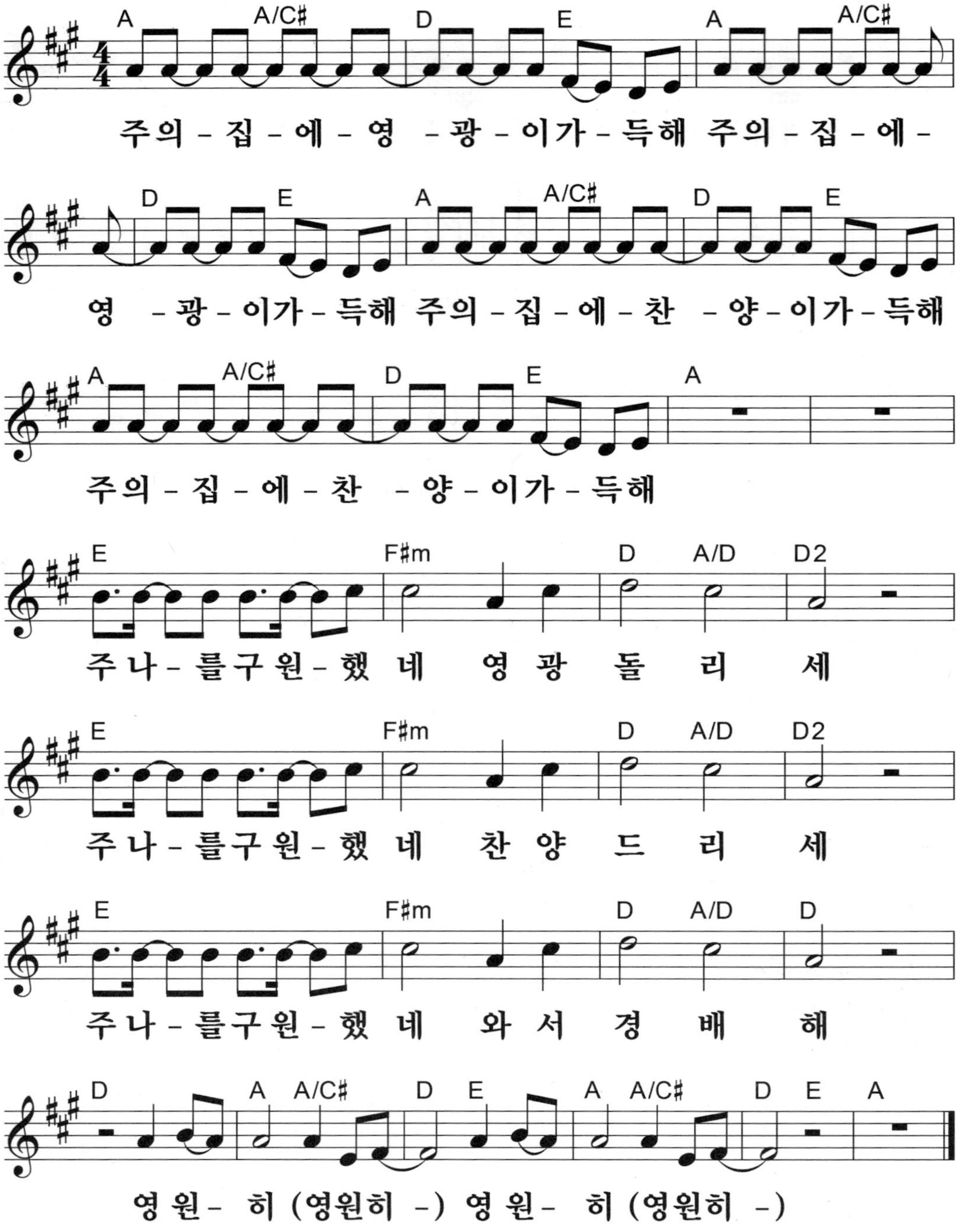

지금은 엘리야 때처럼

(Day of Elijah)

552

(신) 1293
(구) 1706

Robin Mark

553 찬양이 언제나 넘치면

김석균

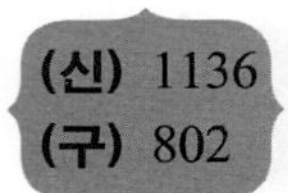

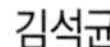

찬양하세

(Come Let Us Sing Come Let Us Sing)

Danny Reed

554

555
찬양 할렐루야
(Forever)
Kari Jobe Carnes, Brian Johnson,
Joel Taylor Christa Black Gifford, Gabriel Wilson, Jenn Johnson

저 해와 달과 별 모두 빛을 잃 고 세상의 구원 자 죽으- 셨네
하늘도 외면 한 마지막 숨소 리 어둠 속에 주 가 누이- 셨네

- 십 자 가 에 달 려 보 혈 흘 리 셨 네 모 든 저 주 그
- 무 덤 속 의 전 투 죽 음 과 싸 웠 네 어 둠 의 권 세

가 지 셨 - - 네 -

는 무 너 - 졌 네 - 온 땅 흔 들 리 고 돌 문 이 열 렸 네 이 길 수 없 는

완 전 한 사 랑 사 망 아 어 디 있 느 냐 부 활 하 신 주 님 사 망 권 세 이

졌 - - 네 - 영 원 히 영 광 받 으 실 영 원 히 높 임 받 으 실 영

원 히 승 리 하 - 실 주 사 셨 네 - 내 주 사 셨 네 -

찬양 할렐루야

A E4 F#m7 D A E4 F#m7 D

A E4 F#m D
찬양할렐루 - 야 찬양할렐루 - 야 찬양할렐루 - 야 승리한어린양

A E4 F#m D
- 찬양할렐루 - 야 찬양할렐루 - 야 찬양할렐루 - 야승리한어린양

A E F#m D
- 찬양할렐루 - 야 찬양할렐루 - 야 찬양할렐루-야 승리한어린양

A E F#m D
- 찬양할렐루 - 야 찬양할렐루 - 야 찬양할렐루-야 승리한어린양

A Asus A E4 F#m D
- 영 원 히영 광 받 으실 영원 히높 임 받으실 영

Asus A E4 1. F#m7 D
원 히승 리 하-실 주사셨네 - 내주사셨네 - 영

2. F#m7 D A
- 내주 - 사셨네 -

556 창조의 하나님이 나의 아버지

김석균

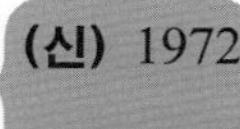

천 번을 불러도

557

이권희

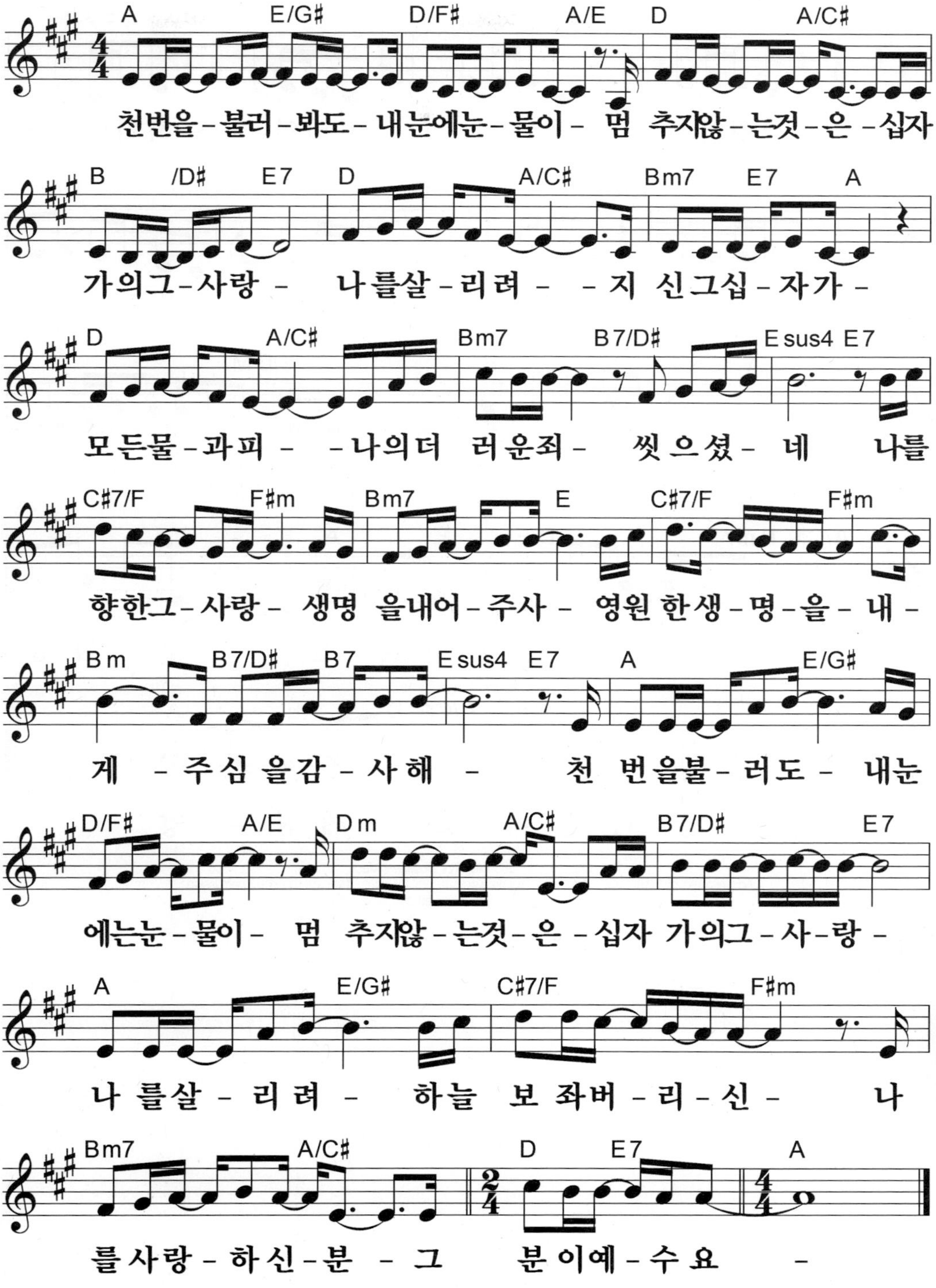

A · E/G# · D/F# · A/E · D · A/C#

천번을-불러-봐도- 내눈에눈-물이- 멈 추지않-는것-은 -십자

B · /D# · E7 · D · A/C# · Bm7 · E7 · A

가의그-사랑 - 나를살-리려 - -지 신그십-자가 -

D · A/C# · Bm7 · B7/D# · E sus4 E7

모든물-과피 - -나의더 러운죄- 씻으셨- 네 나를

C#7/F · F#m · Bm7 · E · C#7/F · F#m

향한그-사랑 - 생명 을내어-주사 - 영원 한생-명-을- 내 -

Bm · B7/D# · B7 · E sus4 E7 · A · E/G#

게 -주심 을감 - 사해 - 천 번을불-러도- 내눈

D/F# · A/E · Dm · A/C# · B7/D# · E7

에는눈-물이- 멈 추지않-는것-은 -십자 가의그-사-랑 -

A · E/G# · C#7/F · F#m

나 를살-리려 - 하늘 보 좌버-리신- 나

Bm7 · A/C# · D · E7 · A

를사랑-하신-분 - 그 분 이예-수요 -

558 평강의 왕이요

(신) 1841
(구) 793

(I extol You)

Jennifer Randolph

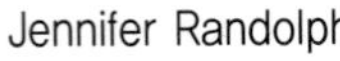

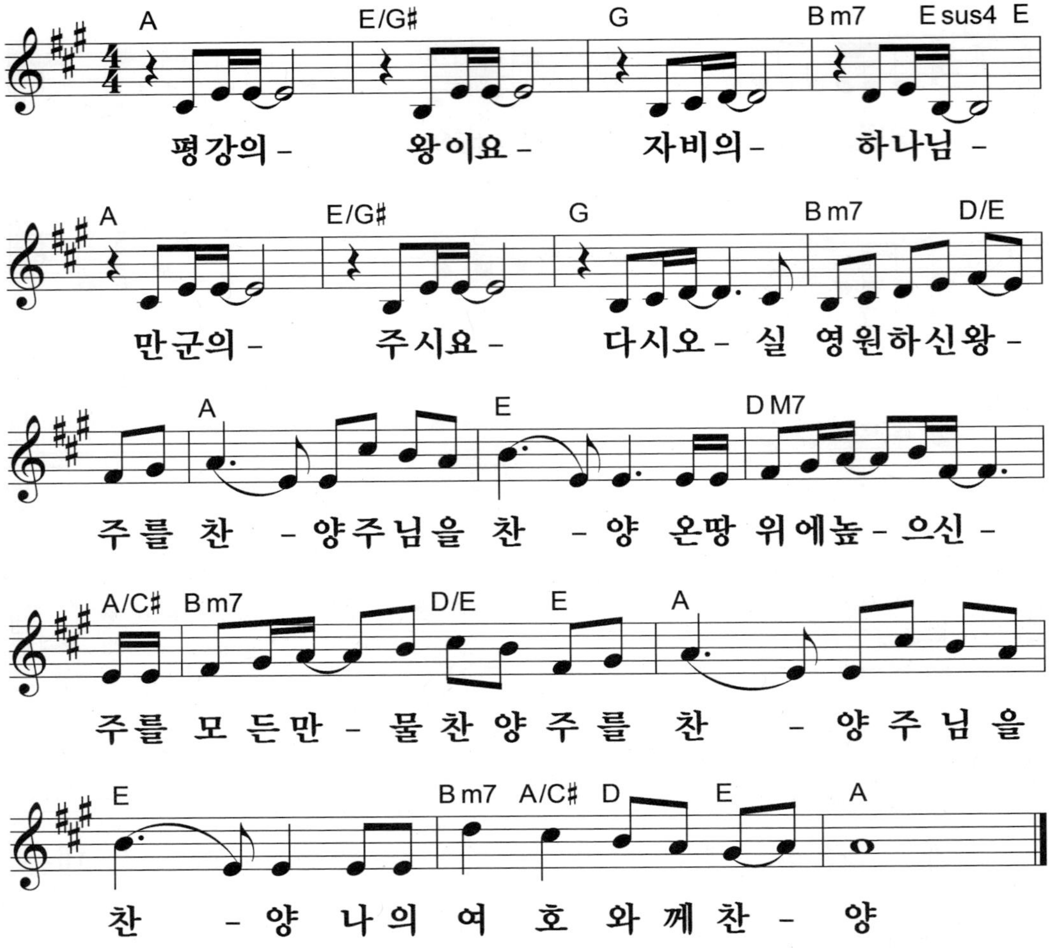

풀은 마르고

559

김영진
A   F#m   D
풀은 마르고 꽃은 시드나 주의
1.D   A   2.D   A
말씀-은영원해 -   말씀-은영원해 -
D   E   F#m   E7   Bm7
주 의말 -씀-을 -   믿 는 -자 -
주 의말 -씀-을 -   행 하 는자 -
1. D   E7   F#m7   D   A/C#   Bm7
주 의구 -원-을 -   얻 으 리 - - - -
2. D   E7   F#m   G   Esus4   E7
그 의능 -력을 -   보게되 리 라 - -
A   D/A   A   F#m7   D/E   E7
주 의 말씀-은영 원해 -
A   D/A   A   F#m7   E7
주 의 말씀-은영 원해 - - - - - - 영 원해
F#m7   E7   A
- - - - - - - - 영 원해 -

560
풋대를 향하여
조유진

A   C#m   D   A   F#m   C#m
내게 유익하던것을 - 다 해로여-기네 - 구주 - 를 위하여 모

D   E   A   C#m   D   A
두다버 - 리네 - 모든것을잃 어버려도 - 나아깝지않 - 음은 - 예수를

F#m   C#m   D   E   A   D/E
- 아 - 는지 - 식 - 이 - 가장 고상 함이 - 라 육체

A   C#m   D   A   F#m   C#m
를신뢰 - 하지않고 - 겸손 한마음 - 으로 - 부활 - 의 능력과 고난

D   E   A   C#m   D   E   F#m
에참여 - 하며 - 그의 죽으심 을본받아 - 그리스도를 - 얻고 - 예수 -

D   A/C#   Bm7   E7   A   D/E
의 안에서 - 발견 되려함이 라 풋 - 대를

A   F#m7   Bm7   D/E
향하여 - 그리 - 스도 예수안 - 에서 - 부름 의상을 - 위하 - 여 달려가

푯대를 향하여

- 노라 - 이 -전에 - 있는것은- 모두 잊어버-리고- 앞에
계 신그-리스-도께-로 달 려 가 노 라 율법
에서난것이-아니-요오직그리스-도를- - - 믿는믿음으-로 난것-이라
-
푯 - 대 를 라

561

하나님 어린 양

(Lamb of God)

(구) 812

Chris Bowater

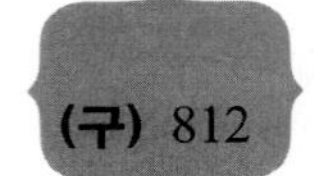

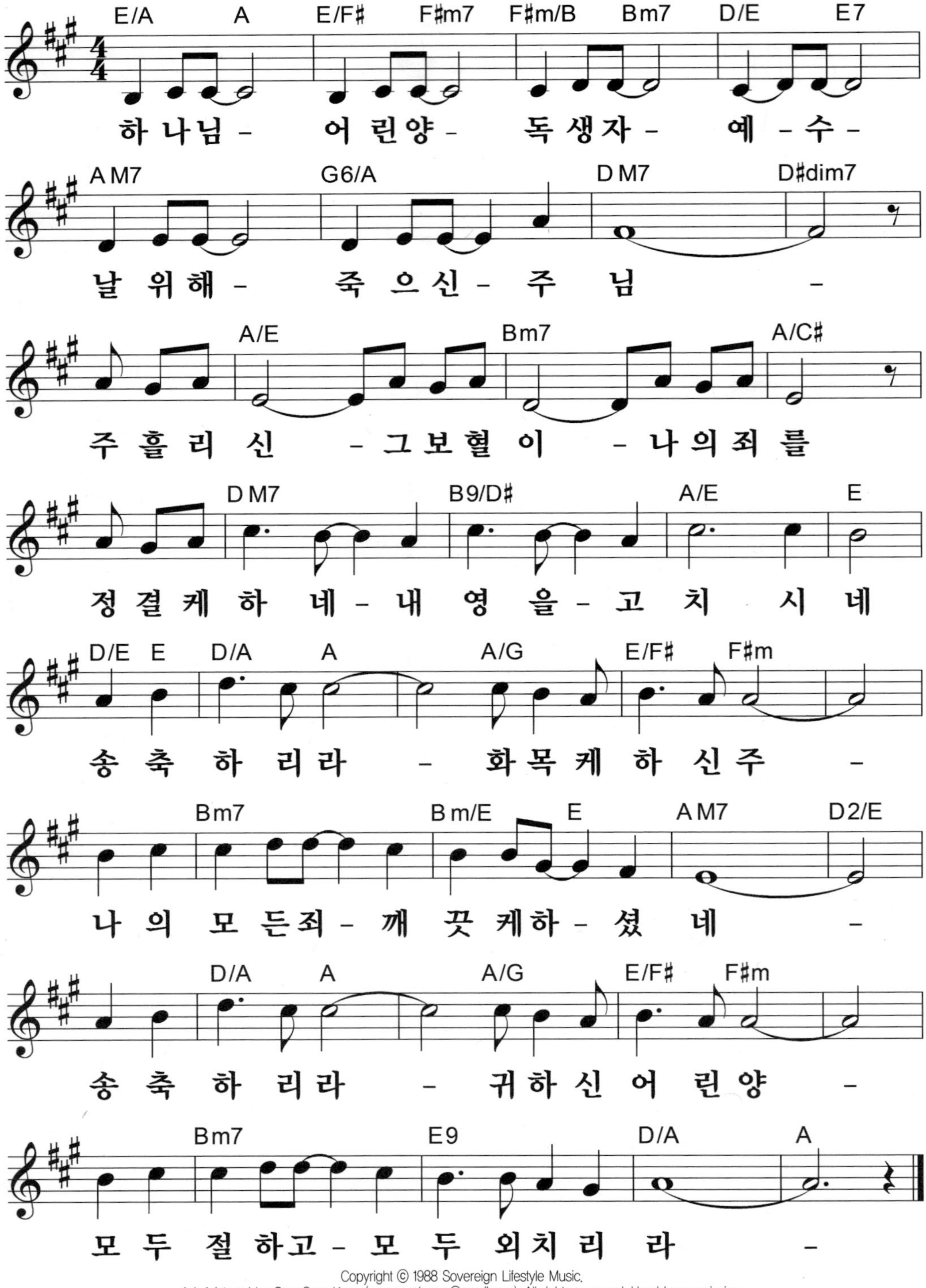

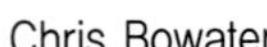

하나님 얼굴 구하는 세대
562
조성민

A
D
주의 나 라를 구 하 는세 대 -로-
승리의 깃발 들은 주의 백 -성-

F#m7
A/C#
D
주의 이 름만 구 하 는세 대 -로-
이땅의 무너 진곳 을세 우 -리-

A
D
나의모 든우 상들 다버 리 -고-
주여우 리죄 를용 서하 시 -고-

F#m7
A/C#
D
주의 이 름만 나경 배하 오 -니-
다시 이 땅의 부흥 을주 소 -서-

F#m7
다시 이 땅의 부흥 을주-소-서 -

A
D
하나님 얼 굴 구하는 -세-대- 예 수이름만구 -하-는-
더이상부 끄 러워않 -으-리- 예 수이름만외 -치-리-

F#m7
E
D
하 나 님 의 부흥 -의-세 -대 -로 -
온 맘 다 해 주이 -름 -찬 -양 -해 -

563 하나님은 우리의 피난처가 되시며

(Psalm 46)

Stephen Hah

하나님의 그늘 아래

564

한성욱

565
하나님의 부르심
손경민

A   E/G#   F#m   C#m/E
하나 님의부 - 르심 - 에는 - 후회 하 심이 - 없 네 -
작 은 나를부 - 르신 - 뜻을 - 나는 알 수없 -지 만 -

D   A/C#   Bm7   E7
내가 이자리 - 에 선것도 - 주의 부르심 - 이 라 -
오 직 감사와 - 순 종으로 - 주의 길 을가 - 리 라 -

A   E/G#   F#m   C#m/E
하나 님 의부 - 르심 - 에는 - 결코 실 수가 - 없 네 -
때 론 내 가연 - 약해 - 져도 - 주님 날 도우 - 시 니 -

D   A/C#   Bm7   E7   A
나를 부르신 - 하 나 님의 - 신실 하심을 - 믿 네 -
주의 놀라운 - 그 계 획을 - 나는 믿으며 - 살 리 -

D/E   A   A/C#   D   F#7
날부 르신뜻 - 내생각 보다크고 - 날향

Bm7   B/D#   3   E   C#m/F   F#m   A/E
한계획 - 나의지혜로 측량못 -하나 - 가장 좋은길로 - 가장

D   Dm6   A/E   Bm7   E7   A
완전한 -길로 - 오 늘 도 날 이끄심 -믿 네

하늘 위에 주님 밖에

(God is the strength of my heart)

Eugene Greco

566

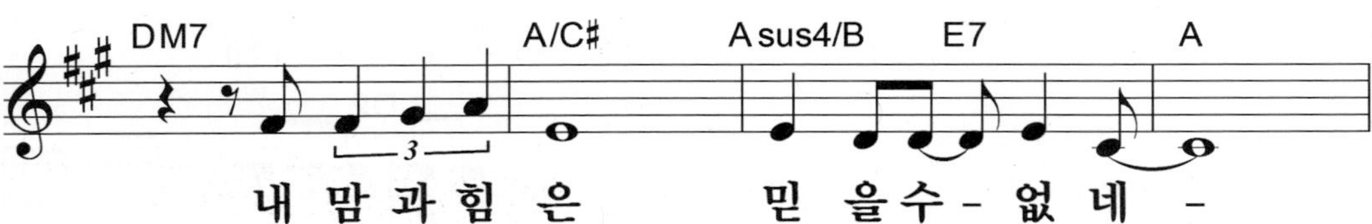

567
하늘에 계신 아버지
(As it is in heaven)
Matt Maher & Ed Cash
D2   A   D2
하 늘 -에 계신아버 -지   이름거룩-하-며
-다 일용할양 -식   은혜로주-소-서
D2   F#m   E   D2
-주의영광이곳에가 -득하길기도하네 -
-예수이름으 -로우 -리모두기도하네 -
D2   A   D2
하 늘 -에 계신아버 -지   주 이름다외 -치 -며
시 험 -에 들게마시 -고   악에 서구원하 -소 -서
D2   F#m   E
-주 의영광이곳에가 -득하길기도하네
-예수이름으 -로우 -리모두기도하네
D2
- - - (기도하네 - - -) 찬양해 - 새 노래
D2   B7
-로 찬 양 해 - 새 노래 -로 찬 양 해
F#m7   E   D2
-새 노래 -로 주 -님께 - - - - - 주님의나

나는 주만 높이리

라 주님의뜻 이 하늘 - 에이뤄 - 지 - 듯 - 이 모두선포
해 자비한주이 름 이 땅 - 에이뤄 - 지 - 리 - 라 -
last time Fine
날 마 - 라 모 든 나
- 라주께 - 모든권 - 세주께 - 모든영 - 광영원 - 히아멘
- 모든나 - 라주께 - 모든권 - 세주께 - 모든영
D.S. al Fine
- 광영원 - 히아멘 - 모든나 - - - - 주님의나

A

568 하연이에게

한웅재

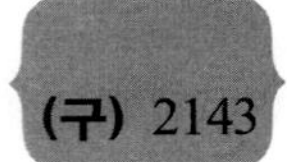

하연이에게

D   E/D   C#m   F#m   1. Bm   E   A
우리맘속 – 에 소 – 중한것 – 을 간 직하며살 – 아요 –
우리맘속 – 에 누 군가의자 – 리 남
2. Bm7   E   A   Bm7   E   A
겨두며살 – 아 요 –   사 랑하며살 – 아 요 –

569
하루
(One Day)
Reuben Morgan
주님께서 주신 은혜 넘치도록 채우시네 -
주의성전 의 하루 가 세상에서 천 - 날 보다낫네
축 - 복 넘치는축 - 복 - 주 내게거저
주시었네 - 사 - 랑 날가르치 - 니 주 의
은혜가족하네 -
주 - - 은혜내게족 하네 - - -
주 - - 은혜내게족 하네 - - -
- 은 혜 내 게 족 하 네 - -
Words and Music by Reuben Morgan
© 1999 Hillsong Music Publishing Australia (admin in Korea by Universal Music Publishing/ CAIOS)

해 같이 빛나리

570

김석균

571 나의 노래

김준영 & 임선호

아무생각없-이노 래가좋-았지- 오래된 기억속-에 그교회-에서
낡은 피아노-반주- 불 렀던노-래들- 그시-작이
지 금의- 모 습이-되어- 내 삶에전부되-어
어느곳에서- 어떠 한환경-에도- 이제는 주를위-해 난노래- 하네
그날 부르신-주님- 사랑의 음성을-기억 해
외로움-에 지쳐만-가는사람들- 에게- 사랑-을전하라하- 네-
나의 노래는- 나의- 삶 이제야 나 의노-래를-
나의노-래를-부르-네 유일하게부-르고- -싶던-유일하게들-려주

나의 노래

-고싶던-그분- 그 분을위-해- 나 이제노-래하-네내- 노래
- 주 님 주 신 내 목 소 리 로 -
그분- 의사- 랑을-노래 -할때- 모든사- 람들 - 따
뜻한주-님의- 주님의사랑-을- 기억하면좋-겠-어-
나의 노 래는- 나의 -삶 이제야 나의노-래를-
나의노-래를- 부르-네 유일하게부-르고 - -싶던-유일하게들-려주
-고싶던-그분- 그 분을위-해- 나 이제노-래하-네내-노래 -

572 믿음이 없이는

장진숙
주님 – 제 마음이 – 너무 둔해서 주 님을 – 볼 수 없습니 – 다
이 땅에 속 – 하여 이 땅만 보 – 다가 주 님 손을 – 놓쳤습니다 –
나는 나그네 – 로 왔는데 – 왜 주저앉게 되었나 – 나는 청지기 – 인데 –
언제부터 내 삶에 – 주인이 되어 버 렸나 – 믿음이 없이
는 기쁘시게 못 – 하 나니 – 고된 수고 – 도 다 헛될 뿐 – 이 – 라 믿음이 없어
주를 찾는 – 자 반드시 만 – 나 – 리
서 – 무너진 삶의 모든 자 – 리에 – 다시 주님을 – 기다립니 다

주를 향한 나의 예배 573

이동선

A

574 이 세상의 부요함보다

(Better than Life)

(구) 2015

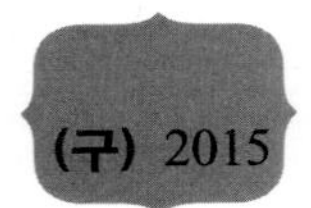

Marty Sampson

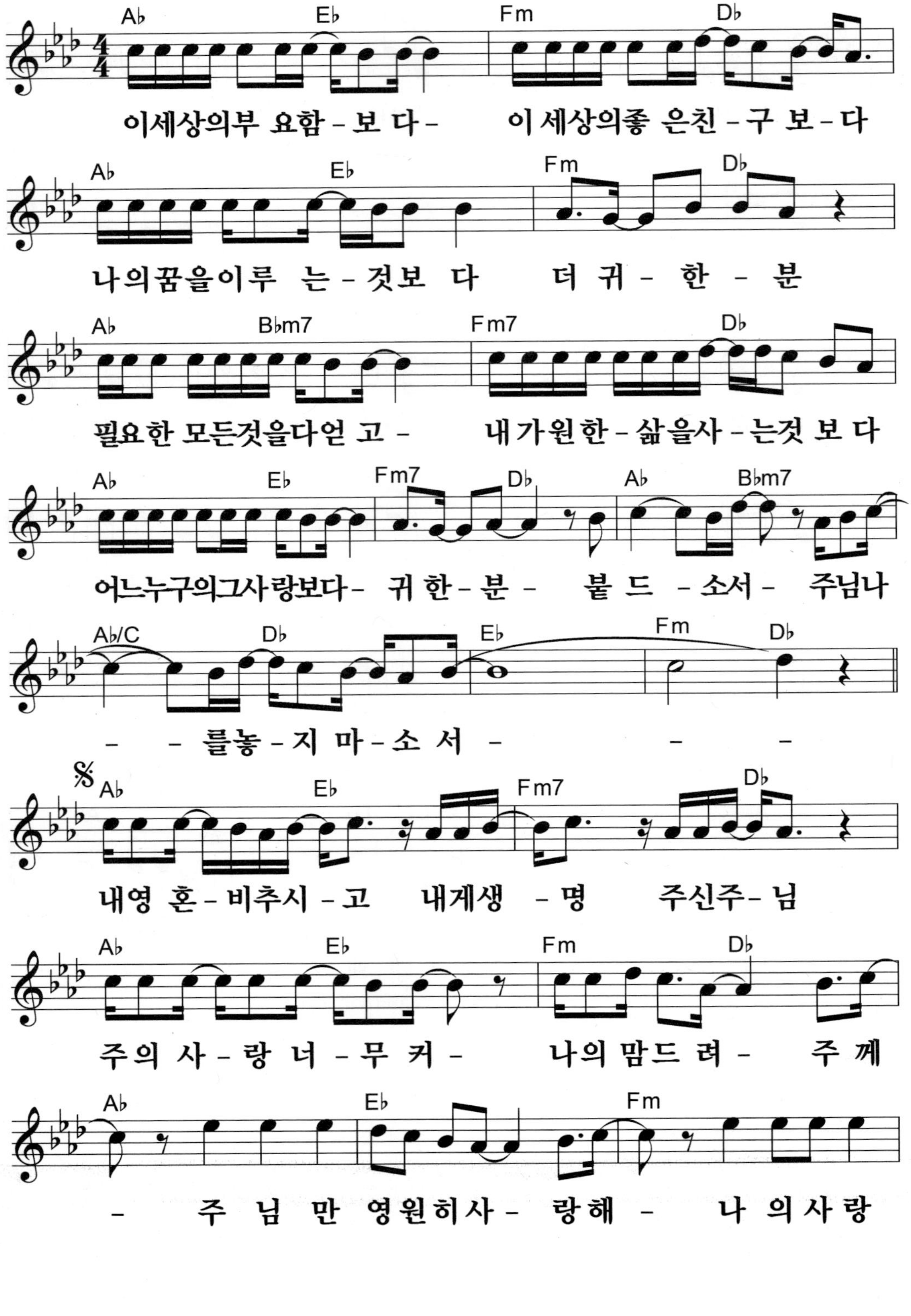

이 세상의 부요함보다

멈추-지않- 으리 - 주님만 영원히사- 랑해
-나 의사랑 멈추-지않- 으리 -
붙드 -소서- 주님나
- -를놓-지마-소서 - 붙드 -소서- 주님나
- -를놓-지마-소서 - -
Fine
D.S.

575 주의 십자가 사랑하리

하나님의 꿈

576

천관웅

577 내 주 되신 주

(For Who You are)

Marty Sampson

예수 닮기를

심형진
B   E/B   B   E/B
내 삶에 소망 –   내 가 바라는 – 한 분
온 유 하 시고 –   겸 손 하신 – – 성 품
C#m7   E   B   E/B
예 수 – 닮기 – 를 –   내가 – 원하 – 네 –   한없는 사랑 –
예 수 – 닮기 – 를 –   내가 – 원하 – 네 –   자비하 시고 –
B   E/B   C#m7   E   F#sus4 F#
풍성한궁 휼   예수 – 닮기 – 를 –   내가 – 원하 – 네 –
위로자되시 는
B   E   B/D#   C#m7   B/D#
예 수 – 닮 – 기를 –   예 수 – 보 – 기를 – 예 수만 – 높 – 이길 –
E   F#   B   E   B/D#
내가 – 원하 – 네 –   내 평 – 생 – 소원 –   예 수 – 닮 – 기를 – 예
C#m7   B/D#   1. E   B   2. E   B
수만 – 닮 – 기를 – 내   가 원 – 하 – 네 –   가 원 – 하 – 네 –
Fine
C#m7   F#   C#m7   F#
완 전 하신 예 수   새 롭게 하 시 – 네 –
C#m7   D#m7   E   F#   D.S. al Fine
연 약한내 영 – 혼 –   온 전하게 되 – 리 –

579 예수 우리들의 밝은 빛

Takafumi Nagasawa

예수 우리들의 밝은 빛

F#m7   B   E   F#/E   D#m   G#m
경 배합 - 니 - 다 슬 픔을거 - 두고 - 내게 자유주 - 시네 - 기
C#m7   E m6   F#7   B
쁨의 노래를 - 영 원한나의빛 - 예수께 -

580 오직 예수
(One Way)

오 직 예 수 주님만이나의 삶 의 이 유
오 직 예 수 주님만이나의 삶 의 이 유
주 님 은길 과진 – 리 생명 나는 –오 직–믿음
–으로 – 살 리 – 주만 –위 해–살리 – –
– 주님만이나의 삶 의 이 유 –

B

581
주 한 분만으로
(Christ is Enough)
Reuben Morgan & Jonas Myrin
주 는 내 상-급 - 내 모든 헌-신 드-려 오직
주 예 수 만-이 - 나의 만족 되-시네 - 언제나-주
- 찬양하-리 - 주를 보-네 - 자유하-네 -
주 한 분 만 으 로 난 부 족 함 없-네 -
- 내 모든-필 요 주 안에- 주 안에-있 - 네
주 는 내 전-부 - 내 구원의-즐 거 움 언제
나 변 치 않-는 - 천국의-소망 - 언제나-주
- 찬양하-리 - 여기 계-신 - 주께 영-광 돌 -려

주 한 분만으로

주 한 분만으로 난 부 족함없-네 -
- 내모든-필요주 안에- 주안에-있 - 네
주예수 님 만 - 따라가
리 라-돌아서 지 않으 리라 주예수 님 만-따라가
리 라-돌아서 지않으 리 -라 세상등 지 고-십자가
보 리-돌아서 지 않으 리라 세상등
지 고-십자가 보 리-돌아서 지않으 리 -라

582 주의 나라 오리라

(Oceans Will Part)

Ben Fielding

주의 나라가 임할 때

심형진
B   G#m7   E   F#
주의 나라가 - 임할 때 - 하나님 - 임재 하실 때 - 예배가
E   F#   E   F#
회복 되 며 - 기적은 일어 나 네 - 전능
B   G#m7   E   F#
하신주 - 영 원하신 - 능력의 - 통치 자 - 자유가
E   F#   E/G#   F#/A#
선포 되 어 - 주백성 돌아 오 네 - 하나
B   G#m7   E   F#
님나라 - 임하소 -서- 영광 과존귀 - 능력과위 -엄- 놀
G#m7   E   C#m7   F#   1. B
라운사랑의 기 적의하나님 지금이곳에 오소 -서- 하나
2. B   B   G#m7   E   F#
서 주 높고-위대 - 하심을 크게외- 쳐 선포하네- 만
G#m7   E   C#m7   F#   1. B   2. B
왕 의-왕주 하 나님 지금 -오소 -서- 주 서

584 크신 내 주님

(Our God)

Jesse Reeves, Jonas Myrin &
Chris Tomlin, Matt Redman

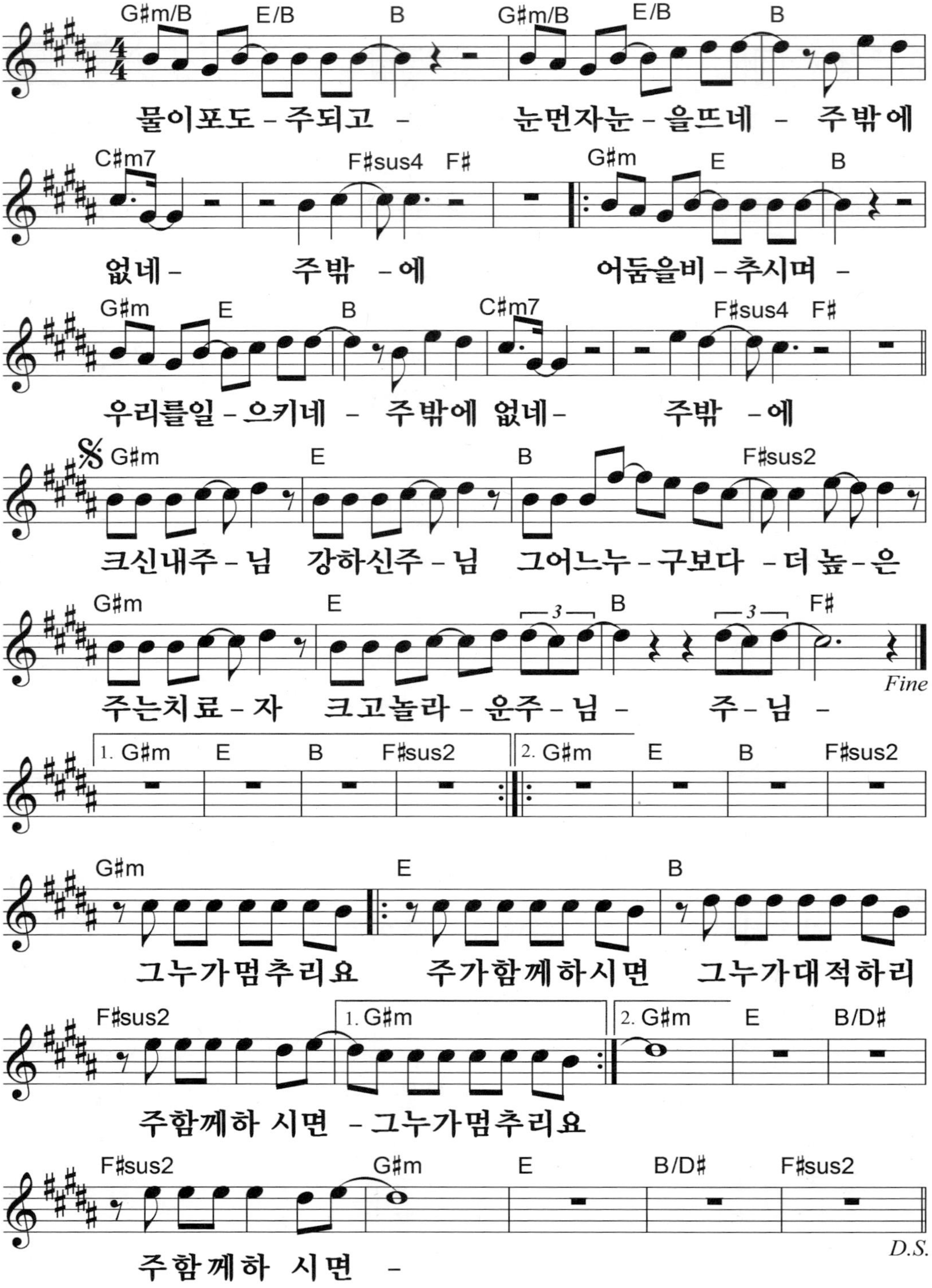
G♯m/B E/B B G♯m/B E/B B
물이포도 - 주되고 - 눈먼자눈 - 을뜨네 - 주밖에
C♯m7 F♯sus4 F♯ G♯m E B
없네 - 주밖 - 에 어둠을비 - 추시며 -
G♯m E B C♯m7 F♯sus4 F♯
우리를일 - 으키네 - 주밖에 없네 - 주밖 - 에
G♯m E B F♯sus2
크신내주 - 님 강하신주 - 님 그어느누 - 구보다 - 더 높 - 은
G♯m E B F♯
3
주는치료 - 자 크고놀라 - 운주 - 님 - 주 - 님 -
Fine
1. G♯m E B F♯sus2 2. G♯m E B F♯sus2
G♯m E B
그누가멈추리요 주가함께하시면 그누가대적하리
F♯sus2 1. G♯m 2. G♯m E B/D♯
주함께하 시면 - 그누가멈추리요
F♯sus2 G♯m E B/D♯ F♯sus2
주함께하 시면 -
D.S.

(신) 1445
겸손
585
김석균

슬픔 속에서도울지않는 것   억울 해서울지않는 것 걱정
참을 수없어도화내지않 고 끝 - 까지인내하는 것 감사

할 - 수밖에 없는 상황속에 도   걱정하지않 는 것   사랑
할 - 수없 는 그런 조건에서 도   감사하며사 는 것   칭찬

할수없는사람조차 도   사랑 하며품어주는 것 용서
이나비난가운데서 도   침묵 하며살아가는 것 말씀

할 - 수없는 사람 일 지라도   용서하여주-는- 것 - 어떠한
순 - 종하기 어려 울 지라도   믿음으로순종하는 것 -

자기주장도 버리 고   오직 모든것을주님뜻에 맡기며 내가

강한것이아니라 - 주가 강함을보여줌이 - - 진정 한 겸 손
Fine

겸손은겉사람이 드러나지않고   속사람이드러나는 것

하나님과가장가 까운사람이 바로 겸손한 사 람   - 어떠한
D.S.
B

586 나의 하나님

(My Lord, My God)

박우정

나의 하나님
Bb Eb Bb/D Cm7 Bb
- 찬양하리 - 만군의주 - 영원히함 - 께하-시네 - 존귀하신
Eb Bb/D Eb Eb/F Bb D.S. al Fine
- 사랑의왕 - 영원히통 - 치하 - 시 네 - 주님의나라

587 나는 주를 섬기는 것에 후회가 없습니다

불의 제단 588

예수 십자가에 흘린 피로써 개사 & E.A.Hoffman

B

589 모든 삶의 순간

장진숙

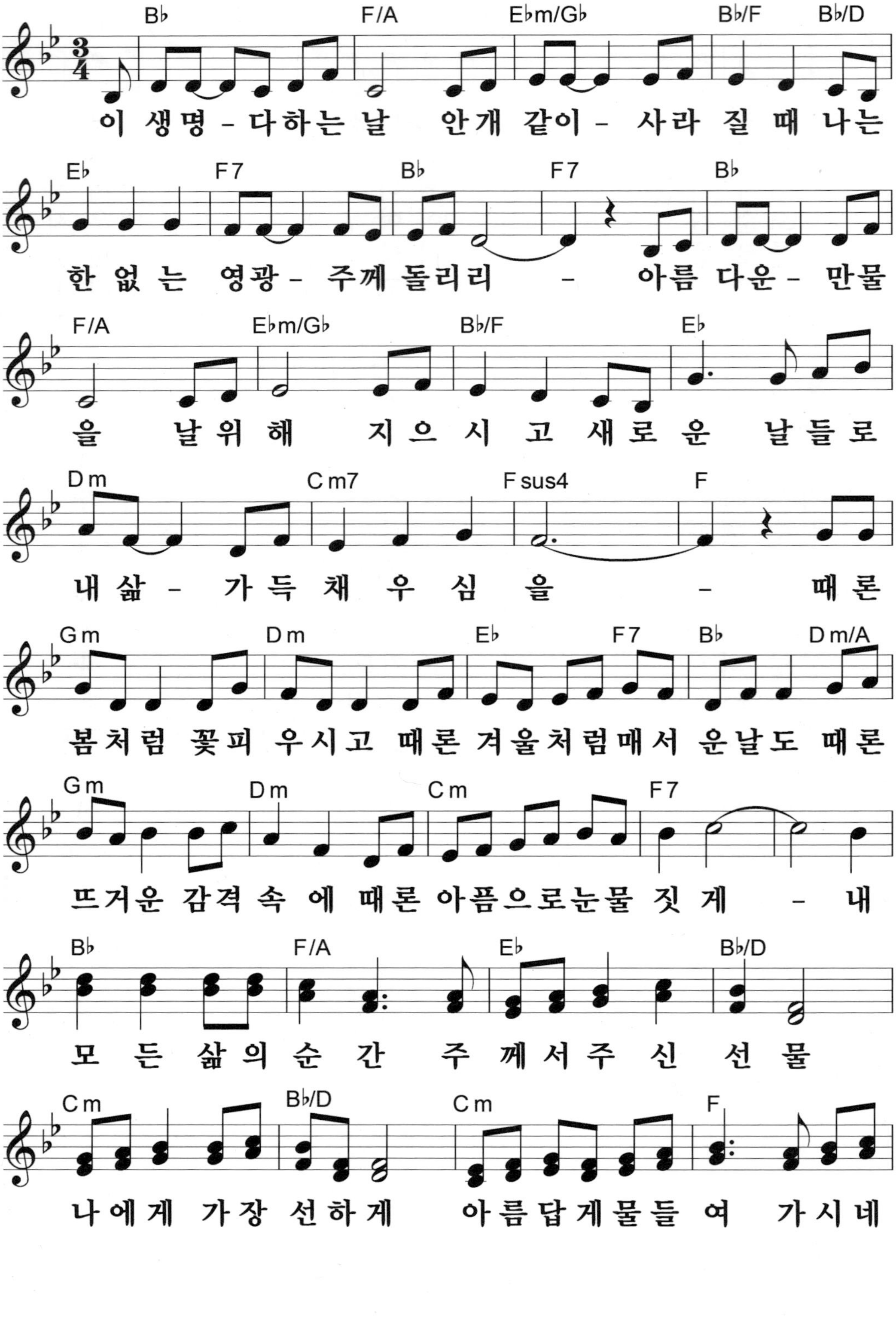

B♭ F/A E♭m/G♭ B♭/F B♭/D
이 생명 - 다하는 날 안개 같이 - 사라 질 때 나는
E♭ F7 B♭ F7 B♭
한 없는 영광 - 주께 돌리리 - 아름 다운 - 만물
F/A E♭m/G♭ B♭/F E♭
을 날위해 지으시고 새로운 날들로
Dm Cm7 Fsus4 F
내삶 - 가득 채우심을 - 때론
Gm Dm E♭ F7 B♭ Dm/A
봄처럼 꽃피우시고 때론 겨울처럼매서운날도 때론
Gm Dm Cm F7
뜨거운 감격속에 때론 아픔으로눈물짓게 - 내
B♭ F/A E♭ B♭/D
모든 삶의 순간 주께서주신 선물
Cm B♭/D Cm F
나에게 가장 선하게 아름답게물들여 가시네

모든 삶의 순간

Bb
F/A
Eb
Bb/D
모 든 삶의 순 간 주 께서주 신 선 물
Cm
Bb/D
Eb
F7
Bb
나에게 가장 선하게 아름답게물들여 가시네

590
믿어요 그 약속
(I believe the promise)
Russel Frager
Bb
Eb
믿어요 그약 -속 -비전과 꿈 을주- 셨네
Eb
Gm
- -주의성 -령 흘-러넘치 -리 라- 주의
Eb
Bb
권 능보- 리라 - -바로지 -금 여-기이장
Bb
Ebm/Bb
-소 에-믿는백 -성다모 --였네 - 강-한소
Gm
Cm
F
-리 와-성령의 -불 있-네우리 여기모일 때 -
Bb Dm Gm
Eb
Bb
난 믿 네 -주님여기에 계 심을 -
Dm
Gm
Cm
F
세상모든것다임 -하 네-주의성 -령임-할 때 -
Bb Dm Gm
Eb
Bb
난 믿 네 -주님여기에 계 심을 -

믿어요 그 약속

두세사람 모일 -때 그 믿음 -모일 때 - - -
주의응 답믿 -네- 그분 여기에계 -시 네 -
- 하 늘 과 땅 그무엇도 주 님 권 능 아래 -
주 께 서 우 리에 -게 맡 기 신 소 명은 -
바 다 도 감 당못 -해 별 보 다 더 높네 -
우 리의 맘 에주 -신 주님의사랑 - -

B

591 사랑 중에 사랑

박은총 & 김강현 & 하민하
지 쳐 - 포기하고싶을때 - 혼자뒤쳐진것만
- -같고 - 울힘조차없 -을때 - - 세
상 의 - 소리가들리네 - 사랑받을자격없
- -다고 - 너는할수없-다고 - -
오 - -오 - - 오 - - 워 - - - - - -
예 수 - 사 랑중에사랑 - 오늘우리가운데
- -오셔 - 우릴안아주-시네 - - 하
늘 의 - 소리가들리네 - 나의사랑하는자

사랑 중에 사랑

- -들아- 일어나 함께-가자- -
예 수 -십 자 가 무덤 지 나 승리하셨네 -
예 수 -영 원 한 나의 사 랑날사랑하시네 -
사랑두려운것없네 사랑날자유케하네그사랑지금우리가운데 -

B

592
삭개오의 노래
배성균
아무도 내게손-내밀-지않-았죠 - 아무도
나를불-러주-지않-을때 - 아무도
내게찾-아오-지않-았죠 - 때론 슬픔속-에서 - 무너
나를사-랑하-지않-을때 - 많은 사람속-에서 - 내이
-져만-가죠- 주님 - 어떡하죠-- 아무도 --날구하소서
-름부-르던- 주님
- 나에 게 오라 가까 이 오라 말씀하신예 수 -
님 널사 랑 한다 나의 아 들아 너와함께하리 -
라 아무도 - 나에 게 오라 가까
이 오라 말씀하신예 수- 님 널사 랑 한다 나의 아 들아

삭개오의 노래

너와함께하 리 - 라 이제 나의일생은 모 두
예수님만붙 잡 고 - - 세 상을헤 - 매는 - - 주
의자녀 - 들을 - 일으 키며 - 살아가 - 리라 -
나 에
게 오라 가까 이 오라 말씀하신예 수 - 님 널사
랑 한다 나의 아 들아 너와함께하 리 - 라 나의
라 사 - 랑 한다 나의 아 들아 너와함께하 리 라

593
세상 그 자리에서
김세미, D.W.Whittle & 나지혜, J.McGranahan

허탄 한 세상 - 그 자리-에서 - 주의
나의 빈 손을 - 바라볼-때에 - 꺼진

백성으-로살아갑-니다 - 아무-것도 - 보이지않-지만
등불같-은어둠같-아도 - 주의-큰손 - 나를붙드-시니

- 주약속믿고 - 따라갑니다 -
- 그것으로나 - 안심합니다 -

내가 믿 고 -또의지 함은 -내모든 형 편 - 아시는 주님

늘 돌보 -아주실 것을 나는확 실히아 네

Copyright ⓒ 김세미 & 나지혜, Adm, by KOMCA, All rights reserved, Used by permission,

여호와의 집으로 올라가
(Let's go to His House)
594
임선호
여 - 호와의집으로올 - 라가 - 성 - 문안에우 리는서
- 리라 - 주 - 님이허락 한 이 땅위 - 에서 - 여호
와 를 찬 양하 - 여라 - 보 - 좌위에앉 으신여
- 호와 - 우 - 리들을다 스려주 - 시니 - 주
- 님이주시 는 넘 치는-은혜 - 여 호 와 께 감사드 - 리라
- 영 원하 - 신왕 - 주 - 찬 - 양하라 - 주의성 - 소에
주의선 - 하심
- 다 - 모 - 이리라 - 주께온-전한 - 예 - 배 - 를
- 다 - 외 - 치리라 - 주를높-이며 - 주 - 님 - 의
드 리 는 자가 - 이 - 땅에 - 넘 - 쳐- 나리라 -
크 신 능 력을 - 모 - 두가 - 노 - 래 - 하리라 -

595
온 땅의 주인
(Who am I)
Mark Hall

Bb F/A Gm7

온 땅의 - - - 주인 되신주 - 님이 -
주님은 - - - 나의 죄 를보 - 시고 -

F Eb F/Eb Eb

내 이름아 - 시며 - 상 한 맘돌 - 보네 -
사 랑 의눈 - 으로 - 날 일 으키 - 시네 -

Eb Bb F/A Gm7

어둠을 - - - 밝히 시 는새 - 벽별 -
바다를 - - - 잠잠 하 게하 - 시듯 -

F Eb F/Eb Eb Bb/D

방 황 하는 - 내맘 - - - 주의 길 비추 - 시네 - - -
내 영 혼의 - 폭풍 - - - 고 요 케하 - 시네 - - -

Cm Bb/D Eb F

나로 인 함이 - 아 - 닌 - - - 주가 행 하신 - 일 - 로 -

Gm7 F/A Eb Fsus4

나의 행 함이 - 아 - 닌 - 오직 주 로인 - 하여 -

Bb F/A Gm7 F

나 는 오 늘 피었 - 다 - 지 - 는 - 이름 없 는꽃 - 과같

온 땅의 주인
Eb   F   Eb   Eb/F
--네 바 다 에-이는파 -도-   안 개 와같 -지 -만
Bb   F/A   G m7   F
- 주 는 나 를붙-드-시 -고- 부르 짖 음들-으-시
Eb   F   Eb
---며- 날귀 하 다하-시-네 -   나오직
Bb   F/A   G m7   Eb   Bb
-    주 의 것 -

B

596
우리 때문에
(We Are The Reason That He Gave His Life)
David Meece
(신) 2097
(구) 2051

Bb9   D/A   D   Gm9   Fm7   Bb7   Eb7   Bb/D
잊을 수없네 - 하나님의사랑 날살리시려 고 주신 생
보았네 - 피묻은십자 가 날구하시려 고 흘린 사

Cm7   Dsus4   D   Gm7   F   Em7b5
명 내 - 십자가지 고오르신갈보리언 덕 - 날향한
랑 나를바라보시 며흘리신용서의눈 물 - 날향한

Bb/C Cm   Fsus4   F   Bb   Cm
사 - 랑때문 에 우리때문 - 에생명 - 주셨고 -
그 사랑때문 에 우리때문 - 에생명 - 주셨고 -

Eb/F   F   Eb/Bb   Bb F/A   Gm9
우리때문 - 에고통 당하셨네 - 우리 때문에갈 - 보리오

Bb/C   Cm7   Fsus4-3   1. Bb
- 르셨네 - 무 지한우리 - 때문에 - 나는

2. Bb   A   Gb9   Db/F
- 내가 살아야할 - 이유찾았 -네 - 나의삶

Dbm/E   B/Eb   Bm/D
- 을모두주께드리 - 는것 그가 날위해모 - 든것주

우리 때문에
Gb/Db Ebm7 Ab Dbsus4 Db
-셨듯이 - 나의삶 -을주께-드리리 - 주 위
Db/Eb Eb/F Bb9 C m7
해 - 바로 우리때문 -에 -십자 가지셨고 -
Eb/F F Eb/Bb Bb G m7
우리때문 -에죽음 당하셨네 - 우리 때문에물 -과피쏟
C m7 Eb/F F Bb Eb/F
-으 셨네 - 무 지한우리 -때문에 -
Bb C m7 Eb/F
우리때문 -에 -십자 가지셨고 - 우리때문 -에죽음
Eb/Bb Bb G m7 Bb/F C m7
당 하셨네 - 우리 때문에물 -과피쏟 -으셨네 - 무
Eb/F G m7 G m7/F Eb F Bb
지한우리 -때문에 - 나 같은죄인 -때문에 -

B

597 주님의 마음 있는 곳

주님의 마음 있는 곳

598
축복
(The Blessing)
Kari Jobe Carnes, Cody Carnes, Steven Furtick & Chris Brown
주네게 - 복주사 주너를지 - 키시 -고은혜베푸 -시네
그얼굴 - 비추사 평안 주네
아 - - - 멘 아 멘 아 - 멘
주의은 -혜 너의위 - 에 천대까 -지 흘러가 -리 너의가
-정 너의자 -녀 그자녀 -의- 자녀까 -지 주의은 -혜 너의위 -에 천대까
-지 흘러가 -리 너의가 -정 너의자 -녀 그자녀 -의- 자녀까 -지주의은
-혜 너의위 -에 천대까 -지흘러가 -리 너의가 -정 너의자 -녀 그자녀
-의- 자녀까 -지주의임 -재 앞서가 -며 지키시 -고 동행하 -리 둘러싸

축복

Bb
F4
Gm7
-고 채우시-며 주가너 -와- 함께하-리아침에 -도 저녁에-도 너의모
Eb
Bb
F4
-든 출입에 -도 슬플때-도 기쁠때-도 주님너 -를 위하시-네 위하시
Gm7
Eb
Bb
-네 위하시- 네 위하시 -네 위하시-네 위하시 - 네위하시-네 위하시
F4
Gm7
Eb
-네 위하시-네 위하시 - 네 위하시- 네 위하시 -네 위하사 네 위하시
Bb
F4
-네 위하시 -네 위하시 -네 위하시 -네 위하시

599 험한 십자가 능력있네 + 험한 십자가 붙들겠네
(신) 1989
(구) 1155
(The old rugged cross made the difference + I Believe In A Hill Called Mount Calvary
Dale Oldham, William J. Gaither & Gloria Gaither
목적도 없이 나 는방황 했네 - -
소망도 없 - 이 살았 네 -
그때에 못자국 난 그 손길 - -
나에게 새생명 주 셨 네 -
험한 십 - 자가 에 -능력 있네 - -
거기서 나의 삶이 변했 네 -
찬양하 - 리 주이름 영원 - 히 -
주의 십자 가능 력 있 네 -
나는믿 네 갈보리 언덕 십 - 자가 -

Gm
C7
F
F7
나 는 믿 네 그 누 가 뭐 라 해 도 -
Bb
D7
Gm
C9
이 세 상 다 지 나 고 끝 날 이 와 도
F
F7
Bb
험 한 십 자 가 붙 들 겠 네 -
Bb7
Eb
Bb
Eb
Bb
나 는 믿 네 십 자 가 에 서 못 박 힌 주
F
BbM7
Bb7
오 늘 도 새 삶 을 주 시 네 -
Eb
Ebm
Bb
Gm
Dm
날 새 롭 게 하 셨 네 나 는 새 피 조 물
Cm
F9
Eb
F
Bb
Bb7
십 자 가 잡 고 살 아 가 리 -
Eb
Bb
D.S.
나 는 믿 네 갈 보 리 언 덕 십 자 가 - 나 는 믿
Bb
Eb
F7
Bb
- 험 한 십 자 가 붙 들 겠 네 -

B

600

십자가

현지혜 & 김지은

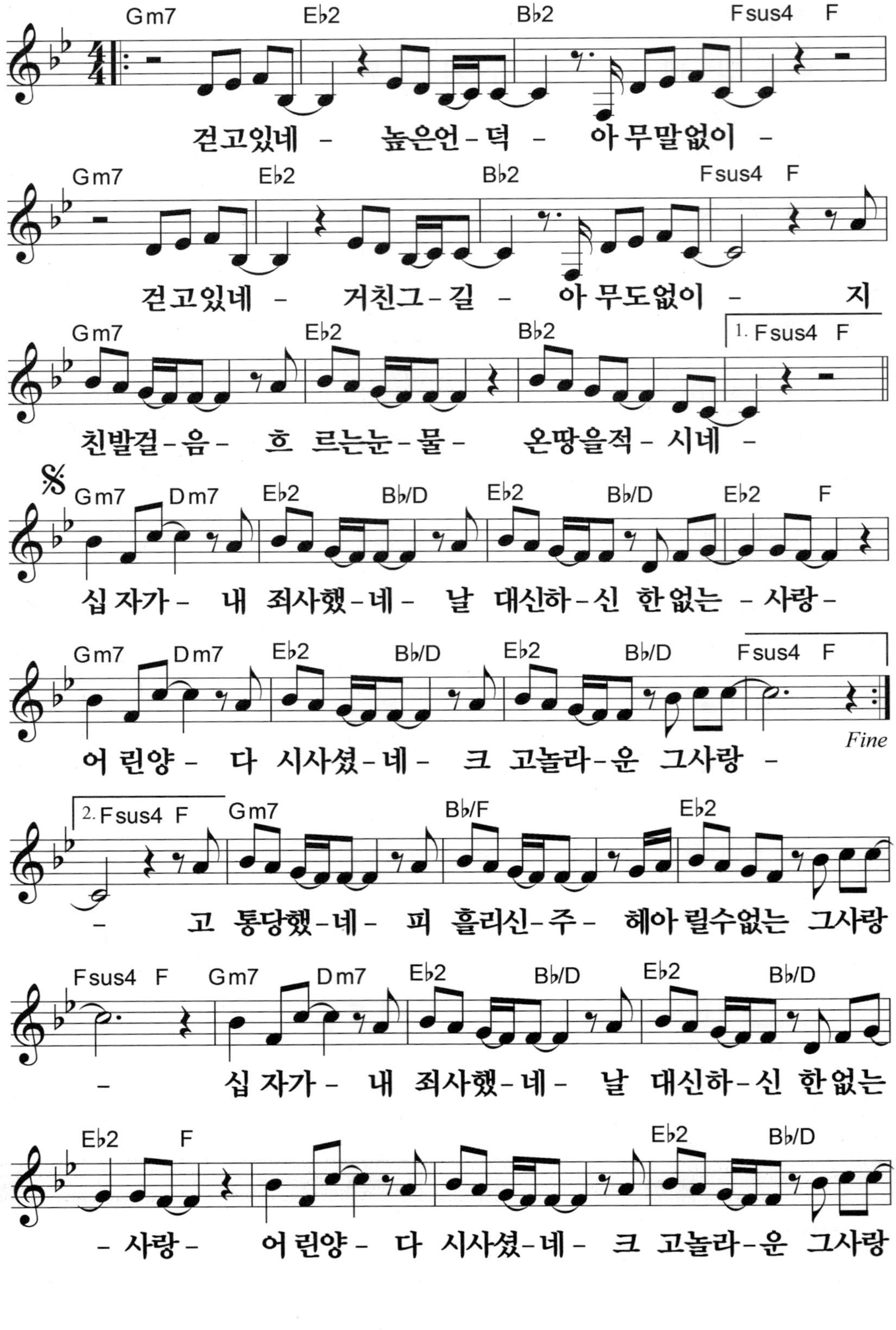
Gm7 E♭2 B♭2 Fsus4 F
걷고있네 - 높은언-덕 - 아무말없이 -
Gm7 E♭2 B♭2 Fsus4 F
걷고있네 - 거친그-길 - 아무도없이 - 지
Gm7 E♭2 B♭2 1. Fsus4 F
친발걸-음- 흐 르는눈-물- 온땅을적-시네 -
Gm7 Dm7 E♭2 B♭/D E♭2 B♭/D E♭2 F
십자가- 내 죄사했-네- 날 대신하-신 한없는 -사랑-
Gm7 Dm7 E♭2 B♭/D E♭2 B♭/D Fsus4 F
어린양- 다 시사셨-네- 크 고놀라-운 그사랑 -
Fine
2. Fsus4 F Gm7 B♭/F E♭2
- 고 통당했-네- 피 흘리신-주- 헤아릴수없는 그사랑
Fsus4 F Gm7 Dm7 E♭2 B♭/D E♭2 B♭/D
- 십자가- 내 죄사했-네- 날 대신하-신 한없는
E♭2 F E♭2 B♭/D
-사랑- 어린양- 다 시사셨-네- 크 고놀라-운 그사랑

십자가

Fsus4　F　　　Gm7　　　Eb2　　　Bb2　　　F
다
Gm7　　　Bb/F　　　Eb2　　　Fsus4 F
이루셨-네- 다 이루셨-네- 죄인된날 위하-여 - 다
Gm7　　　Bb/F　　　Eb2　　　Fsus4 F
이루셨-네- 다 이루셨-네- 죄인된날 위하여 - 다
Gm7　　　Bb/F　　　Eb2　　　Fsus4　F
이루셨-네- 다 이루셨-네- 죄인된날 위하여 -
D.S. al Fine

B

다와서 찬양해

초판 발행일	2023년 1월 1일
펴낸이	김수곤
펴낸곳	ccm2u
출판등록	1999년 9월 21일 제 54호
악보편집	노수정
업무지원	강한덕, 박상진
디자인	이소연
주소	서울시 송파구 백제고분로 27길 12 (삼전동)
전화	02) 2203.2739
FAX	02) 2203.2738
E-mail	ccm2you@gmail.com
Homepage	www.ccm2u.com

보급처 : 비전북   031) 907.3927

CCM2U는 한국교회 찬양의 부흥에 마중물이 되겠습니다.